学校活性化を導く
「理論×実践」 教職大学院での学びを活かす

旭川教職実践教育研究会「実学の会」編

竹谷出版

ゴールの先の扉を開く（監修者より）

　旭川教職実践教育研究会「実学の会」は令和3年11月14日に発足されました。この「実学の会」は、北海道教育大学教職大学院（以下、本院）旭川校の修了生・大学教員で組織されています。言わば、同窓会としての位置付けです。しかしながら、親睦を図ることにとどまらず、研究発表や交流を通じて教員としての資質向上や学校教育に関する諸問題の解決を図ろうとする研究会としての位置付けを持っております。このたび、「実学の会」メンバーのうち修了生を中心に、本書「学校活性化を導く『理論×実践』教職大学院での学びを活かす」を刊行されますことを大変喜ばしく、また、心強く感じております。

　さて、ドイツの心理学者であったクルト・レヴィン (Kurt Zadek Lewin, 1890 年-1947 年) は、次のような言葉を残しています。

　「理論なき実践は盲目であり、実践なき理論は空虚である」

　これは、本院が掲げる「理論と実践の往還」に関わる原拠の一つと言えるでしょう。学校現場では、ともすれば日々の業務に忙殺され、目の前の実態でしか物事が語られない場面が見られます。また、研究の世界では理論構築の手続的な操作に追われ、知らぬ間に実践が置き去りになる可能性も危惧されます。教育において理論と実践は別々に機能するものではなく、また一方向の関係でもなく、常に「行ったり来たり」の往還を重ねることで深まっていくものです。すなわち、この「理論と実践の往還」は、学校教育に関わる実践者や研究者が常に意識し続けるべき概念の一つと言えるのではないでしょうか。

　さて、本書は「実学の会」メンバーの中から修了生を中心に、教職大学院の在り方や実践研究の成果（学校経営・学級経営分野、授業開発分野、生徒指導・教育相談分野を中心とした成果等）を発表しています。執筆者は、大学教員（元職を含む）、学校管理職、ベテランから若手までの現職教員とバラエティーに富んでいます。いずれも「理論と実践の往還」を体現すべく、未来を担う子供たちへの教育に向けた情熱と使命感に溢れる力作です。読者の皆様から見れば、まだまだ稚拙な部分もあろうかとは思いますが、本書で示す事例が、これから教師を目指す学生の皆さんや現職の先生方、また学校教育に関わる研究者の方々にとってのたたき台となり、理論と実践における議論の輪が広がればと考えています。本書を読んでいただき多くのご意見や忌憚なきご批判，ご指導がいただけると幸いです。

さて、前出のクルト・レヴィンは「ツァイガルニク効果」(Zeigarnik effect) の元となる仮説を提唱しています。彼は、レストランのウエイターの行動から、完遂した課題より未完遂の課題がより記憶に残るという仮説を立てました (参考：Baumeister, R. F., & Tierney, J. (2011). Willpower: Rediscovering the Greatest Human Strength. London: Penguin Books.)。その後、ソビエトの心理学者であったブルーマ・ツァイガルニク (Bluma Wulfovna Zeigarnik、1901 年-1988 年) が、子供たちの「ものづくり」の作業を通じた実験結果からクルト・レヴィンの仮説を証明しています (参考：Zeigarnik, B(1938). On finished and unfinished tasks; In W.D. Ellis (Ed.), A Source Book of Gestalt Psychology, New York: Humanities Press, pp. 300–314)。端的に言うと、目標が達成されたと思ってしまえば、その課題について想起されにくいということです。

　このことを教育に置き換えると、教師が自身の理論や実践において「完成した」と考えることは自身の成長をストップさせる要因にもつながります。理論と実践の往還に終わりはなく、一つのゴールの先には更なる扉が存在するのです。すなわち、本書に示す事例も価値ある研究成果ではありますが、決して完成品ではありません。執筆者の方々も読者の皆様も、本書に示す事例を通じてご自身の新たな課題を見つけていただき、その解決に向けて日々歩み続けていただくことを願います。

　本書の企画は「実学の会」会長の大村勅夫先生（本学教職大学院修了生、札幌国際大学准教授）のリーダーシップの下で行われました。それとともに、本書の完成は 22 名の執筆者と「実学の会」を支える会員各位のご協力の賜物です。また、竹谷出版代表の竹谷友策様には、本書の企画から刊行に至るまでお力添えをいただきました。

　本書に関わる全ての皆様に心よりお礼申し上げます。

令和 5 年（2023 年）3 月

北海道教育大学 教職大学院 教授・実学の会 事務局

水上　丈実

北海道教育大学 教職大学院 教授・実学の会 顧問

藤川　聡

まえがき

　この本は、私たち「北海道教育大学大学院旭川校高度教育実践専攻修了生」の有志において組織された「旭川教職実践教育研究会「実学の会」」（以下、「実学の会」と略す）のメンバーおよびご指導いただいた教官により、書き記されたものです。言わずと知れた、教職大学院の標語である「理論と実践の往還」を、単なるお題目にしてはならない、と実学の会のメンバーから声が上がりました。それに賛同する多くの仲間がいました。元校長・現校長・教頭・主幹教諭・中堅教諭・初任者教諭・大学教員といった修了生と教職大学院でご指導をくださった新旧の教官が、ともに肩を並べて、実際の「理論と実践の往還」を回し続けていくべく、画餅に帰することなく進むために、必死で表しました。

　この本は研究書です。よりよい実践に向けた研究の積み重ねの一部を記した書です。そして、その研究成果を実践へと落とし込んだ実践的研究書です。子どもたちをよりよく育むための実践的研究書です。子どもたちをよりよく育もうと一生懸命な全国の教師仲間たちと志をともにすることを強く表明しようとの一冊です。研究を一過程とし、よりよい実践への糧としつつ、さらなるよい実践へ向けて研究を続けていく、その一部分を表した一冊です。実践のための研究の書です。それを表そうと、いわゆる「だ・である体」ではなく、あえて「です・ます体」で書き記しました。全国の仲間たちへの私たちからの親愛と敬意を私たちなりに表してみました。

　さて、今現在の学校教育は、おそろしい過渡期にあるといえるのではないでしょうか。それは2つの事実からの考えです。1つは、教員採用試験の低倍率であり、もう1つは、生成ＡＩの汎用化です。まず、前者についてです。文部科学省の調査では、令和4年度公立学校教育採用選考試験において、全体の競争率が3.7倍、小学校区分が2.5倍といずれも過去最低の競争率となったことが示されています。受験者数そのものも、過去最低であった平成3年度に迫る勢いです。ここで留意したいのが、受験者数は教師志望者数そのものではない、ということです。受験生によっては複数地で受験する者もいます。稿者もかつてそうであり、北海道と他県を同年度に受けています。採用倍率の低い今、こういった方は少なくなっているのかもしれませんが、このことについてのデータはなく、ただ、受験者数＞教師志望者数であることだけは確実です。また、同時に、休退職者についても併せて考えなければなりません。令和3年度の公立校教師の精神疾患による病気休職者数は5897人と過去最多で、前年度に比してなんと13％増加です。もちろん、教師の全数からすれば、その割合は1％に満たず、些少な影響であるはずだと考える向きもあるかも

しれません。ただし、このことは何よりも現場がその困窮をはっきり把握しているのは間違いありません。競争率の低下、受験者数等の減少、休退職者の増加、これらのことにより、学校現場は緊急的な対応、および、抜本的な変革を求められています。次に、生成ＡＩの汎用化についてです。このことに関する速度は圧倒的です。学校現場を含めて、さまざまな分野・さまざまな場面において、生成ＡＩを用いてのさまざまな試みが為されています。それはまだ、試みの段階ではあるかもしれませんが、とはいえ、あくまでも汎用化を前提とした試みです。稿者の主たる研究範囲である現代短歌の世界においても、例えば、『短歌研究』2023年8月号（短歌研究社）の特集では「ＡＩ時代に備えよ。」とあり、かつ、「ＣｈａｔＧＰＴ歌会」が試みられています。もちろん、官公庁などでの使用も取り沙汰されていますし、プラグインも充実の一途をたどっています。学校現場においても、生成ＡＩの存在を無視することは決してできず、間違いなく生成ＡＩは、学校教育の一部をよりいっそう改善し続けていかなければならないプレッシャーの1つです。文部科学省もまた、生成ＡＩに関する暫定的なガイドラインを出しています。このガイドラインの注目すべきことは2つあり、1つはあくまでも「暫定的」ということです。しかも、「機動的に改訂を行うこととする」との文言もあるほどです。単純な変化があるのではなく、継続的にさらなる変化がなされていく、ということが見込まれているとはっきりとらえられます。もう1つは生成ＡＩの活用についての「適切でないと考えられる例」を提示したり「長期休業中の課題等について」と注意喚起をしたりと、具体的な留意を促していることです。その中には、読書感想文やレポート等を課す応募といったものもあります。読書感想文については、どの都道府県でも、かつ、小中高のいずれでも、さまざまな学校で取り組まれていますから、その影響は単純に大きいはずです。また、レポート等、ととらえたとき、それは大学入試や就職試験にも関わります。生成ＡＩは、学校教育における教科指導のみならず、進路指導にもはっきり関わることは間違いのないことです。生成ＡＩは、学校教育において、その使用の如何ではなく、その存在や機能を前提とし、その上で、何をどうしたらよいかを見直していくことを要求するプレッシャーといえるのです。

　こういった過渡期に、私たち、すなわち、教職大学院修了生にできることは何だろうか、いくらかでも力になれることは何だろうか、と考えています。もちろん、端的な解はないだろうと確信してもいます。それでも私たちは、私たちと同じ教師仲間の力になりたいと強く考えています。もちろん、見も知らぬ先生方とのラポールの構築はそう簡単ではない、ともいわれてしまうかもしれません。ただし、それでもやはり「教師仲間」です。そこにはおそらく「緩やかな紐帯」があるものと考

えます。つまり、強く意識できるほど常にぴんと張り詰めているつながりではないかもしれないですが、例えば、辛くて倒れそうなときにもつなげてくれているような、教師の自信や自尊をふっと再確認させてくれるような、そのような紐帯です。私たちの研究や実践を提示することによって、私たちも仲間のみなさんと同じように様々なところでいろいろなことを頑張っているよ、私たち教師はつながっているよ、という証左や呼びかけになるのではないか、と考えています。大仰にいえば、勇気づけることができたならなあと考えていますし、勇気づけられたいと感じています。そして、そのことが相互の研究と実践に寄与されることを確信しています。すなわち、さらなる実践的研究が、学校現場および教職大学院において促進されていく、そうすることで、子どもたちの学びが促進されていく、そういった確信を持った本書なのです。本書がこれからの学校教育を豊かにし、学校現場を勇気づけられることを願っています。

令和5年（2023年）7月

北旭川教職実践教育研究会「実学(みがく)の会」会長

大村　勅夫

■□ 目 次 □■

監修者より

まえがき

第Ⅰ章　教職大学院の在り方 ……………………………………… 11

　　　　教職大学院の学びを考える 〜デューイの「反省的思考」と ‥‥‥ 13
　　　　「理論と実践の往還」の関連

第Ⅱ章　実践研究の成果 ……………………………………………… 23

第1節　学校組織の活性化を目指して 〜教員の思いを活かして〜 ………… 25

第2節　学校心理学に基づくチーム支援体制による不登校対応について ‥‥ 37

第3節　夢をもち未来を創り出す力を育む活力ある学校づくりの推進 ‥‥ 53
　　　　〜新しい時代の教育に対する教師の資質・能力向上を目指す教頭の関わり〜

第4節　学校経営で育みたいウェルビーイングと関連付けた究極の ‥‥‥ 65
　　　　資質・能力 〜幸福学からのアプローチ〜

第5節　個人と組織の力を高める学校組織マネジメントの実践 ………… 77

第6節　学校経営方針具現化に向けた学校運営改善 ………………… 91

第7節　経験学習サイクルを中心に教職大学院の学びを生かした ‥‥‥ 103
　　　　主幹教諭のリーダーシップとマネジメント 〜網走市立網走小学校の
　　　　実践と省察を通して〜

第8節　子供一人一人の学びを最大限に引き出す教師の役割に ……… 117
　　　　関する研究 〜学習コーチングを視点に〜

第 9 節　今後求められる道徳科の授業づくり　・・・・・・・・・・・・・・・・・・・・・・・　127

第10節　共有ビジョンを大切にした８段階のプロセスについて　・・・・・・・・　143
　　　　〜中国の日本人学校における実践より〜

第11節　教師の成長を促す学校現場における省察支援の実践　・・・・・・・・・・　157
　　　　〜「授業改善推進チーム活用事業」の取組に「ALACT モデル」を活用して〜

第12節　中学校数学科 数学的活動の充実を目指した授業についての　・・・　175
　　　　実践記録　〜「振り返る」学習活動を指導に位置付けた視点から〜

第13節　高等学校における「探究的な授業」の実践例　・・・・・・・・・・・・・・・・・　187
　　　　〜"モノづくり"の視点を生かした理科課題研究の実践 〜

第Ⅲ章　共同研究　・・　201

　　　　学校のマネジメント機能を高める 〜組織運営と道徳教育に関わって〜
　　　　　　　　　　　　　　　　　　　　　　　　　　　　　　・・・ 203

あ と が き
著 者 紹 介

第Ⅰ章
教職大学院の在り方

－第Ⅰ章－

教職大学院の学びを考える
〜デューイの「反省的思考」と「理論と実践の往還」の関連〜

1　教職大学院とデューイの「反省的思考」

　教職大学院は、2006年に中教審答申で制度創設が提言され、以来、2022年現在まで54の教職大学院が設置されるようになりました。その目的は「高度な専門的職業能力を備えた人材」の養成であり、「変化や諸課題に対応しうる高度な専門性と豊かな人間性・社会性を備えた力量ある教員」の養成です。その中核的な理念となるキーワードに「理論と実践の往還・融合」があります。例えば、北海道教育大学の教職大学院では「学んだ理論を土台にして自分を支え、実践の中でその理論を組み立て直し、次に実践につなげる」とし、掲げている「6つの特長」の1つに「理論と実践の往還」があります。例えば、東京学芸大学の教職大学院ではそのディプロマ・ポリシーの1つに「実践と理論の往還を行うことのできる「実践と理論の融合力」」があります。また、教職大学院の最大の特徴の1つとして、その大学院生が、学部学生からそのまま進学してきた者「学部新卒学生（以下、ストレートと略す）」と、学校現場で経験を積んできてから進学してきた者「現職教員学生（以下、現職と略す）」の大きく2種類で構成されていることがあります。特に、この後者である現職は注目される特徴的な存在です。すなわち、教職大学院において現職が取り組む「理論と実践の往還」とは、喫緊に各所で注目されるようになっている「学び直し」の代表的存在だからです。

　「理論と実践の往還」は2022年中教審答申『『令和の日本型教育』を担う教師の養成・採用・研修等の在り方について」で、10数回も繰り返されるキーワードです。また、「リスキリング（re-skilling）」「リカレント教育（re-current education）」などの「学び直し」の言葉もこの10数年、各所で注目されています。教職大学院での「学び直し」とは、必然的な世の中の傾向であり、先駆的な試みであるということでしょう。ところで、現職にとっての「理論と実践の往還」には特徴があります。それは、理論を新たに学ぶ、のではなく、それまでの実践を理論と照らし合わせながら学び直していく、という反省的思考（re-flectional thinking）ということです。すなわち、現職のそれまでの実践を省みつつ理論と共に考察してそのことをも

ととしながら更なる実践へより改善と充実を図っていく、といったものです。理論の「学び直し」であり、実践の「作り直し」「磨き直し」です。このことから、リスキリングなどの語よりも、「再構築（re-construction）」「洗練（re-fining）」といったものがより相応すると考えます。この「反省的思考」については、デューイが定義したものが知られています。本稿では、その定義、1933年版『思考の方法』によるものを確認し、「理論と実践の往還」との関連を考察します。

　デューイは、「反省的思考」に５つの局面があるとしています。それは、「(1) 暗示」「(2) 知性的整理」「(3) 指導的観念・仮説」「(4) 推論」「(5) 具象的な行為・構想的な作用による検証」です (注1)。「(1) 暗示」とは、行為の実行・継続にあたり直面した状況において、混乱や錯綜といった困難や問題が生じ、その実行・継続をなすためのいくつものアイデアが浮かぶことです。ただし、そのアイデアの実行へ阻害があったりアイデアが単独であったりなどのこともあります。「(2) 知性的整理」とは、その困難や問題を端緒からつかんで解釈することによって「知性的」に「整理」し、困難が何であるか・どこに困難があるかを正確に把握されることです。特に、単なる混乱などを「知性的」に整理することとなります。「(3) 指導的観念・仮説」とは、困難や問題に対して浮かんだアイデアである単なる暗示を、困難・問題などについて「観察・洞察」し、さらに多くの「事実の収集」をすることで、訂正し変容し拡大した中から選択して「仮説」を持つことになります。かつ、それは「試行的」で、さらに多くの「観察」「事実の収集」を行いながら進めることとなります。「(4) 推論」とは、観察することで仮説となった内容豊かな暗示について関連する状況や事実を、徹底的に精察し、かつ、その他の暗示や観念と関連付けられる、すなわち、さまざまな暗示や事実が首尾一貫した一つの全体へと統合され、そこから一層適切な妥当な結論が得られることです。この徹底的な「推論」には、くり返し「仮説」「推論」に向けた「観察」「事実の収集」がなされることになります。すなわち、仮説となった暗示が妥当ではないと推論されたり、仮説や推論がなされる際に明らかにされた状況や事実をさらに「観察」して検討されたりすることになるからです。「(5) 具体的な行為・構想的な作用による検証」とは、そうして徹底的に推論された結論的な観念、ただし、仮説的である暗示について、その実験をし、結果として仮説に一致が見いだされれば強固な確信となることです。「真なることの証明」がなされます。すなわち、「反省的思考」とは、単なる思考ではなく、行為的なものでもあるのです。空論ではなく、実際的なものなのです。なお、この５つの局面は、一定の序列や順序を必ずしも持たず、複数が同時に重なったりあっさりと過ぎてしまったりもします。また、この５つの局面である「反省的思考」は、未来の

展望と過去の関連を含むものです。未来の展望とは、第6の局面ともいえるもので、予告・予想・予言ともいえるでしょう。「反省的思考」により、以降がこのようになるだろうとの予想もなされます。そして、過去の関連とは、既往の経験を検討することにより知識が再組織（re-organize）されることです。すなわち、これまでになしてきた経験や実践には価値があるということ大きく示しています。言葉を換えると、これらのことはまさに、積み重ねてきた実践がこれから理論へと昇華されていくことを示しているのです。「理論と実践の往還」が示されているのです。では、以降において、院生による「理論と実践の往還」を、このデューイの「反省的思考」の5つの局面にそって紐解きつつ検討していきます。

2　「現職教員学生」の「理論と実践の往還」

　まず、現職についてです。現職は、当然、学校現場において、絶え間なく教育的実践を積み重ね、なんらかの経験を積んできています。それは必ずしも成功に満ちてはいませんし、常に何らかの状況に直面しています。そこには、成功的経験も失敗的経験もあります。とはいえ、実践は成功・失敗の如何に関わらず、実行・継続されなければなりません。また、一見、年度末によって、断絶が感じられるようにも思われますが、実際は、その教師人生というスパンでとらえた際には、次の学年や以降の実践への継承というゆるやかな継続・断続でもあります。教師が教師を続ける限り、継続的に実践はなされるのです。ただし、くり返しになりますが、その継続的実践には失敗的なものや蹉跌的なものもあります。言葉を換えると、それは実践の継続に直面する困難や問題には、ごく瑣末なものも、非常に重大なものも、いずれもが予想されます。ただし、教育やその実践は、教師からの一方向性によるものではなく、子どもからのベクトルでもあるため、実行・継続はなされねばなりません。その実行・継続のためにひとまず「こうしてみよう」「そうしてみよう」といくつものアイデアが思い浮かびます。単なる思い浮かびでしかありませんが、実行・継続のための対案がいくつも「暗示」されるのです。もちろん、この直観的に「暗示」されたアイデアの1つをそのまま用いることで、教育的実践が実行・継続されることもしばしばあるでしょう。

　ところが、そうではなく、継続が困難である場合もあります。そこで「知性的整理」がなされます。直面する状況の困難や問題は何で・どこにあるかという整理です。この整理をより強い意図で、より探求すべく実施することが求められることもあるでしょう。あるいは、整理がしっかりとなされなくとも、暗示されたアイデア

により実践継続がなされてしまったけれど、そこに引っかかりを感じたりより明晰にしたい気持ちを持ったりすることもあるでしょう。そのための知性として、「理論」が必要とされます。すなわち、「理論」という鏡を通して「実践」を紐解くのです。時として、ある理論はその実践に反証的かもしれません。あるいは、すでに先見的にある程度以上の解を導いてしまっているかもしれません。とはいえ、困難等に直面した教師にとって、混乱・錯綜により、その困難そのものに気付けないことも決して不自然ではありません。だからこそ、理論は大きな手がかりとなります。なぜなら、理論とは感情を排して客観的に検証したものだからです。理論とは、困難に対して渦巻く錯綜にとらわれないようにできる、冷ややかな鏡の役割と持つともいえるでしょう。この「理論」との出会いの機能こそが教職大学院の特徴の１つです。ただし、「理論」は必ずしも論文化されたものだけを指し示しているわけではありません。すなわち、どのような理論があるのか、それらの理論はどのようなものでありどのような特徴があるのか、その理論の発展的なものや史的なものに何があるか、対象としようとしている理論の是非はどうか、あるいは、その状況における困難にはこのような例があるとの示唆、などについてのメンターとしての教官達も「理論」と考えてよいでしょう。現職を含め、学校現場教師は偉大なる実務家たちです。その実務家の先達であり先鋭である、教職大学院の教官に出会い、学び、一緒に頭を悩ましながら考えていく、というところから「理論」をもって困難を整理するという行為、すなわち、「知性的整理」は始まっているのです。

　整理された困難に対するものとして、暗示されたアイデアのうちの１つを「仮説」にするには、多くの「観察」が必要となります。「観察」をし、多くの「事実の収集」をするのです。ここでもまた、「理論」、すなわち、メンターの役割は大きくなります。それは、多様な視座が「観察」や多くの「事実の収集」には非常に有効だからです。現職の視座が間違いであるというのではなく、それを含めてさらに多様な視座の可能性を考えていくことが、多くの事実につながります。例えば、六角柱の鉛筆を見て、それがどんな形であるかをとらえるとき、もちろん、六角形や長方形ととらえることは容易です。ただし、鉛筆は使用される、すなわち、削られることにより、長方形はその一辺を三角形にして五角形ととらえることもできるようになります。使用の前後による変化という視座です。あるいは、その削りは何によるものなのかであったりその鉛筆の扱われ方であったりによっても、その五角形のいくつかの辺などの歪さが有り得ます。そのような、環境という視座です。あるいは、大気圏や宇宙といったより高所からの見た鉛筆はひとつの点でしかないでしょう。俯瞰です。などといったように、視座には多様さがあります。もちろん、現職もその

いくつもの多様に気付けるものと思いますが、そのきっかけであったり支援であったりを先達的・協働的メンターである教官から与えられることが教職大学院では期待されています。それらの視座により、多くの観察をし、多くを事実収集することで、訂正・変容・拡大された暗示は、整理された困難に向けての試行的な「仮説」となるのです。場合によっては、教官だけがメンターとなるのではなく、同期・別期の大学院生もまた、気付きへとつながる別の視座を与えてくれる者となるでしょう。このことも、教職大学院という、「理論と実践の往還」という同じ方向を向いた仲間のいるところの特徴の１つです。大学院生の仲間は決して直接的なメンター・理論ではありませんが、潜在的な手がかりであり、同一現場で勤務しておらずともゆるやかな共同体なのです。

　そして、この「仮説」の妥当性を吟味することとなります。そのためには仮説や問題に関連する事実や状況などの徹底的な観察である精察が必要とされ、それがくり返されることで、他の事実や観念などとの関連や統合がなされますが、ここでも「理論」が有用となります。すなわち、先行研究や教官は、関連するような「他の事実・観念」の存在を提起してくれますし、「徹底さ」とはどのくらいのものであるのか、といったことを教示してくれます。すなわち、現職は、直面した困難に対する暗示が浮かび、困難を整理し、観察により暗示の１つを仮説としますが、メンターによりその状況や事実とそこからの別の暗示やその困難とは一見無関係と見えるかもしれない暗示などとも関連付けられ、仮説の妥当性が高められていくのです。例えば、自身の実践をもとにした教科教育の充実をなそうと現職が企図し、その単元指導案を作成していた際に、先行研究や教官より、生徒指導的観点からの指導を受けたり学校経営的感覚からの示唆を得たりすることなどがあります。それは、どのような内容をどのような方法で教示していくべきかという単なる授業構成だけでなく、授業もまた生徒指導・学校経営の一部分であることや学校教育全体的な発想を取り入れることなどによる構築があってよいことにつながります。すなわち、学校教育の観点からもその授業デザインの妥当性の吟味することにつながるのです。このとき、その徹底さには限りがない場合があります。裏を返せば、推論に終わりが無くなるのです。現職にとって非常に悩ましく、最大の課題ともいえます。ただし、だからこそ、教官に価値があります。すなわち、教職大学院の教官はおよそその半分が、実務家教員という現場での実践を積み重ねてきた教官だからです。実践寄りの視座を持っているといえます。一方、およそ半分は研究者である教官です。理論寄りの視座を持っています。この両者の教官がいることでバランスのとれた指導がなされるのです。徹底さについて、その多くの先行実践や先行研究の双方の観

点から、ここまでがよいでしょうという判断がなされるということです。教職大学院ならではの特徴といえるでしょう。

　もうひとつの特徴が「具体的な行為・構想的な作用による検証」です。教職大学院では、現職はそれぞれの勤務校ではなく、附属校や協力校などにおける学校実習で、実験的に実践をしていきます。すなわち、暗示・整理・仮説・推論が繰り返されて構想されたものを、具体的に実験し検証していくのです。各大学院生は、思考による検証にとどまらず、行為することによって学んでいくのです。これはまさにデューイの言葉どおりだといえるでしょう。「なすことによって学ぶ」とは、デューイの『民主主義と教育』の一節に出てくるのが最初ですが、それは「学習者における教材の発展」という項で出てきます。そして、その教材＝理論的な知識の発展の3つの段階のうち、自身の馴染んだ知識の内容として存在しているのが1つめの段階であり、そこに「なすことによって学ぶ」が述べられます。「なすことによって学ぶ」ことから知識の熟知が始まるのです。すなわち、教材となり得る「経験的知識としての実践」が「理論」への契機となることが表されています (注2)。このことは同時に、「実践」と「理論」が「往還」していることを表しているものです。現職の実践が「反省的思考」による実験を加えながら理論化されていき、その理論をもとに新たな実践がなされ、その実践がさらに反省されて理論となっていく、という「往還」が教職大学院では実際化されています。

3　「学部新卒学生」の「理論と実践の往還」

　ここまでで、現職による「理論と実践の往還」をデューイによる「反省的思考」により紐解いて検討してきました。ただし、教職大学院にはストレートもいます。次に、ストレートにおける教職大学院の学びを考えていきます。稿者は国語教育・文学教育を専門とする研究者であり、そこで、「翻案」という文学的行為と照応しながら検討を加えます。

　「翻案」とは、大辞泉には「既存の事柄の趣旨を生かして作りかえること。特に、小説・戯曲などで、原作の筋や内容をもとに改作すること。」とあります。文学でも、「走れメロス」「羅生門」などの多くの翻案作品があり、古今東西の別を問わず翻案されています。国語教育では「書き換え」(注3)「翻作」(注4) などと、読む・書くための教育方法・言語活動などとして提案されており、稿者もまた、その有用性について研究しています。「理論と実践の往還」の観点から考えると、「名作」にまで昇華している「先行実践」「先行研究」＝「理論」をもとに、それをどう「実践」＝「自

身の作品」へと作りかえていくかという行為になります。ストレート自身の「実践」からの始まりではなく、「理論」からスタートの「理論と実践の往還」ということです。あるいは、先達の名作的「実践」を大学院生の間接的「実践」とし、それを多様な「理論」と対話しながら作りかえていく「理論と実践の往還」ということです。本稿では、府川・髙木による「書き換え」を「翻案」の例として取り上げ、述べていきます。

　「書き換え」は、次のような構造になっています。「所与のテキスト」すなわち「既有の知識」(注5) を「書き換え」ることで、「産出されたテキスト」すなわち「新しい知識」としてまとめる、といったものです。その際の「参照されるテキスト」により「認識の変容」が促され、「既有の知識」であったものが「新しい知識」へと変容されるというものです。これをストレートの位置に立ち、とらえてみましょう。ストレートは現職と異なり、基本的には実践の経験がごく限られたもの、学部における教育実習などで経験したものしかありません。「既有の知識」がほぼ無いのです。そこで、「既有の知識」の代替として、先行実践などを自身で探し出して参考とします。場合によっては、教科書や教材をもとに、あるいは、児童・生徒だったころの経験の想起から、自身の力で構成しようとするでしょう。「所与のテキスト」です。ただし、実践する対象となる子どもたちが目の前にいるとは限らず、その構成は不十分なものになる可能性は低くありません。そこで、メンターである教官からの具体的な指導、すなわち、「参照されるテキスト」が入ります。その指導は、教官の直接的・間接的な実践を踏まえたものや先行研究・先行実践などにより教示されるものです。これらは「理論」であり「参照されるテキスト」です。この「参照されるテキスト」により「所与のテキスト」を「書き換え」ること、すなわち、「認識の変容」がなされることで、不十分な「所与のテキスト」であったストレートの認識が変わり、そうして「新しい認識」である「産出されたテキスト」が出来るのです。

　より単純化するならば、ストレートが実習における授業をデザインするという状況に直面したときです。ストレートは先行実践などにある学習指導案をベースとして用いることがあります。「所与のテキスト」です。それを再試的に自身の実践として使用することもよいでしょう。あるいは、その「名作」を自身の間接的「作品」としてさらに改善すべく検討することから始めてもよいでしょう。ただし、再試するにせよ、検討するにせよ、その学習指導案は過去の児童・生徒に対してのものであるため、実習先の児童・生徒を想定した改変が必要となります。このように改変しようか・あそこを改変しようか、あそこも変えねばならない・ここも変えてみようとアイデア自体はいくつも出るでしょう。ただし、そのポイントや留意点となる

のはどこか、といったことを実践的経験がほぼないストレートが判然ととらえることには困難があります。そこで、「参照されるテキスト」である教官からの指導・助言にこそ価値があるのです。教職大学院は、現場教師という専門職の、現場で活かされる専門性をより高めるために学んでいく専門職大学院です。ですから、現場教師になろうと奮闘しているストレートに対しても、教官の指導はより実践的な視座からのものになります。特に、実務家教員である教官のその実務経験は、まさに、ストレートの実践の大きな改善にこそ寄与されることを期待されているものです。そうして、教官により、「問題を整理してみよう」「まずはここをこのように考えてみよう」などと示されたことを参照します。場合によっては、別の「名作」学習指導案を参照するようにとの具体的な提示があるでしょう。それらによって、間接的に自身のものとして既有していた「名作」学習指導案を実際の授業へ落とし込むときの改変すべきポイントや留意点が明らかにされていきます。ところで、その明らかになったポイントについての改変アイデアも、いくつも出て来ているかもしれません。その複数のアイデアを検討する上で、その「名作」指導案のそのポイントの文言をしっかり観察し分析することが重要となります。何をどの順でどのように書かれているか、その表現の主語が児童・生徒であるのか・教師であるのか、その語は学習用語か教育用語か、そこに省略されているものは何か、などといった分析的な観察が必要です。ここにおいても、メンターである教官に価値があります。すなわち、その文言の意味するものがどんなものであるか、その文言の背景は何か、あるいは、指導案上のどことどこの関連が大きいか、などといった教示がなされるのです。その教示・指導も参照した上で、ここのポイントについてはこうして改変しよう、と改善していきます。それから、この指導案の他の部分、すなわち、その企図や理念、環境や文化、歴史や状況などといった明記されているとは限らない観点、かつ、実際の児童・生徒の状況といった様々な観点もとらえ、先の改変と関連付けて吟味します。それらをくり返して出来た、ストレートにおける実習の際に活用できる学習指導案、すなわち、「産出されたテキスト」を持って、ストレートは各実習に赴き、実習授業において検証していくのです。

　このように、ストレートの教職大学院での学びは、偉大な先達の先行実践である「所与のテキスト」を「参照されるテキスト」と併せながら「反省的に」改善していくことで、「産出されたテキスト」としての「仮説」的なものを携えながら実践展開されていきます。換言すると、ストレートは、実習での授業に用いる先行実践の実際的改変に向けて想起されたいくつものアイデアである「暗示」→その状況における不十分なポイントを「参照されるテキスト」たる教官の指導・助言（「理論」）

により「知性的整理」→整理により把握されたポイントに対してのアイデアを改善するために「参照されるテキスト」たる教官からの指導・助言（「理論」）を加えながら「観察」して立てる「仮説」→「仮説」が妥当であるかを多様な観点である各教官や「理論」と徹底的に対話しながら図る「推論」により「産出されたテキスト」→そのテキストを実習において授業実践しての「具体的な行為による検証」、そして、その検証結果が以降の授業に向けてさらなる「暗示」をもたらし、かつ、以降の教師人生に有用な経験・知識となるのです。このような「反省的」「往還」の各局面が同時多発的に展開され、期待されていくのです。

4　まとめとして　—「協働」という「往還」を加えて—

　教職大学院における「理論と実践の往還」を「反省的思考」に基づいて検証してきました。「反省的思考」には「知性」がポイントとなります。そして、くり返される「観察」には多様な視座が必要となります。「反省（re-flection）」には、「re〜（再び〜、新たに〜、〜し直す）」という、過去の事実を見直して新たにし直すというニュアンスが含まれます。「実践」を「理論」「知性」によって「観察」し「構築」「し直す」。それこそが、「理論と実践の往還」であり、教職大学院の有する機能です。そして、教職大学院の知性とは単なる知性ではなく、実践的見地を大いに含んだ知性であり、理論的検討を踏まえた知性です。そのバランスをもった知性と大学院生が協働される機会であるという機能も教職大学院はもちます。そして、それらの機能は常に「反省的」なのです。デューイは「教育の過程が道徳の過程と全く同じ」(注6)とし、「善い人間」を「善くなる方向へ動いている人間のこと」(注7)とします。すなわち、教育とは改善に向かうことであり、教師もまたその一部であり、「よりよいことを」追求する「反省的思考」をもつべき者です。そして、「反省的思考」たる「理論と実践の往還」を教師がより強く体現できるための機会と知性をもつのが教職大学院なのです。

　最後に、付け加えることがあります。それは、教職大学院のもつ「協働」という機能についてです。ここまでで述べてきたように、教職大学院では大学院生と教官による反省的往還、すなわち、知性的協働が強烈になされます。ただし、それは大学院生と教官によるものだけではありません。この協働は、大学院生同士、すなわち、現職と現職・現職とストレート・ストレートとストレートによってもなされます。それは同期をまたいでの協働もそうです。大学院生室で顔を合わせての現役大学院生同士の関係もそうですが、修了生と現役大学院生、修了生と修了生による協

働も大いに可能性が考えられます。また、修了生・現役大学院生に関わらず、多様な校種で勤務している現職による、系統付けた異校種での協働もそうでしょう。さらには、修了後にも教官と修了生とで学び合う協働も考えられます。それらもまた、大きな「往還」です。自他を直接的・間接的に反省していく往還です。例えば、小学校教師を希望するストレートと中学校勤務の現職との協働は、それぞれの校種の理解につながるだけでなく、相互の児童・生徒の過去と未来、現実や理想を見据えながらの実践へとつながっていく「往還」となるでしょう。しかも、そのことは、児童・生徒にも体感されていくはずです。すなわち、「中学校に行ってからのそんなことに役立つんだなあ」という未来想像や「小学校でのあのことはここにつながっていたんだ」という過去想起は、日々の人生の連関を感じさせ、日々の学びを充実させようとの意欲につながるでしょう。あるいは、学校で目の前にいる先生もまた、今まさに学び続けている存在であり、その先生に学んでいると知った児童・生徒たちにとって、学ぶという行為の価値や意味を体感・体得することにつながるでしょう。それは、形をやや変えた「反省」であり「往還」であるといえるのではないのでしょうか。もちろん、これらのこと、「理論と実践の往還」「協働」は、学校現場にいてもできることかもしれません。ただし、教職大学院は「往還」や「協働」をより強化できる機能をもっています。特に反省的知性である教官との反省的機会をもつことができるというきわめて有効な実践的・理論的場なのだといえるのです。

（大村　勅夫）

【 注 】

1. Dewey, John (1933) "How We Think", in The Later Works, 1925-1953, Southern Illinois University Press.（植田清次訳（1950）『思考の方法』春秋社）
2. Dewey, John (1916) "Democracy and Education"（松野安男訳（1975）『民主主義と教育 上』岩波書店）
3. 府川源一郎・髙木まさき／長編の会編著（2004）『認識力を育てる「書き換え学習」』東洋館出版社
4. 首藤久義（2023）『国語を楽しく』東洋館出版社
5. 「所与のテキスト」「参照されるテキスト」はすでに知識として頭の中に蓄積されているものであることもある（府川ら（2004））
6. Dewey, John (1920) "Reconstruction in Philosophy"（清水幾太郎・清水禮子（1968）『哲学の改造』岩波書店）

第Ⅱ章

実践研究の成果

－第１節－

学校組織の活性化を目指して
～教員の思いを活かして～

1　はじめに

　グローバル社会、知識基盤社会、Society5.0などの言葉で、社会や学校の変化の必要性が叫ばれ続けています。予測不能な時代が到来し、文部科学省では、エージェンシーが求められ、『自ら考え、主体的に行動し、責任をもって社会変革を実現していく力』と説明しています。令和３年中教審答申では、「令和の日本型学校教育」の在り方と、それを担う教師及び教職員集団のあるべき姿が示されました。具体的には、2020年代を通じて実現を目指す学校教育を「令和の日本型学校教育」とし、その姿を、「全ての子供たちの可能性を引き出す、個別最適な学びと協働的な学び」と定義しました。

　その際、教師及び教職員集団の理想的な姿として３点が示され、その中から「個々の教職員がチームの一員として組織的・協働的に取り組む力を発揮」「学校における働き方改革の実現」「教師が創造的で」等に着目しました。日本大学教授　佐藤晴雄氏は、リーダーシップ論として、三隅氏による「PM理論（三隅二不二著『リーダーシップの行動学』有斐閣1978年）の結果からその効果の順位を受け「状況の読み取り」「思いを伝える」ことが「連携・協働を実現するためにリーダーに求められること」として、述べています。（新教育ライブラリ Vol.1『School Compass を創る』ぎょうせい2022）求められるリーダーとしての在り方の理論に基づき、学校組織の活性化を図る取組を実践し、検証しました。

　勤務校での学校経営について、教員の思いを生かした学校組織の活性化を図った取組を以下の視点（表１）から述べていくこととします。

表１　教員の思いを生かした学校組織の活性化を図った取組の実際

1　本校の教育の基本
2　経営計画立案にあたって
3　重点目標と具現化を図るための取組
4　６つの重点達成のための具体的取組
5　本年度（令和４年）の具体的取組例

2　本校教育の基本

　本校の教育目標や子ども像、経営の方針等は、次のとおりです。

（1）本校の教育目標

　学校の教育活動のすべては、自校の教育目標の具現化に向かっての営みです。本校の教育目標は、変化の激しい社会に主体的に対応することができる児童の育成を目指し、人間として「知」「徳」「体」の調和のとれた発展を志向して次のように設定されています(表2)。

表2　本校の教育目標

【総括目標】	豊かな心をもち、実践しようと努力する子
【具体目標】	○ かしこい子（知）
	○ やさしい子（徳）
	○ げんきな子（体）　　　　　　　　＊平成14年改訂

（2）目指す子ども像

　学校の教育目標に沿って、表3のように目指す子ども像を設定しました。

表3　本校の目指す子ども像

かしこい子 （知）	○ 自分で考え、よく学ぶ子 ・自らの課題をもち、解決の見通しをもって実行する子 ・よく考え、学び合い、表現できる主体性のある子
やさしい子 （徳）	○ 仲間を思いやり、助け合う子 ・自分を素直に見つめ、心豊かに伸びていく子 ・思いやりの心をもち、認め合い、励まし合う子
げんきな子 （体）	○ 明るく根気強い子 ・生命の尊さを知り、自ら進んで鍛え、心身の健康を目指す子 ・ねばり強く最後までやりぬく、明るくたくましい子

（3）経営方針

① 目指す学校像

　教職員に提案した目指す学校像は表4のとおりです。

表4　目指す学校像

一人一人のよさや可能性を引き出し、子どもに確かな力を育む学校
ア　子どもが互いに認め合い居場所があり、学ぶ楽しさや喜びと感動のある学校
イ　全教職員で協働し、相互信頼があり、一体感とやりがいのある学校
ウ　家庭、地域にとって、共に育てたいと思う親しみのある学校

② 目指す教師像

　教職員に提案した目指す教師像は、表5のとおりです。

表5　目指す教師像

教育のプロとしての信念と向上心をもち、子どもと共に学び続ける教師 〜　すべては　子どもたちのために　〜
ア　子どもの小さな変化を見逃さず、成長を心から感動し、認めほめる教師 イ　学ぶ楽しさ、わかる喜びをもたせる授業を創りだす教師 ウ　家庭や地域、中学校との連携を大切にし、信頼ある教師

3　経営計画立案にあたって

　経営立案にあたっては、学校に求められていることや時代背景などを次のように考えました。

　令和4年度も新型コロナウイルス感染症の影響は依然として大きく、子供の健康と安全を守りながら学びを保障することができるよう、適切な教育環境の確保に努めなければなりません。少子化・核家族化の進展や子供たちの多様化、デジタル化の加速度的な進展など、子供たちや学校現場を取り巻く環境は劇的な変化を見せています。そうした中でも、GIGA スクール構想の推進、特別な教育支援を要する子どもたちの増加などを受け、学校教育は、多様な子供たちを誰一人取り残すことなく、すべての子供たちの可能性を引き出す令和の日本型学校教育、すなわち、個別最適な学びと協働的な学びを一体的に実現するための取組が求められています。

　このような今日的な教育課題等から、本校の経営課題を次のように考えました。

●経営課題1

　教育課程は、社会の変化に目を向け、教育が普遍的に目指す根幹を堅持しつつ、その変化を柔軟に受け止めていく「社会に開かれた教育課程」としての役割の実現化を目指さなければならない。そのためには、児童の姿や地域の実情等を踏まえ、学校教育目標の実現を目指し、教育課程を編成・実施・評価し改善するカリキュラム・マネジメントを確立しなくてはならない。

　また、全ての教職員が、教育課程を軸に自ら学校の役割に関する認識を共有し、校務分掌の意義を児童の資質・能力の育成という観点から捉え直す学校改善サイクルの実質化・迅速化も急務である。

●経営課題2

　次に育成を目指す資質・能力として

　　❶知識・技能

　　❷思考力・判断力・表現力等

　　❸学びに向かう力・人間性等

の３つの観点に整理されたことから、学習評価の妥当性や信頼性が高められるよう、組織的かつ計画的な取組を推進しなければならない。

●経営課題3

　ICT を活用した授業は、一人一台の端末で一人一人の学びを即時に把握しながら双方向的に授業を進める一斉授業や、デジタル教材を活用するなどして、多様な子供たちを誰一人取り残すことなくすべての子供たちの可能性を引き出す「個別最適な学び」と「協働的な学び」を一層重視し、授業を円滑実施しなければならない。そのためには、研修の充実を図り、子供たちの学びの質を高めていくことができるよう取り組まなければならない。

●経営課題4

　子供たちの発達を支援する視点として、特別な配慮を必要とする児童への指導が重要視され、個々の児童の障害の状態等に応じた指導内容や指導日方法の工夫を組織的かつ計画的に行うことが求められている。本校においては、障害のある幼児・児童・生徒との交流及び共同学習の機会を設け、共に尊重し合いながら協働して生活していく態度を育むよう努めるとともに、児童個々の実態を的確に把握し、個別の支援計画や指導計画に基づいた指導の充実に努めなくてはならない。

●経営課題5

　様々な児童生徒の状況に応じて、中学校への進学時に生徒が体験する段差に配慮し、その間の接続をより円滑なものとするために、小・中学校間での柔軟な教育課程の編成や学習指導の工夫を行うことが求められている。「目指す子ども像」を小中で共有し、ESD の視点を着実に取り入れ、子供の学力や体力の向上、いじめ、不登校を含む「命」にかかわる生徒指導や特別支援教育の充実を図り、小学校と中学校の９年間の学びを連続させる小中連携・一貫教育を一層充実させる取組をより一層推進しなくてはならない。

●経営課題6

　最後に、以上のように、多様で高度な様々な取組を推進するには、私たち教職員が一枚岩となって協働しながら業務を推進するとともに、コアチームを中核としてアクション・プランについてこれまでの取組を分析し、教職員個々の意識改革と実効性の高い働き方改革を積極的に進めていかなくてはならない。

4 重点目標と具現化を図るための取組

（1）重点目標

　変化の激しい時代にあって、子供たちが困難を乗り越え、豊かな人生を切り拓いていくためには、自らのよさや可能性を認識するとともに、多様な人々と協働しながら、持続可能な社会の創り手となる子供の姿を目指さなくてはなりません。そこで、令和4年度の重点目標（重点の重点）を設定し、それを具現化するための重点的取組を立案しました（表6）。

表6　重点目標および具現化を図るため重点的取組

重点目標	夢や希望に向かって　自分をみがく子 〜 学び合い　思い合い 〜		
教育目標	重点	重 点 的 取 組	
かしこい子（知）	夢や希望に向かって自分をみがく子〜学び合い・思い合い〜	**『確かな力』を育むために** ○ 学習規律の定着〜全学年の足並みをそろえた取組（次へつなぐ） ○ 基礎的・基本的な知識・技能の習得（定着）と活用力の育成 ・ 学力向上プラン，学力向上プロジェクト，ロードマップの活用 ・「学び合い」を重視した授業改善の推進 ・ 問題解決的な学習過程の工夫，板書，ノートの使い方 ・ iPadを効果的に活用した「主体的・対話的で深い学び」の授業の推進 ・ 評価規準を示し自らの考えをもたせ，伝える場面の意図的・計画的な設定 ○ 家庭学習の習慣化（継続と徹底と定着） ・ 愛宕東小学校版「家庭学習の手引き」の活用と家庭との連携	☆ 支持的な学年・学級風土の醸成・家庭とのきめ細やかな連携 ☆ グランドデザインと学校運営ガイドラインによる組織的指導
やさしい子（徳）		**『豊かな人間性』を育むため** ○ 明るく元気なあいさつの励行（心を込めて，自ら進んで） ○「新しい生活様式」の習慣化 ○ 道徳教育の充実 ・「道徳の時間」の充実や参観日での授業公開と家庭への啓発 ・「考え，議論する」道徳授業の一層の充実 ・「夢や希望に向かって」よさを認め合い尊重し合うことを重視した時数配分 ○ 人との関わりを大切にする生徒指導の工夫・改善 ・ 行事や学年，学級活動の充実（所属感・有用感・達成感・協働感） ・ いじめ防止の強化，教育相談の充実 ・ 些細なことも見逃さない，記録の継続と適切な活用 ○ 読書活動の充実と推進 ・ 学校司書，学校運営協議会支援部図書ボランティアとの連携推進 ・「上川スライド30〜愛宕東小版〜」による家庭との連携	
げんきな子（体）		**『健康と体力』を育むために** ○ 生活規律の定着 ・ 学び合いを重視した「新しい生活様式」の習慣化 ○ 体力づくりの充実 ・ 体力向上ロードマップの活用 ・ 児童の運動能力・体力の確かな把握と改善のための取組 ・ プラスワン運動の継続と児童が意欲的に取り組む工夫 ○ 健康・安全意識の高揚 ・ 清掃が行き届き「美しく」，学習にふさわしい環境づくりの推進 ・ 家庭，地域と連携した日常的な安全指導と危機回避能力の育成 ・「自らの命」を守る判断と決断，行動力 ・ ネットトラブル防止，性，薬物乱用防止，病気の予防等の意識の高揚と実践化を目指す指導の充実	

（2）重点目標の重点の意図

　「学び合い」、協働する学校生活で、"何をどのように学ぶか"自他ともに認め合うことで、学びを深め、仲間とのよりよい関係を築くことにつなげます。そして、よりよい関係の構築が、「安心して過ごせる居場所」となり、「学び合い」が深まると考えました。子供の視点から言えば、「間違っても平気」、「自分の居場所がある」など、自己有用感や自尊感情が高まっている姿を目指した重点目標としました。

5　6つの重点達成のための具体的取組

　重点目標の具現化を図るための重点的取組を受け、経営活動と教育活動の視点から、具体的方策を立案しました。ここでは、経営活動のみ表7に示します。

表7　6つの重点達成のための具体的取組

重点　1　「勤務校の教育」を創る協働体制の充実	
具体的方策	全教職員の経営参画を図る組織マネジメントの充実 ①チーム、係、学年、それぞれでの話合い、共有、継続する協働体制の確立 ②「報・連・相」の徹底で情報の共有化を図り、迅速に対応できる組織体制の確立 ③組織的・計画的な自己評価やアンケート等、学校改善に生かす評価の工夫
重点　2　「個別最適な学び」と「協働的な学び」の充実を目指す教育課程の編成	
具体的方策	社会に開かれた教育課程に基づく教育活動の質の向上を図るカリキュラム・マネジメント ①PDCAのマネジメントサイクルに基づく「生きる力」を育む教育課程 ②確かな学力を育む具体的取組の推進と日常の取組を蓄積する評価の工夫 ③小中連携・一貫教育の取組の推進、改善による取組を通した学習規律、生活のきまりを活用した中学校進学へのスムーズな取組の推進 ④ICT機器を組織的・計画的・意図的に活用し児童の変容をみる教育活動の推進 ⑤児童の情報活用能力（情報モラル含）を育成するための情報教育の充実 ⑥個々の児童の人権が尊重される教育活動の推進（虐待・自殺・コロナ関連）
重点　3　専門職として資質向上と学校力を高める研修活動	
具体的方策	教職員の資質・能力を高める校内研究と日常の授業実践につなげる研修の充実 ①研究内容と方法を明確にした計画に基づく校内研修の充実 ②授業実践を中心に据えた全校的取組による学校力の向上 ③自己課題に応じた校外研修への参加と還元 ④オクリンク、Google Classroom の活用
重点　4　安全で潤いがあり、学ぶ意欲を高める教育環境の整備	
具体的方策	人的環境の充実と校舎内、校地内の環境の整備と充実 ①やさしさ、温かさのある人的・物的な言語環境の整備（教師こそが最大の環境） ②年度の重点教育目標の具現化を図る学年経営の作成とその充実 ③教室や廊下など校舎内外の日常的な清掃・美化の推進及び掲示の工夫 ④安全に関する指導及び心身の健康の保持に関する指導の充実 ⑤教材園等の整備と効果的活用（光庭の整備と活用含） ⑥安全面に配慮した教育環境の維持・管理 ⑦児童の机上やロッカー、靴箱などの整理整頓と統一した指導の推進
重点　5　コミュニティ・スクールの効果的な取組による地域と共にある学校づくりの推進	
	保護者や地域住民との共通理解

具体的方策	①保護者の気持ちに寄り添う迅速な対応と保護者面談の充実 ②各種たより、HP 等の情報の積極的発信と参観日、行事等への参加呼びかけ ③基本的生活習慣の定着、家庭学習の習慣化、「家読」等の家庭との連携 ④PTA 活動や地域行事等への積極的な参加の促進 ⑤地域の教育力を生かした特色ある教育活動の展開（外部人材活用含） ⑥地域・保護者への経営方針並びに学校評価の実施・公表を通じた教育活動の充実・改善及び運営改善

重点 6　危機管理の推進

具体的方策	情報の共有と組織的な体制による危機への対応 ①安全計画に基づく日常的な危機管理の実践（交通安全教室、一斉下校訓練、遊びの指導、通学路点検） ②学校・家庭・地域、関係機関と連携した危機管理（校舎内外の巡回指導の充実、交通安全街頭指導の徹底、家庭や地域との連携、不審者侵入など防犯訓練、防犯体制の組織化と警察、ＰＴＡ、防犯協会など関係機関との連携） ③児童を事故から守る施設設備の安全点検の強化（1 日に設定と事後処理報告） ④個人情報の保護 　・文書を含む個人情報管理の徹底とコンピュータによる情報管理対策の徹底 　・教職員、児童のクラウドネット上、ドライブに情報をあげる等、使用方法の対策 ⑤適切な文書の取扱と会計事務の適正な運用 　・一般文書、公文書の保管の工夫（文書整理と文書公開） 　・学校予算の適正、効果的運用 　・施設設備、備品等の適切な管理・保全の充実（備品等の整理、職員室の美化）

重点 7　子どもと向き合う時間の確保に向けた業務改善の取組

具体的方策	子どもと向き合う時間、時間的なゆとりを生み出す校務運営の改善 ①運営組織体制の再編と業務内容の見直しによる協働体制の確立 ②教職員自己評価の項目に取り入れた検証・改善 ③アクション・プラン目標を目指す個々の意識改革と実効性の高い働き方改革の　積極的推進

6　本年度の具体的取組例

《具体的取組1》　学校チームによる協働体制の構築

　令和3年1月26日中央教育審議会答申では、「学校が様々な課題に対処し、学校における働き方改革を推進するためには、従来型のマネジメントの下、学校の有するリソースだけで対処するには限界がある。今般の新型コロナウイルス感染症への対応を契機とした業務の見直しも含め校長のリーダーシップの下、組織として教育活動に取り組む体制を整備することが必要である。」と示されました。

　そこで、教職員が目標を共有し盤石な協働体制を築き、活力ある学校を目指し組織マネジメントの手法を取り入れ、スピード感をもって組織的・機動的な学校運営を次のように進めてきました。

（1）校務運営組織体制の確立

　勤務校の先々を見通した姿を教職員に示すとともに年度末の教職員の面談を行ったところ、校務運営組織体制の再編を望む声が多くありました。

その根拠としては次の２点、

① 迅速な情報の共有と役割の明確化

② 業務の平準化

そこでこれらの意見をさらに活かしてチーム制を導入することにしました。

○ 企画チーム

・業務の詳細分担はチーム内で決定

○ 実践チーム

・特別支援学級含む

☆意欲化を図る取組

○ 月一度チーム会議の開催

○ 業務計画並びに実践の共通理解と共有・協力体制

・チーム内全員が共通理解された回答

☆意識を高めることで意欲化を図る取組

実践チーム				
	学年	1組	2組	3組
学年	1年			
	2年			
	3年			
	4年			
	5年			
	6年			
特別支援	知的			
	情緒			
	情緒			
	肢体			
	難聴			
	病弱			
	フリー			
	指導員			
担任外	主幹教諭			
	フリー（教務）			
	外国語加配			
	主幹教諭加配			
	栄養教諭			
	養護教諭			
	事務職員			
	退職教員等外部人材活用			
	教育業務支援			
	学習指導員			
	学校司書			
	環境整備員			
	用務員			
	給食調理員			

企画チーム		
まなび	学習	
	研修	
こころ	生徒指導	
	図書	
からだ	体力	
	健康	
マネジメント	事務	
	施設	
特別支援教育コーディネーター		
保健主事		
小学校英語教育推進リーダー		
司書教諭		
道徳教育推進教師		
小中連携コーディネーター		
GIGA 教育推進リーダー		
防火管理者		
衛生管理責任者		

図１　校務運営体制組織図

チーム会議で教職員個々が考えをもち、会議に参加し（個別最適な学び）、伝え合い、チーム内の考えを聞き合う（協働的な学び）ことで、自らの考えを深めることにつながりチーム実践の方向性が焦点化できることが、教職員の強さとなり適応力が高まった。

《具体的取組２》　組織改革による働き方改革の推進

効率よく業務が推進されるよう、特別委員会を図２のように見直しました。

（2）特別委員会の見直し

特別委員会	
企画運営	主幹教諭・各部部長
学年代表者	主幹教諭・各学年・特支代表、教務・生徒指導部長
教育課程編成	教務主任、研修部長、主幹教諭、学年主任、関係部長
通知表検討	教務主任、主幹教諭、学年主任、特支コーディネーター
学校評価	主幹教諭、各部部長、学年主任
研究推進	主幹教諭、教務部長、研修部、研修部がいない学年１名
危機管理・情報セキュリティ	主幹教諭、教務主任、生徒指導、管理事務部長、他関係者
校内支援	特支コーディネーター、生徒指導部長、主幹教諭、教務主任、養護教諭、関係する担任等
学校保健	主幹教諭、保健主事、栄養教諭、校医、関係する担任等
校内監査	主幹教諭、管理事務部長、会計担当者
学校プール運営	管理事務部長、主幹教諭、健康指導部長、養護教諭
業者選定	教務主任、主幹教諭、5,6 年代表
歌声	主幹教諭、教務主任、生徒指導部長、各学年・特支代表
時間外業務縮減	教頭、主幹教諭、教務主任、各学年・特支代表

➡

特別委員会	
企画運営委員会	学校評価・通知表・教育課程含
GIGA スクール推進委員会	学力向上（含）
体力向上委員会	プール、保健委員会含む
校内支援委員会	校内就学含
生徒指導委員会	いじめ対策・不登校対策含
マネジメント(会計)委員会	監査業務含
服務規律委員会	50・40・30・20, 年代別Ｇ
業務改善委員会	教務・学年Ｂ１・校長

図２　特別委員会の改編

　各特別委員会の目的を明確にし、その目的に基づく委員会を設置することで効率化を図ることにしました。

① 教員一人一人が1委員会に所属する

　・役割と責任をもつ　　　　　　　☆意欲化を図る取組

② 特別委員会での内容は、実践チームに確実に報告

　・情報の共有と共通理解の上で指導・実践

　教職員自ら、学年打合せやチーム会議の前に、委員会に必要な事項を整理し事前に準備を行います。それを基に学年やチームから受けた助言・考えをもち、各特別委員会に参加する教職員の質の向上にもつながる姿が見えるようになっています。

（3）各種会議の効率化

　組織が機能することで、各種会議内容を焦点化し効率化を図ることにつながりました。

① 学年（縦）企画（横）の強固なつながりによる情報共有の確実

② 特別委員会、チーム会議の充実

　・職員会議：年10回（これまでの半減）並びに時短

　・会議、委員会時のペーパーレス化　　☆意識と意欲化を図る取組

（4）業務改善による取組

　それぞれの教育活動実施にあたり、子供たちに身に付ける力を企画・学年チームで確認し、業務改善チームを中核に検討し、業務改善と一体させた取組を進めました（図3）。

① 教職員「朝の打合せ」を取りやめ、職員室デジタルサイネージを活用

　・日報のデジタル化

　・子供たちの自主性を育むことをねらいに、各階ホールにもデジタルサイネージを設置し、周知事項を掲示

② 「できること」「できないこと」を明確に示す

　・学校行事の工夫

　・家庭訪問を個人懇談への転換

　・通知表の改善

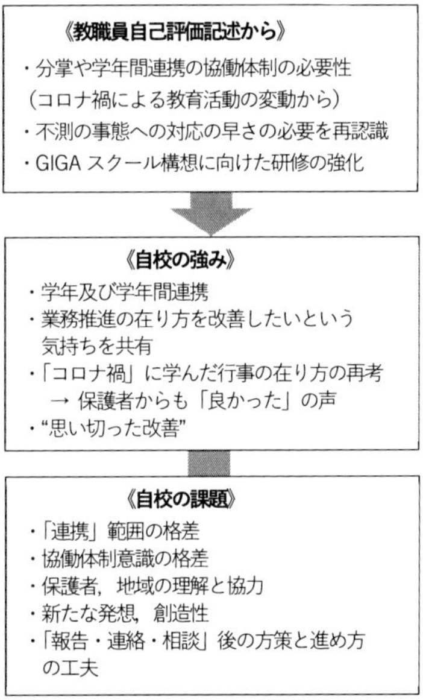

《教職員自己評価記述から》
・分掌や学年間連携の協働体制の必要性
（コロナ禍による教育活動の変動から）
・不測の事態への対応の早さの必要を再認識
・GIGAスクール構想に向けた研修の強化

《自校の強み》
・学年及び学年間連携
・業務推進の在り方を改善したいという気持ちを共有
・「コロナ禍」に学んだ行事の在り方の再考
　→ 保護者からも「良かった」の声
・"思い切った改善"

《自校の課題》
・「連携」範囲の格差
・協働体制意識の格差
・保護者，地域の理解と協力
・新たな発想，創造性
・「報告・連絡・相談」後の方策と進め方の工夫

図3　働き方改革推進構想から

- 各チームでの教育活動の振り返りと改善及び方向性の共通理解
- 学校運営協議会支援部活動による登下校時の見守りや授業等の保護者・地域の人たちによる支援
- 業務効率化観点の共有：経営の重点項目との関わりを重視した、人事評価シート「学校設定項目」による自己評価

《具体的取組3》 校内研修の充実

　すべての子供たちの可能性を引き出す令和の日本型教育、すなわち『個別最適な学び』と『協働的な学び』を一層重視し、授業を円滑に実施しなければならない。そのために、子供たちの学びの質を高めていくことができるよう、研修の充実を次のように進めてきた。

① 令和3年度の校内研修
　　全教職員が、ICTを授業で活用することができることを目指す実技研修
- 教職員個々の目標設定
- 指導時に学級格差ができないよう、学年・ブロックチームでのミニ研修
- 月、または学期毎に学年ごとの活用例の確認
- 外部講師による実技研修の実施

図4 校内研修の様子

② 令和4年度の校内研修
　　授業におけるICTの効果的活用を目指す授業改善
- ミニ研修による授業での活用方法(図4)
- 校内研究授業の実施と検証(図5)

図5 校内研究授業実践

- 授業後の研究協議の充実
- 全国学力・学習状況調査、児童質問紙、校内学力テスト、チャレンジテスト等の結果に基づく分析及び結果と分析の共有

《具体的取組4》 教職員の力を結集する

教職員の個性と力を発揮するベクトルが違うと、優れた力を結集することは困難となります。そこで、次のように取り組み、教職員が一体となった学校運営を目指してきました。

① 明確な経営ビジョンを示す
② 校長自らも方針に率先垂範となるよう取り組む
③ 適材適所で教職員に活躍の場を設ける

④ 指導を含む業務の推進の素晴らしさを認め、教職員のモラールの向上を図る
⑤ 保護者や地域の理解と協力を得られるよう、丁寧な学校説明をする

(学期ごと)

7　まとめ　考察

　校長は、子供や地域の実態を踏まえながら、学校の教育ビジョンを示し、教職員の意識や取組の方向性の共有を図ることが不可欠です。また、多様な専門性と職員を有機的に結び付け、共通の目標に向かって動かす能力や、学校内に協働の文化を創り出すことができる能力などの資質が必要です。

　2020年度の一連の改革は、学校システムと教育方法を中心とした改革の中で、教員像そのものを大きく変える契機として位置付けられています。

　『夢や希望に向かって　自分をみがく子』を育むために、教職員が夢や希望に向かって自分を磨かなければならないのです。そのモチベーションを高めるには、校長は、一人一人がもつ力を最大限に引き出さなければならないと考えました。

　終わりに、令和4年度末教職員自己評価結果(表8)などから、本取組の成果と課題についてまとめます。

表8　令和4年度年度末教職員自己評価：経営活動重点

評価は「4」：十分達成　「3」：概ね達成　「2」あまり達成していない　「1」達成していない

重点1「愛宕東小学校の教育」を創る協働体制の充実（全チーム）		各評価の度数				評価の平均
		1	2	3	4	
1	1-1 チームミーティング、学年打合せ、各種特別委員会を確実に行い、協働体制によって業務を推進している。	0	1	9	26	3.7
2	1-2「報・連・相」による情報の共有化を図り、チームで迅速に対応している。	0	0	8	28	3.8
重点3 専門職として資質向上と学校力を高める研修活動（まなび）		各評価の度数				評価の平均
		1	2	3	4	
7	3-1 校内研修計画に基づき研究内容や方法を明確にした校内研究の充実を図っている。	0	0	15	21	3.6
8	3-2 タブレット端末を活用した授業にかかわる研修を行い、日々の授業実践に活かしている。	0	0	18	18	3.5
重点7 子どもと向き合う時間の確保に向けた業務改善の取組（全チーム）		各評価の度数				評価の平均
		1	2	3	4	
19	7-1 子どもと向き合う時間を確保し、教育活動を効果的に行うため、業務改善を進めている。	0	2	19	15	3.4
20	7-2 現状分析を踏まえて各教員が自らの働き方を認識し、各自が最適な取組を実践している。	0	3	22	11	3.2

- 35 -

【成果】

① 教職員の思いを活かす経営活動に取り組むことで、教職員の協働意識を高めることにつながっている。

② 教職員一人一人がチームの一員であるからこそ、学校は活性化する。そこに価値がある。

③ 学校の課題のみに目を向けるのではなく、課題解決より困難を増すであろう、自校の「強み」を継続することで、組織力を高める相乗作用となっている。

【課題】

① より高い自己評価となるよう、何をもって検証していくのか、より明確な経営ビジョンを示す。

② 経営活動の重点7業務改善の自己評価では、「業務改善委員会による取組が着実に進められている」という成果の記述がありながらも「達成していない」自己評価もある。さらに、個の思いを引き出せるよう、校長として立ち位置を換えていかなければならない

③ 自校のよい風土を活かしつつ、教育目標を達成するための経営計画を作成する。

　　校長が示す学校経営ビジョンの実現のためには、教職員が一丸となって取り組んでいかなくてはなりません。学校の一翼を担うという強い使命感と新たな課題に強固な組織力で立ち向かう自校の「チーム」にビジョンの実現を委ねます。

（山川　美千代）

【引用文献・参考文献】
・ 文部科学省（2022）「令和の日本型学校教育を担う教師の在り方部会」，「新たな教師の学びの姿」の実現と多様な専門性を有する質の高い教職員集団の構築～中間まとめ
・ 金子晃之（2017）「チーム学校」と地域との連携・協働の課題について，桜花学園大学保育学部研究紀要第15号2017
・ 住田昌治（2021）「未来を創るスクールリーダーシップ」，ぎょうせい新教育ライブラリ Premier II Vol.1
・ 佐藤晴雄（2021）「地域・家庭との連携・協働で創る未来の学校」，ぎょうせい新教育ライブラリ Premier II Vol.1
・ 三隅二不二(1978)『リーダーシップの行動学』有斐閣年
・ 山川美千代(2009)「学校の教育目標の具現化を目指す校内研修と学年・学級経営の連携」北海道教育大学大学院教育学研究科学位論文

－第2節－

学校心理学に基づくチーム支援体制による不登校対応について

1　問題の所在

　令和4年10月に文部科学省から公表された「令和3年度 児童生徒の問題行動・不登校等生徒指導上の諸課題に関する調査結果」より、国内における不登校児童生徒が増加傾向にあることが示されました。過去3年間の同調査結果の不登校の要因に着目すると、下の表1のように、小学校では、「個人の要因」の割合が最も多く、続いて「家庭の要因」、「学校の要因」の順になっています。中学校も、「個人の要因」の割合が最も多く、次に「学校の要因」、「家庭要因」の順になっています。この調査結果から、不登校の要因の割合において、「個人の要因」が注目される様相を呈しています。

表1　令和3年度 児童生徒の問題行動・不登校等生徒指導上の諸課題に関する調査結果（単位は%）

不登校の要因／学校種	学校の要因								家庭の要因			個人の要因	
	いじめ	いじめ以外の友人関係	教職員との関係	学業不振	進路に係る不安	部活動等への不適応	学校の決まりをめぐる問題	入学進級時の不適応	家庭の生活環境の急激な変化	親子のかかわり方	家庭内の不和	生活リズムの乱れ、あそび、非行	無気力・不安
小学校	0.3	6.1	1.9	3.2	0.2	0	0.7	1.7	3.3	13.2	1.5	13.1	4.9
中学校	0.2	11.5	0.9	6.2	0.9	0.5	0.7	4.1	2.3	5.5	1.7	11	49.7

　しかし、令和4年の「令和3年度不登校児童生徒の実態把握に関する調査報告書」の小学6年生と中学2年生を対象に抽出した調査では、表2のように不登校の要因として「学校生活がきっかけ」（学校の要因）をあげている児童生徒が多くみられま

す。そのうち小学校、中学校ともに、「先生のこと（先生と合わない、先生が怖かった、体罰など）」が最も多く、順に「友達のこと（いやがらせやいじめがあった）」、「いやがらせやいじめ以外の友達のこと」、「先生のこと（先生と合わない、先生が怖かった、体罰など）」、「勉強がわからない（授業が面白くない、成績やテストの点が良くないなど）」となっており、「学校の要因」の割合が多い結果を示しています。

表2　令和3年度不登校児童生徒の実態把握に関する調査報

最初に行きづらいと感じ始めたきっかけ		
	小学生 (小6)	中学生 (中2)
学校生活がきっかけ	548 人 (76.9%)	1034 (79.4%)
身体の不調・生活リズム	291 人 (40.8%)	573 人 (44.0%)

【小学校】
○友達のこと（いやがらせやいじめがあった）　　　　　　　　25.2%
○上記以外で友達のこと　　　　　　　　　　　　　　　　　　21.7%
○先生のこと（先生と合わない、先生が怖かった、体罰など）　29.7%
○勉強がわからない（授業が面白くない、成績やテストの
　　　　　　　　　　　　　　　　　点が良くないなど）　　　22.0%

【中学校】
○友達のこと（いやがらせやいじめがあった）　　　　　　　　 5.5%
○上記以外で友達のこと　　　　　　　　　　　　　　　　　　25.6%
○先生のこと（先生と合わない、先生が怖かった、体罰など）　27.5%
○勉強がわからない（授業が面白くない、成績やテストの
　　　　　　　　　　　　　　　　　点が良くないなど）　27.6%

　また、令和2年度 日本財団の「不登校傾向にある子どもの実態調査」では、不登校の定義である「30日以上、欠席している不登校」は10万人ですが特に注目すべきは、「不登校傾向の子ども」が、33万人いることです。その内訳をみると、登校しているが、「学校になじんでいない子ども」、つまり、「①部分登校（基本、教室で過ごすが、授業に参加する時間が少ない）」、「②仮面登校A（基本、教室で過ごすが、皆と違うことをしがちで、授業に参加する時間が少ない）」、「③仮面登校B（基本、教室で過ごしており、皆と同じことをしているが、学校に通いたくない、辛い、嫌だと思っている）」子どもの数等が33万人いることをこの調査は示しています。これは、学校に登校はしているが、学校生活に不適応を起こしている①②③の不登校傾向の子どもが多数存在していることを示しています（表3）。

表3　不登校傾向にある子どもの実態調査（日本財団）

学校生活をめぐる子どもの特徴（タイプ）6群			
不登校	学校に行っていない状態が年間30日以上	10万人	
	学校を1週間以上連続で欠席している		
教室外登校	学校に行くが教室以外で過ごす(校門、保健室、校長室等)		33万人
部分登校	基本、教室で過ごすが、授業に参加する時間が少ない		不登校傾向にある子ども
仮面登校A	基本、教室で過ごすが、皆と違うことをしがちで、授業に参加する時間が少ない		
仮面登校B	基本、教室で過ごしており、皆と同じことをしているが、学校に通いたくない、辛い、嫌だ		
登校	学校に馴染んでいる		

　さらに、「令和3年度不登校児童生徒の実態把握に関する 調査報告書」から、小学校、中学校において、学校に行きづらい、休みたいと感じ始めてから、5割程度の児童生徒が、1か月から半年程度で休み始めており、個人差はありますが、かなりの期間、不満やストレスを感じながら学校に通っていることがわかります（図1）。

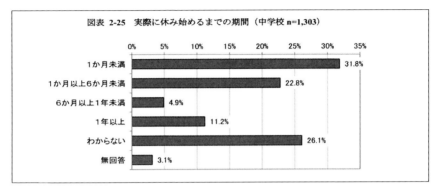

図表 2-25　実際に休み始めるまでの期間 （中学校 n=1,303）

図1　令和3年度不登校児童生徒の実態把握に関する調査報告書

　私は、不登校・不登校傾向にある児童生徒の問題を、「学校の要因」を中心に捉え直し、この問題に対して、学校教育における、「学校心理学に基づくチーム支援」と「解決志向アプローチ」の両面から解決を図りました。

2　問題解決の方法

　現在、個々の児童生徒の抱える課題も複雑・多様化しており、教職員の資質向上はもとより学校教育の見直し、改善を進めるとともに、地域の専門機関や専門スタッフとの連携を図る「チーム学校」が求められています。

　私自身、不登校生徒の登校実現に向けて、スクールカウンセラー（以後SC）、児童相談所、福祉課、民生委員、保健師等との連携を図ってきましたが、ケース会議の開催に2、3週間を要し、タイムリーな情報交流や方策の構築に時間と手間を要しました。また、専門機関・スタッフが学校現場に関わることができる時間は限定的であり、十分な連携のノウハウもなく、不登校生徒への継続的な対応を行うのは、主に現場の教師でした。不登校の原因、理由やその状況は複雑に絡み合い、不登校の段階によっても変化し、その対応も個々の生徒によって異なるため、私自身は不登校の原因、理由の把握に努めてきましたが、それらの要因の解消が、不登校の解決に直接結びつくことに難しさを感じていました。そこで、支援策については、不

登校の原因や理由はある程度、理解しながらも、根拠のない経験のみに基づく対応や自分勝手なタイプ別による硬直的な方法にとらわれず、生徒や保護者と相談し、同僚教師やＳＣ、スクールソーシャルワーカー（以後、ＳＳＷ）等の関係者間で共通理解を図りながら、支援策を構築するようにしました。

　私は、勤務校において、「学校心理学に基づくチーム支援」と「解決志向アプローチ」に基づき、次の５つの方策を中心に不登校対応を実践しました。

（１）関係者である生徒・保護者・担任教師（以後、担任）の被援助志向性を高め、教師やＳＣ、ＳＳＷ等の専門スタッフに相談しやすい関係性の構築に努めること。

（２）学校心理学の視点に基づき、学校の実態に即して、不登校対応コーディネーターを核とした支援チームをつくり、組織的・計画的な対策を立てること。

（３）生徒との面談方法に、解決志向アプローチを中心理論として活用し、継続登校に向けた行動目標などの設定等に生徒の自己選択、自己決定を促すこと。

（４）生徒の段階的な登校の支援に、保健室・相談室等の別室を有効活用すること。

（５）支援チームの一員としてＳＣやＳＳＷ等の専門スタッフと連携を図ること。

　以上の５つの視点に基づく不登校対策の実践は以下の通りです。

３　教頭として勤務したＡ中学校の不登校生徒の実態

　私が 20XX 年に教頭として勤務していたＡ中学校は、生徒数が約 70 名。そのうち不登校生徒が６名。中学校があるＡ町は、人口減少に伴う過疎化により、学校の統廃合が進みました。不登校生徒６名のうち４名は、小学校・中学校がそれぞれ統廃合によって、遠方からスクールバスで通学する生徒です。特にこの４名の生徒は、通学の困難さに加え、保護者の生徒への養育上での家庭の要因、地域のコミュニティの衰退による日常的な生徒同士の交流の減少等、様々な環境要因も考えられました。不登校生徒の個々の実態は異なっており、不登校になる時期も期間もそれぞれ違います。

４　問題解決のための理論とその実際

　私は、教頭として、校長の経営方針にある「不登校対応コーディネーターを核とした不登校対策の構築」に基づき、全教職員、専門機関・スタッフとの組織的・計画的な支援体制の構築を図りました。そこで、私は、「チーム支援」によって個々の

生徒の実態を多面的に捉え、生徒の主体的な課題解決を援助するための「心理的教育援助サービス」を行う「学校心理学」の視点を取り入れることにしました。

（1）学校心理学における3段階の援助

① 一次的援助サービス

　一次的援助サービスは、どの子どもも何らかの課題やニーズがあるという前提で、学校教育活動全般において、すべての子どもを対象とするサービスです。開発的・予防的援助として、子どもの課題を早期発見し、対応することも目的となります。入学進級時のスタートカリキュラムや学習・生活スキルの指導、学校生活に適応するためのSSTや構成的グループエンカウンター等の実施が考えられます。

② 二次的援助サービス

　二次的援助サービスは、登校を渋りだした、学習意欲をなくしてきた、友人関係に不適応を示し始めた子どもが対象となります。早い段階で課題を発見し、問題が大きくなるのを予防します。援助者一人一人が子どもの態度や表情を丁寧に観察し、多くの援助者からの情報共有を図り、必要な援助を行うサービスとなります。学習指導ではICTを含む視覚的な教材教具等の工夫が考えられます。必要に応じて、この段階からSCとの連携を始めていくことも考えます。

③ 三次的援助サービス

　三次的援助サービスは、「発達障がいを含む特別な重大な援助ニーズをもつ特定の子ども」を対象とします。この場合，SCやSSW等と教師が援助チームをつくり、子どもの状況についての綿密な心理教育的アセスメントの実施とそれに基づく個別の支援計画を作成します。例えば、子どもをより深く理解するために丁寧な「アセスメント」を実施し、それに基づくケース会議を通して、子どもの援助のためのカウンセリングやコンサルテーションをチームで実践することが挙げられます。

　特に、一次的援助サービスを全教職員で充実することで、二次的援助サービスや三次的援助サービスの対象となる子どもの減少を図ることができます。

（2）学校心理学に基づくチーム支援

　学校心理学における「チーム援助」の考え方には、チームを構成する要素として4種類のヘルパーがいます(表4)。この4種類のヘルパーは、子ども自ら課題解決を図るための援助者であり、援助資源（リソース）でもあります。

　リソースになるものは何でも活用します。例えば、地元のアスレチッククラブの指導者で町内会長でもある60代後半の男性に家庭訪問をお願いしました。

表4　学校心理学における「チーム援助」の考え方に基づく4種類のヘルパー

① 専門的ヘルパー（ＳＣ、ＳＳＷ、特別支援学校教員、医療・福祉のスタッフ等）
② 複合的ヘルパー（教師、養護教諭、特別支援コーディネーター、部活顧問等）
③ 役割的ヘルパー（保護者、家族で、子どもを一番よく知る専門家と言えます）
④ ボランティア的ヘルパー（友人、少年団コーチ、子どもをよく知る地域住民等

　ある不登校生徒と母親との喧嘩が頻繁に起きるようになり、母親に事前に了解を得たうえで、町内会長の男性に事情を説明し、仲裁役や見守り役として家庭訪問をお願いしました。生徒も母親も、この男性を信頼しており、その後、喧嘩がほとんどなくなりました（リソース探しはケース会議で行いました）。

（3）　学校心理学におけるチーム支援での主な活動

① アセスメント

　アセスメントは、子どもの学習面、心理・社会面、進路面、健康面と、多面的に問題状況に対する情報収集と実態把握を行います。何に苦戦しているのか、何に困っているのか、その原因、理由も聞きます。それ以上に、自分の課題解決のために、本人のリソース（資源・資質）である、良さや強み、趣味、好きな教科、得意なもの・ことや、好きな先生、親しい友人等の援助資源の把握を行います。ＷＩＳＣやＫ－ＡＢＣ等の検査結果（特に得意なことや強み）の把握も行います。

② カウンセリング

　カウンセリングでは、子どもとの面接において、共感的理解を図ります。ＳＯＳの援助要請を出しやすい関係づくりや、子どもが自ら課題解決を図るため、できそうな行動目標の自己選択、自己決定を促すようにします。カウンセリングには、授業、保健室等での相談、ＳＣ等による面接が含まれます。カウンセリングにおける主な担い手は、教師とＳＣになります。

③ コンサルテーション

　コンサルテーションとは、専門性や役割の異なる援助者同士が子どもの問題状況について検討し、今後の援助の在り方について話し合うプロセスです。担任や保護者からの援助依頼や相談を受けて、教育相談担当、養護教諭、生徒指導主事、ＳＣ、ＳＳＷ等がコンサルタントとして、学校教育やスクールカウンセリングの専門家の立場から、コンサルティ（担任や保護者）が子どもの問題解決を効果的に援助できるよう、助言などの働きかけをします。つまり、コンサルタントは担任や保護

者を通して間接的に子どもを援助することになります。

④　コーディネーション

　コーディネーションとは、子どもの援助者が集まり、子どもの苦戦する状況について情報収集しながら、子どもに対する学校内外の援助資源を調整して援助方針を共有し、援助活動をまとめるプロセスや場です。援助チームにおいて、教育相談担当、養護教諭、生徒指導主事、ＳＣ、ＳＳＷ等がコーディネーターとして機能します。事例研究会、特別支援部会、生徒指導部会、学年部会、ケース会議等があります。

（4）教頭によるチーム支援体制の構築

　当時、教頭として構築したチーム支援体制は、次のとおりです。
①　不登校対応コーディネーターを核に、個々の生徒に応じたチームによる組織的・計画的な支援体制の立案（「不登校生徒への組織的対応フローチャート」の作成）
②　個々の生徒の主体的な課題解決を促すための解決志向アプローチを中心理論とした面接技法の活用
③　段階的な登校への支援のための保健室・相談室等の別室の環境整備
④　専門機関・スタッフとの連携（専門家の援助者へのコンサルテーション、関係者間のコーディネーション、学校の校内研修や生徒事例研修会への参加等）
⑤　地教委と連携した、教職員による不登校生徒の送迎費や保険対応と、ＳＣ、ＳＳＷの学校への派遣拡充等の組織的・計画的な支援の充実

（5）不登校対応コーディネーターを核としたチーム支援体制の具体

①　不登校対応コーディネーターの業務の確立
　　ア　教科指導は１学年のみとし、校務分掌は不登校対応業務とします。
　　イ　授業は４時間目以降とし、３時間目までは「不登校生徒への組織的対応フローチャート」に基づく不登校生徒への対応や家庭との連絡業務に専念します。
　　ウ　「不登校生徒への組織的対応フローチャート」に基づき、全教職員・学習支援員に対して、授業の空き時間を確認しながら、毎日の不登校生徒の迎えや別室での学習支援・教育相談、教室でのＴＴ支援等の連絡調整を行います。
　　エ　職員室に、不登校生徒のその日の時間割ごとの活動予定を記入したＡ４版の「活動予定表」を専用ホワイトボードに掲示し、教職員に可視化します。

オ　毎月、不登校対策会議を開催し、担任と協働で作成した「生徒支援計画シート」をもとに、全教職員で生徒の実態把握と具体的支援策の構築と共有化を図ります。

② 全教職員による送迎体制の整備

ア　教職員に公用車使用届を提出させ、保険への対応を図ります。

イ　地教委と連携し、教職員の生徒の迎えのための旅費の保障を図ります。

③ 全教職員・学習支援員による支援体制の確立

ア　1年に2回（6月と10月）の教育相談のうち、10月の教育相談は担任以外の教師との相談を可能とし、生徒は、どの教師にも相談でき、担任以外の教師も生徒の相談にのれることで、生徒、担任の被援助志向性を高めます。

イ　教科担任が、別室での学習支援用の個々の生徒に即した学習プリント等の教材を作成し、職員室の生徒名が書かれたファイルにストックしておきます。

ウ　保健室や別室での学習支援により、生徒の学習不安の解消や、教育相談での生徒の現状把握、今後の登校への見通しをもたせるようにします。

エ　放課後も必要に応じて、生徒の学習支援や教育相談を行います。生徒の学習支援や友人関係等への不安や卒業後の進路の問題、翌日以降の登校の在り方や行動目標の確認等、幅広くコミュニケーションを図ります。

④ 専門機関・専門スタッフとの連携（ＳＣ、ＳＳＷとの連携）

ア　全校集会や学校通信、ＳＣ通信等でのＳＣの紹介と、生徒、保護者への相談窓口の周知を図り、生徒や保護者の被援助志向性を高めるようにします。

イ　不登校対応コーディネーターが担任と協働で作成した「生徒理解支援シート（後に高校への引継資料に含む）」等をもとに教頭が校外的な窓口となり、不登校対応コーディネーター（必要に応じて担任も参加）、ＳＣ、ＳＳＷ、児童相談所職員、福祉課職員と、支援策についての定期的な相談や検討を行います。

ウ　不登校対応コーディネーターの配置で、不登校生徒、不登校傾向生徒はもとより、特に課題を抱える生徒の情報がコーディネーターに集まり、その生徒、保護者を早期にＳＣにつなぐことで、不登校への未然防止を図ります。面談の日程調整は不登校対応コーディネーターが行います。

エ　校内研修を活用し、ＳＣによる事例に基づく生徒理解研修会を開催します。

（6）不登校生徒への組織的対応フローチャート

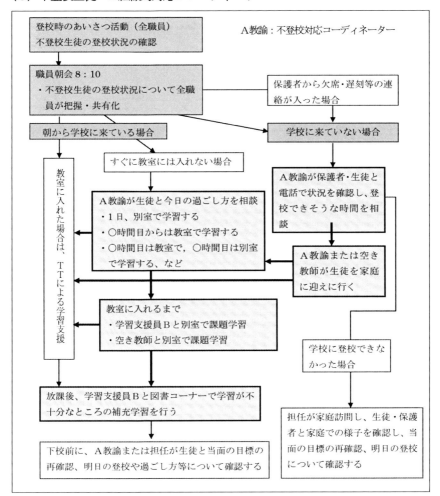

図2　不登校生徒への組織的対応フローチャート

（7）解決志向アプローチによる不登校生徒への面接等の支援の実際

　私が不登校対策を学ぶ上で参加している研修の一つに、北海道教育大学旭川校の久能弘道教授が主宰する「学校教育実践に生かす解決構築アプローチ研究会」があります。ここで学んだスキルを参考に、不登校対応コーディネーターや担任が、生徒自身が無理なく、段階的な登校に向けた目標や具体的な行動を主体的に選択・決

定し、実行できるようサポートしています。概要は以下の通りです。

① 解決志向アプローチの基本理論

　不登校生徒への教育相談で用いる手法として、援助者が、生徒がもつリソース（生徒のまわりの援助資源や生徒自身がもつ自助資源である、自分の強み、長所、良さ等）をもとに働きかけを行います。生徒によってリソースは異なり、リソースの活かし方もパターン化できないと考えます。つまり個々の生徒の実態によって、継続登校への働きかけも違ってきます。働きかけを行う際の、「３つの中心哲学」と「４つの発想の前提」とよばれるものは次の通りです。

【３つの中心哲学】（リソースをもとに働きかける方法）

　　ア　「うまくいっているなら、それを続けよ」

　　イ　「一度でもうまくいったなら、またそれをせよ」

　　ウ　「もしもうまくいってないなら、何でもいいから違うことをせよ」

【４つの発想の前提】

　　ア　「変化は絶えず起こっていて、そして必然である」

　　　　子どもの心の内面は、大人以上に絶えず変化しています。例えば、ある日、突然、不登校の生徒が部活動に顔を出したり、体育祭や学校祭などの行事に顔を出したりする等、教師や保護者の予期せぬ行動が起こることがあります。

　　イ　「小さな変化は大きな変化を生み出す」

　　　　小さなきっかけや行動がやがて大きな変化や行動につながります。どんな行動が子どもの大きな変化の兆しなのかはわかりませんが、小さな行動や変化を見逃さず活かすようにします。不登校生徒に対して、短期・中期・長期目標を生徒と設定しながら、継続登校につなげていきますが、それぞれの目標の達成に向けて、より達成可能な小さな行動目標を設定します。この一つ一つの小さな行動目標の実現も、段階的な大きな変化につながります。

　　ウ　「解決について知る方が問題と原因を把握するよりも有効である」

　　　　生徒の抱える問題や不登校の原因の追及は、かえって時間と労力がかかり、ともすれば問題や原因を増やすことになります。また、これらの問題や原因は相互に複雑に絡み合っていることもあります。そのため教師がこれらの問題や原因の解決を図るには相当な時間と労力がかかり、困難さを増すことが考えられます。それよりも問題や原因の把握はしますが、解決するための手立てを、次にあげる「リソース」をもとに発想を転換して考えます。

エ　「問題解決のリソースは子どもがもっている」

　　多くの児童生徒は、入学時から不登校だったわけではなく、少なからず学校に通っていた時期があるはずです。このことも大事なリソースであり、通学できた理由があったはずです。例として、好きな先生や話しやすい先生の存在があります。ある生徒はゲーム「マインクラフト」が好きでした。好きな先生で、話しやすい先生でもあることから会うことができました。さらにゲーム「マインクラフト」をツールに会話が成立し、その教師と面談が継続し、その後、登校への相談がスタートしました。また、女子生徒の中には、話しやすい先生として、担任よりも養護教諭の名前を挙げる生徒がいます。再登校に向けた最初の相談窓口として養護教諭の効果は大きいと考えます。

② 解決志向アプローチの面接の流れ

　ア　アセスメントと信頼関係づくり

　　　生徒の話をよく聞くこと。特にリソースをみつけることを大事にします。面談の継続や段階的な継続登校の実現に向けて、信頼関係を築いていきます。

　イ　ゴールについての話し合い

　　　特に、登校に向けた面談の際に、個々の生徒に即して、短期・中期・長期目標（ゴール）を設定します。そして目標の設定に当たり、具体的な行動目標を自己選択・自己決定するように促していきます。さらに短期目標に向けた小さな行動目標を細かく設定し、達成感を実感できるようにしていきます。

　ウ　解決に向けての有効な質問などの主な技法

　　　○「スケーリング・クエスチョン」

　　　　ゴールに向かって、目標設定をする際の重要な質問になります。今の自分の現在地（状態）を確認して、無理のない目標設定をするための質問です。自分自身が望む一番良い状態を10として、今の状態はどのぐらいの点数かを生徒に問います。その際、どんなに生徒が落ち込んでいても0点にならないようにします。例えば、援助者が、「先生に会えているから、2点ぐらいはあると思うよ。」などの配慮をします。中には4点や5点をつける生徒がいます。その点数の意味を問うようにします。そして、4点や5点をつけたことで、自分は「そんなに悪い状態ではないんだ。」ということを実感できるようにします。すると前向きに目標設定ができることがあります。また、10のうち5点をつけた生徒には、「6点にするためには、どうなっていたら

いいの。」と問うことで、一つ先の行動に見通しをもたせることができます。

○「例外探しの質問（どうして、できたの？）」

　ここでの「例外」とは、「すでに起こっている解決の一部」と言われます。特に、不登校生徒が、うまく登校できたときに、「どうして来れたの。」と理由を尋ねながら、登校できたことを実感させます。不登校生徒のうち、「一度も学校に来たことがない。」という子どもはほとんどいないと思います。そのことで、すでに「例外」は起こっていると言えます。「行けてたんだから、大丈夫。」と、生徒に声をかけ、様々な働きかけに効果をもたらすと考えます。「例外」には、「何かをしたから、うまくいった」という自分の関与がある「意図的例外」と、自分が関与することなく、勝手にうまくいった「偶発的例外」があります。その両方にも意味をもたせ、「どうしてうまくいったのかな？」と問いかけます。

　生徒の中には、「途中からではなく、朝から行けないと学校に行けない。」と言う生徒がいます。「朝から行けたときはどうしていたの？」とよく話を聞いてみると、行事や学年レクがあるときは、朝から登校している生徒がいます。前の日の行動の一部に、夜遅くまでゲームをしていることで、朝起きられない生徒もいました。「ゲームの時間を○○時までにしてみよう。」と声をかけていきます。家庭と連携をして、生活面での改善につながることもあります。

○「問題の外在化」

　不登校対応コーディネーターが、欠席した生徒の家庭に電話をして、生徒との会話の中で、コーディネーターが、「何時間目から学校に来れそう。」と問うと「今、おなかが痛いので休みます。」という生徒がいます。この理由で欠席が続く際には、家庭と事前に連携して電話戦略を立てます。例えば、「おなかが痛いんだね。じゃあ、少しおなかの様子見て、あとでもう一度、電話をかけなおすね。」とか「じゃあ、今は無理しないで、３時間目か、４時間目からの登校にしようか。何時間目から登校する。」と問い直し、「腹痛」と「学校に行くこと」と切り離すことで登校に結び付けます。登校後、この生徒の様子を見ますが、登校後に腹痛を訴えることはありませんでした。しかし、「休む」選択肢も無くさないよう、丁寧に対応すべきこととおさえています。

○コンプリメント（ほめる、ねぎらう）

　電話や下校前の面談時等で、目標を達成したことや、例外として登校できたことについてほめるようにします。ただ中学生になると、あからさまにほめると違和感を覚える生徒もいます。そこで「今のところ、（目標通り）うまくいっているけど、どう。」と問い、「大丈夫です。」と答えると、「大丈夫。いい調子でがんばれているね。」とオーム返しをしながら、さりげなくねぎらうように話すようにします。このことで今後の登校への意欲付けを図ります。

○ゴール・メンテナンス（ゴールの確認、修正）

　無理な目標（ゴール）の設定をしてうまくいかなかった場合、あらためてスケーリング・クエスチョン等により、現在地の確認をして、目標を設定し直します。その逆もあります。思ったよりも、目標達成が早く、目標通りの登校が継続してできている場合は、新たな目標を設定していきます。できる限り、無理なく目標を達成できるように配慮をします。

【解決志向アプローチの技法を用いた男子生徒の例】

　コーディネーターや担任がスケーリング・クエスチョンを使い、生徒自身が短期目標・中期目標・長期目標を設定できるようにします。まずは、短期目標に向けて、さらに小さな行動目標を決めて一つ一つ達成できるようにしています。男子生徒との面談の様子を例として以下に示します(表5)。

表5　生徒との面談の様子

①下校前の面談
教師：「3か月後には、毎日、登校できるようになりたいんだね。そしたら、今週は、週に何回学校に来れそう。」
生徒：「週に3回は遅刻してでもいいから行くようにしたい。」
教師：「いいよ。できたらいいね。」
②翌朝、教師が家庭に電話で相談
教師：「B君、今日、何時間目から来れる？次から選んでみて。2時間目から？　3時間目から？　4時間目から？　5時間目から？　どれにする？」
生徒：「4時間目から行きます。」
教師：「じゃあ、○○先生が迎えに行くから待っててね。」
③登校後の学校でのサポート
教師：「今日、よく学校に来れたね。じゃあ、今週あと2日来れるといいね。」

5 成果と課題について

（1）主な成果

① 不登校対応コーディネーターの配置によって、学校と関係機関、専門機関・スタッフ等がチームとなり、不登校生徒の自主的な問題解決を図る支援体制の構築を図ることができ、生徒の継続登校に一定の成果がみられたこと。

② 担任一人が抱え込まずにすべての教職員が、個々の不登校生徒の実態や状況を共有し、生徒自身がもつ自助資源を活かしながら、学習支援や教育相談等で、主体的に自信をもって個々の生徒への支援ができたこと。

③ 全教職員による支援体制の構築のため、慣例的に行われていた全学級全教職員のTT体制を廃止し、必要な生徒に焦点化し、伴走者として教職員の必要な支援（別室での支援、教室でのTT支援等）が効果的にできたこと。

④ 不登校対応コーディネーターを核とした支援体制構築にあたり、地教委との連携でSCの学校派遣回数が月2回に拡充されたことで、不登校対応コーディネーターとSCとの連携が強化でき、特に課題を抱えた不登校予備軍の生徒と保護者を早期にSCにつなぎ、不登校の未然防止のための支援を図ることができたこと。

⑤ 校内研修の一環として、SCによる、校内の個々の不登校生徒を想定した生徒理解研修を行うことで、個々の教職員の資質向上につながり、個々の生徒への支援の仕方や指導方法等の工夫に生かすことができたこと。

（2）主な課題

① 一次的援助サービスの視点からの課題

　ア　どの生徒も課題やニーズがあることを前提に、1学期を中心に、スタートカリキュラムとして学習・生活スキルの指導、構成的グループエンカウンターやSST等、人間関係づくりのための学活を教育課程に計画的に位置付けること。

　イ　生徒指導の3機能（生徒の自己存在感の醸成・共感的人間関係の醸成・自己決定の場の醸成）を生かした授業改善により、個々の生徒が主体的に学習活動に取り組めるよう校内研修の充実を図ること。

　ウ　個に応じた効果的なTT支援として、特別支援教育の視点を参考に、支援が必要な生徒に対して教職員の効果的な支援・指導方法を工夫すること。

　エ　生徒の課題の早期発見・対応に向けた生徒の援助要請を出しやすい取組や教育相談等の充実を図るとともに、SCの学校での公式、非公式の機会に生徒

や保護者に紹介したり、触れ合ったりする場を設定すること。

② 二次・三次的援助サービスの視点からの課題

　ア　どの生徒にも不登校の可能性はあるとの前提に立ち、不登校対応コーディ
　　　ネーターを核とした、持続可能なチーム支援体制の確立が必要であること。

　イ　不登校に限定せず、児童生徒の多様な課題に対応するため、「教育相談コーデ
　　　ィネーター」「教育支援コーディネーター」等に名称を変更・工夫すること。

　ウ　不登校対応のための「コーディネーターの業務」、「担任及び教職員の業務」、
　　　「不登校対策会議」「ＳＣ、ＳＳＷ等との連携」等について、教育計画に整
　　　理して位置付け、毎年、定期的に評価・改善を図ること。

6　まとめ、考察

　不登校対応コーディネーターを核としたチーム支援体制の構築により、男子生徒
1名を除いて、5名の生徒の継続登校を実現することができました。特に、学校心
理学の視点から、不登校対応コーディネーターの配置によって、担任だけではなく、
全教職員による組織的・計画的な支援が可能となり、学校とＳＣ等の専門スタッフ
との緊密な連携を図ることができました。また、不登校の原因や理由を探る「原因
志向」よりも、個々の生徒のリソースを生かして、学校に安心して登校できるため
の手立てや登校後の学習支援、教育相談の方法を考える「解決志向」の方が教職員
の知恵や経験が生かせることを実感することができました。しかし、どのような支
援体制や支援策であっても、個々の生徒によって実態や状況が違い、その時々で変
化するため、登校までの過程や安定登校ができるまでの道筋は生徒によって異なっ
てきます。それでも、不登校対応コーディネーターの教職員をはじめ、実践校の教
職員にとって、この取組は一つの成果であり、大きな自信になったと考えます。

　現在、神奈川県では、各小・中学校に「教育相談コーディネーター」を教職員か
ら配置し、ＳＣ等の専門スタッフと連携しながら、不登校等の生徒の抱える様々な
課題への対応を全教職員で行うチーム支援体制づくりを令和元年より推進していま
す。神奈川県総合教育センターでは、教育相談コーディネーター育成ハンドブック
の作成や養成講座の開催をしており、ハンドブックや養成講座の内容にある、「チー
ム支援」の在り方や児童生徒への支援の在り方などが「学校心理学」の理論に基づ
いて作成、構成されています。今後、このような「チーム学校」「チーム支援」の動
きは、ますます重要になってくると思われます。

（加藤　信彦）

【参考文献】

・ 学校心理士資格認定委員会（2012年）「学校心理学ガイドブック」風間書房
・ 水野治久（2014年）「子どもと教師のための「チーム援助」の進め方」金子書房
・ 森俊夫・黒沢幸子（2002年）「解決思考ブリーフセラピー」ほんの森出版

　－第３節－

夢をもち未来を創り出す力を育む活力ある学校づくりの推進
～新しい時代の教育に対する教師の資質・能力向上を目指す教頭の関わり～

1　主題設定の理由

　超スマート社会（society5.0）の到来や新型コロナウイルス感染症の拡大など、社会が急激に変化する中で、子どもたちが変化を前向きに受け止め、持続可能な社会の創り手として、未来を自立的に生きていく知・徳・体の調和のとれた「生きる力」を育成する教育の推進が求められています。そのため、各学校では、社会に開かれた教育課程を実現し、家庭・地域と協働で子ども達に「主体的で対話的な深い学び」を実現した教育を進めていく必要があります。

　そのような中、上川管内教頭会では、これまでの研究の成果を生かし、新しい時代の教育の担い手となる教職員の更なる資質向上と、全国公立学校教頭会第 12 期全国統一研究主題や北海道公立学校教頭会第 15 次３か年継続研究サブテーマを踏まえ、３か年継続研究の研究主題を「夢をもち未来を創り出す力を育む活力ある学校づくりの推進」、サブテーマを「新しい時代の教育に対応する教師の資質・能力向上を目指す教頭の関わり」と設定し、具体的な実践を通して研究を推進していくこととしています。

　このようなことから、上川管内教頭会研究主題及び東神楽町で進める教育施策等を踏まえ、東神楽町教頭会実践研究テーマを、「地域連携、小中一貫での教育の向上を図るための教頭の関わり」と設定しました。

2　研究のねらい及び本実践のテーマについて

　上川管内教頭会では、これまで大切にしてきた目標の「共に学び 共に情報を共有し 共に生きる」及び３Ｃ（継続性 Continuity・協働性 Collaboration・関与性 Commitment）の姿勢を継承・発展させながら組織的に取り組むとともに、教頭一人一人が生き生きとリーダーシップを発揮し、各学校の課題解決に効果的に結び付く研究を進めています。

（1）主題に迫る視点と具体的内容
　主題に迫る視点として、全国公立学校教頭会から示された「第５課題 教職員の専

門性に関する課題における研究の視点と具体的内容例」[1]を参考とします(表1)。

表1　第5課題　教職員の専門性に関する課題における研究の視点と具体体内容例

○　小中一貫教育を通した、教職員の課題意識の向上に関すること
・小中一貫教育を通して教職員の課題意識を高めていくための教頭の関わりについて
・小中相互の乗り入れ指導の工夫を通して，教職員の資質・能力の向上を目指す取組について
○　教職員の研修に関すること
・新たな教育課題に対応するための研修と実践力の育成について
・教職員の資質・指導力、専門性を高めるための人材育成のためのシステムづくりと校内研修の活性化について

（2）教頭の資質・能力の向上のための方策

　教頭としての自覚を高め、職責を究明して、自らの資質と職能の向上を目指すために、上川管内教頭会研究法制部「研究推進方針」[2]をよりどころに実践的な研究を進めました（表2）。

表2　上川管内教頭会研究法制部「研究推進方針」

○　学校経営上の解決すべき課題を明らかにし、問題解決的な研究の推進
○　教頭として「校内の教育活動及び関係機関とどのように積極的に関与していくか」を視点に据えた実践的な研究の推進

（3）東神楽町教育行政執行方針にみる学校教育の方向性

　東神楽町の教育行政に関する方針の具現化を図る実践的な研究を進めました（表3）。

表3　令和3年度東神楽町教育行政執行方針より一部抜粋

○　確かな学力
・加配教員などによるきめ細かな指導体制の整備
・大学や教育研究機関と連携した先進的な教育活動の推進
・児童生徒一人一台端末を活用した協働的な学びや現代的な諸課題に応じて求められる資質・能力を育む取組の推進
○　小中一貫教育
・中学校教員による小学校での専門的な指導
・小小及び小中の連携を強め、町内の小・中学校が一体となった教育活動の推進

（4）教職大学院の学びを生かして

　教職大学院では、「個人の能力の伸長」よりも「学校（教育界）全体の向上」となるよう学びを進めていくことの大切さを学びました。本実践においても、常に学校全体の利益を考えながら、教頭としてあるべき姿を模索し実践を重ねました。

3　東神楽町「小中一貫教育」の取組

（1）平成31年度「東神楽町小中一貫教育」のスタート

本町では、平成31年度から義務教育９年間を通して、学校・家庭・地域が一体となって子どもたちを育てていくことを目的として、併設型による小中一貫教育を導入しています（図１）。

本町における小中一貫教育は、学校間の教育活動のつながりを大切にした小中一貫教育の推進に向け、これまでの小・中学校の基本的な枠組を土台として、９年間で目指す子ども像の共有や系統性を確保した教育課程の作成、町全体での学習規律及び家庭学習の統一などを進めています。

図１　東神楽町小中一貫教育の形態

また、小中一貫教育を進めることで、学習内容や学習活動の質的・量的な変化への対応、小学生が中学校に進学する際の大きな環境の変化（いわゆる中１ギャップ）への対応など、環境の変化等への適応を図るものです。

（2）９年間で目指す子ども像の共有

小中一貫教育の推進に当たって重要なのが、町内の各学校における教育活動のゴールイメージを具体化し、全ての学校の足並みを揃えた取組を進めることです。

そこで、本町では、小・中学校の９年間で目指す統一した子ども像の共有を行いました（図２）。「目指す子ども像」の設定に当たっては、各校における学校教育目標を分析・統合し、小学校から中学校への接続を踏まえ、「確かな学力」「豊かな心」「健やかな体」「+α」の４つの観点に関わる具体の子どもの姿として示しています。

小中一貫～9年間で目指す子ども像～

		確かな学力	豊かな心	健やかな体	+α（学校の自主性・独自性）
小学校		粘り強く学ぶ子	やさしい子	進んで体を鍛える子	夢と自信をもっている子
	低学年	めあてを理解し、自分で課題を解こうとする子	あいさつができ、友だちと仲良くしようとする子	楽しく運動し、きまりを守って安全に生活しようとする子	自分のよさに気づき、目標をもって行動しようとする子
	中学年	課題を見付け、進んで考え、解決しようとする子	心を込めて挨拶し、相手のことを考えて行動しようとする子	体力をつけ、健康・安全に過ごそうとする子	個性伸長を図り、目標達成に向けて頑張ろうとする子
	高学年	自ら課題をもち、仲間とともに、多面的に考え、追求しようとする子	時と場をわきまえた挨拶ができ、互いを思いやり、温かい行動をとろうとする子	たくましい体をつくり、健康・安全のために的確に判断し行動しようとする子	自他を知り、目標に向かい見通しをもって努力しようとする子
中学校		進んで学びとる生徒	人の役に立とうとする生徒	積極的に体を鍛える生徒	志をもって粘り強くやり抜く生徒

図２　小中一貫教育９年間で目指す子ども像

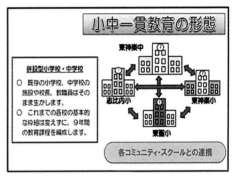

（3）東神楽町「小中一貫教育推進委員会」の組織化

　円滑に小中一貫教育を推進していくためには、教育委員会が中心となり、各学校において取組内容を共有化し具体化することができる組織体制を構築する必要があります。

　そこで、東神楽町教育研究会等で活動していた既存の組織等を活用し、各学校の代表者による「小中一貫推進協議会」が平成29年度に組織されました。

　組織の構築に当たっては、教育委員会を事務局とし、管理職による学校経営部会を中心に、「教務部会」「研究部会」「生徒指導部会」「特別支援教育部会」「共同学校連携事務室」の5つの部会が構成されました。

　その後、平成31年度からは「小中一貫教育推進委員会」と名称が改められ、各部会においては、小中一貫教育の推進に関わる事業内容及び本町における教育課題の解決に向けた取組について、年間推進計画を立案し、各校の共通理解を図った取組を進めることとしました。

（4）教頭の関わりとリーダーシップの発揮

　教頭としては、平成29年度から始まった小中一貫教育の準備期間において、各部会担当教諭と教育委員会との連絡調整をはじめ、東神楽町小中一貫教育の基盤となる学習指導（学習規律・各教科系統表・年間指導計画）や生徒指導（学校生活・校外生活のきまり）、特別支援教育等をまとめる作業において、各校の実践資料をもちより検討を行うなど、中心的な役割を果たしてきました。

① 学習の約束

　各校の「学習規律」を集約し、「学習前・学習中・学習後」の3つの段階に分けてきまりを整理するとともに、9つの約束に統一した。また、学習道具の準備の仕方、ノートの取り方なども図解入りで示すとともに、各校に持ち帰り、全学級で教室掲示を行うなどしながら、全町かつ全校で統一した指導となるよう周知を図りました（図3）。

② 学校生活のきまり

　各校の「校内生活のきまり」を基に、「登下校・校内生活・礼儀・その他」に分け、きまりを整理しました。また、小学校と中学校で文言は変

図3　東神楽町学習の約束

更したものの、同じ内容については関連付けて示すなど、小中の接続を意識して「校内生活のきまり」を作成しました。「校外生活のきまり」については、町の生徒指導連絡協議会が毎年見直しを行いながら作成しているため、それを活用することとしました（図4）。

図4　東神楽町学校生活のきまり

図5　東神楽町特別支援教育の充実に向けて

③ 特別支援教育

　全ての児童生徒が、安心して学習するために、ユニバーサルデザインの視点を生かした学級づくり・授業づくりに役立つチェックリストを作成しました。また、小・中学校における連続性のある「多様な学びの場」を用意するためのポイントをまとめ、各校で周知を図りました（図5）。

（5）令和3年度「東神楽町小中一貫教育推進委員会」による組織の再編

　東神楽町小中一貫教育は、平成31年度（令和元年度）にスタートしたものの、コロナ禍により、特に令和2年度については、各部の活動は停滞を余儀なくされることとなりました。

　また、GIGAスクール構想の急速な進展に伴う教職員研修の必要性などの高まりから、小中一貫教育推進委員会の各部の中に管理職が入り、教頭が中心となって各部を進めていくことで、意図的・計画的・組織的に東神楽町の小中一貫教育を推進していこうという機運が高まってきていました（図6）。

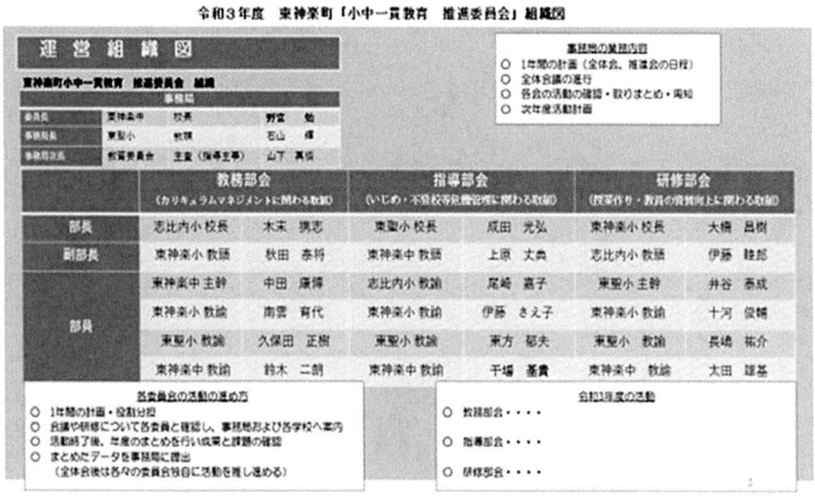

図6　東神楽町「小中一貫教育　推進委員会」組織図

（6）「教務部会」「指導部会」「研修部会」の３部会構成として主体性のある活動へ

　そこで、東神楽町教育委員会が中心となり組織の再編が行われ、これまで５つあった部会が「教務部会」「指導部会」「研修部会」の３つに統合されるとともに、各部長を校長、副部長を教頭が担うこととし、各部ごとに主体性のある活動を進めていくことになりました。

（7）教頭の関わりとリーダーシップの発揮

　令和３年度組織の再編が行われ、第１回の各部会が７月上旬に開催されました。前述のとおり、校長が各部の部長（１名は委員長）、教頭は各部の副部長（１名は事務局長）となり、会の運営は教頭が行うこととなりました。

　また、各部の部員については、原則として教務部会には各校教務主任、指導部会には各校生徒指導部長、研修部会には各校研究部長が入ることとし、東聖小学校と東神楽中学校の主幹教諭についてもいずれかの部に所属するようにし、各部の人数は６名となりました。

① 平成31年度作成資料の見直しと確認

　令和３年度の取組について、まずは、平成31年度に作成された資料の確認と各部の取組の見直しを行いました。過去２年間、コロナ禍による活動の停滞やで教職員の入れ替わりもあったため、改めて平成31年度に作成された資料を見直し、これまで進めてきた町の取組を確認しました。

② 各校の現状と課題の共有

　各部会では、はじめに事務局が平成31年度からの経緯や東神楽町の目指すべき子ども像について説明し目標の共有を行いました。その後は、副部長の教頭が進行役を務め、各校の現状や課題について協議を行いました。各部（図7、8）で話し合われた主な内容は次のとおりです。

図7　各部会の様子①

図8　各部会の様子②

【教務部会】

○ 令和2年度末に整備された一人一台端末を使った学習の在り方について
・町で導入しているロイロノートについて、教員によって活用にばらつきがあります。
・中学校ではすでに端末の持ち帰りが始まっています。小学校でも高学年で試験的に導入し始めました。
・町教委や研修部会と連携した教職員の研修の促進が必要です。

○ 学園制加配を活用した小中乗り入れ授業の推進について
・今年度は中学校の教員が小学校の高学年算数や外国語で乗り入れ授業を行っています。
・小学校教員は中学校教員の専門的な指導技術を学ぶことができています。

○ 小・中各教科の系統表及び年間指導計画について
・平成31年度に系統表は完成していますが、小中一貫した各教科の年間指導計画の作成は、一部の教科に留まっています。小学校から中学校への接続で、何を大切にしていくか改めて考えていく必要があります。

【指導部会】

○ 東神楽町生徒指導連絡協議会について
・東神楽町小中一貫教育「指導部会」の中に「東神楽町生徒指導連絡協議会」を含めるものとします。

○ 町としてのきまりについて
・各校で統一した指導が取れているか、確認していく必要があります。

・学習規律や学校生活（校外生活）のきまりなど、各校の実態に応じて、内容の見直しを行う必要があります。

○ 東神楽町特別支援教育について

・平成31年度は特別支援教育部会がありましたが、今年度の再編でなくなったので、「教務部会」か「指導部会」の中に取り入れるのか、既存の「東神楽町教育支援委員会」の中で独立してやっていくのか確認が必要です。

○ いじめ・不登校への対応について

・未然防止、早期発見・早期対応に向けた各校の取組について

・東神楽町SC、SSWとの連携について

・ICT等を活用した不登校児童生徒への学習支援について

【研修部会】

○ 主体的・対話的で深い学びの実現について

・東神楽町「新しい学び」研究会からの移行について

・教育大や他の教育機関等との連携を図った研究の推進について

○ 「東神楽町教育研究会（町教研）」との関わりについて

・町教研大会（例年11月開催）への関わりについて

・PC推進委員会との統合について

○ 昨年度末に整備された一人一台端末を使った学習の在り方について

・町で導入しているロイロノートの各校の活用状況について

・ロイロノートの活用に係る各校の校内研修の推進状況について

4 ICT機器の効果的活用に向けた「教職員研修」の取組

（1）GIGAスクール構想による一人一台端末の配置

　当初は2023年度までに一人一台の端末整備を掲げて取り組んでいた「GIGAスクール構想」が、新型コロナウイルスの感染拡大により急加速で進められ、本町でも令和2年度末には、一人一台端末と高速大容量の通信ネットワークの整備が終了しました。

（2）「ロイロノート」の導入による教職員研修の必要性

　本町では、一人一台端末の整備に合わせ、教室内でインターネットを使って学習支援を行うためのプログラム・システム・アプリである「ロイロノート」を町内の各小中学校に導入することを決めました。

　導入が決まった令和2年末時点では、「ロイロノート」を使用したことのある教員

は数名しかおらず、町全体としても令和３年度からの授業への導入に向けて、教職員の実技研修を急速に進めていく必要性が出てきました。そのため、まずは町教委が主催し、ロイロノートの担当者や文科省からの講師を招聘した「東神楽町学校教育研修会」が令和３年１月に開催され、多くの町教職員が出席しました。

その後は、各校で研修を進めていくことが奨励されました。

（３）校内研修の時間を活用した「ロイロノート」研修

本校では毎月１回程度、研修日が設定されており、研究部が中心となって校内研究テーマに基づいた研究の推進とともに、令和３年に入ってからは、「ロイロノート」の研修も毎回取り入れるようになりました。幸い、研究部の中にロイロノート経験者がおり、講師役を引き受けてもらいました（図９）。

図９　ロイロノートの研修の様子

初めはパソコン室を使い、デスクトップ型パソコンやタブレットを使ってロイロノートに触れてみるところから研修はスタートしました。講師役の教員が先生役、その他の教員が児童役となり、実際の授業を想定しながらも、どの学年でも使えそうな簡単な機能から研修を行っていきました。

その後、講師役の教員が授業で実際にロイロノートを活用し、その様子を「研究部通信」にまとめ、校内研修で紹介するという形で更に共通理解を図っていきました（表４）。

表４　ロイロノートの活用を位置付けた校内研修計画

日時・事項			内容		備考（授業者・担当者）
月	日	日	全体研修・ブロック研修	ミニ研修の担当	
4	2	金	R3年度　研修計画の確認 今年度の重点の確認 提案授業の実施について（研究部） 交流について提案	研修・情報教育	ミニ研ロイロノートの使い方
	18	日	校内授業研についての提案 交流のもたせ方（演習形式）	研修担当	ミニ研ロイロノートの使い方
5	13	木	特別支援の研修		特別支援ブロック担当
	25	火	6月研提案授業構想・指導案検討（略案）	研修担当	ミニ研ロイロノートの授業活用法
6	9	水	提案授業指導案配付・対話活動について		ブロック研修：対話活動
			6月研提案授業		研修担当　提案授業日については、後日提案

（4）ロイロノートを活用した授業改善

　令和3年度に入り、各教室で実際にロイロノートを使った授業を行う学級が増えてきました。しかしながら、積極的に授業に取り入れていく教員もいれば、苦手意識から中々活用が進まない教員もおり、各教室によって児童のタブレットやロイロノートの習熟に差が出てこないように、日常的な研修を踏まえた授業実践が必要となっていました。

（5）研究授業での実践と日常授業での利用促進

　研究部では、引き続き毎月の研修日に、ロイロノートの活用に関わる研修を行うとともに、研修日以外でも放課後に「ミニ研」として希望者を募り、実技研修を行ってきました。

　また、今年度の研究テーマに基づくロイロノートを使った提案授業を6年担任が公開し、研究協議を通して、今年度各教員が目指すべき授業の在り方を確認することができました。

図9　ロイロノートを活用した学習（左：5年算数　右：6年国語）

（6）教頭の関わりとリーダーシップの発揮

　令和3年4月から始まった一人一台端末の活用は、令和3年についてはまだまだ試行錯誤の段階でした。研究部では、年度当初の計画でロイロノートの実技研修について年間を通して適切に位置付けていますが、職員や児童の習熟度合等を適切に評価しながら計画の修正を図っていく必要がありました。

　また、ICT教育の適切な推進という観点では、主幹教諭や教務主任をはじめ、ICT担当教員とともにPDCAサイクルを適切に動かし、日常的に評価・改善を進めていくことも大切です。

　さらに、教育委員会をはじめ、町内他校と足並みを揃えつつ、ICT　教育を適切に

推進していくなど、どの場面においても教頭のリーダーシップが重要になってきていました（表5）。

表5　ＩＣＴ教育の推進に向けた教頭の関わり

・東神楽町教育委員会の ICT 担当者との連絡業務
・東神楽町小中一貫教育「教務部会」「研修部会」との連携
・町内各校教頭との ICT 教育に関わる情報交換
・ICT 教育の推進に係る文科省や道教委通知についての職員への周知
・主幹教諭，教務主任，ICT 担当教員との日常的な協議を通した ICT 活用の推進状況の確認
・ICT 機器の効果的な活用に関わる校内研修の推進状況についての研究部への指導助言

5　実践の成果と課題

（1）小中一貫教育

《成　果》

○ 平成 31 年 4 月にスタートした本町の小中一貫教育について、昨年度は特にコロナ禍により活動が停滞していたが、今年度組織の再編を行い、教頭が各部の副部長として、各部の主体的な取組を進めることで、教頭の資質能力の向上につなげることができました。

○ 小中一貫教育に関わる各校の課題について、教務部・指導部・研修部それぞれにおいて課題を共有し、解決に向けた取組を明らかにしたことで、各校での取り組むべき方向性が明確になり、小中一貫教育の推進に向けた各校職員の意識を高めることができました。

○ 高学年の算数や外国語において、中学校から小学校への乗り入れ授業を実施できたことにより、小学校教員においては、より専門的な指導方法等を知る機会となりました。また、中学校教員にとっては、小学校での授業の実態や系統を知る機会となりました。

《課　題》

● 町内の全ての教職員が 9 年間で目指す子ども像を意識し、各部会での活動を受けて、一人一人が小中一貫を踏まえた教育活動を推進していけるよう、教頭がよりリーダーシップを発揮していくことが必要です。

● 小中乗り入れ授業については、乗り入れ授業を行っていない教員にもよりメリットが生まれるよう、小中の授業参観や授業交流の機会を設ける必要があります。

（2）教職員研修

《成　果》

○ 新たな教育課題であるGIGAスクール構想（一人一台端末等）を踏まえたICT教育の推進について、町教委や他校との連携を密に行い、必要な情報を教職員に提供するなど、教頭としてのリーダーシップを発揮することができました。

○ 「ロイロノート」の指導力向上という課題意識を全職員で共有するとともに、教務主任や研究部長と連携を深め、自校で実技研修を計画的に開催し授業実践を図るなど、教職員の資質・指導力の向上を高める取組を進めることができました

《課　題》

● 特に「ロイロノート」の活用については、まだ始まったばかりですので、今後も計画的に研修を進めながら指導力の向上を図る必要があります。また、児童一人一台端末の活用が、学力向上や主体的・対話的で深い学びにつながる授業改善へと結び付くよう、研修を深めていく必要があります。

6　まとめ

　上川管内教頭会研究主題及び東神楽町で進める教育施策を踏まえ、本町や本校での教育活動推進への教頭の関わりについて、その一端をまとめてきました。

　本町では、今回述べてきた「小中一貫教育」や「ICT教育の推進」の他に、町内全ての小・中学校で進める「コミュニティ・スクール」や各校の事務機能を統括する「共同学校事務室」の設置、いじめや不登校、児童虐待などに対応する「SC・SSW」の配置、また、教職員の働き方改革に関わる「勤怠管理システム」の導入などを進めており、様々な教育施策を円滑に進めていくため、教育委員会と教職員をつなぐ教頭の役割は、今後ますます大きくなると考えています。

　今後も東神楽町教育委員会や上川教育局などのご支援をいただくとともに、東神楽町校長会や上川管内校長会からのご指導・ご助言をいただきながら、東神楽町教頭会として力を合わせ、町内の各小中学校へ通う約1000名の子どもたちの成長と、それを支える約120名の教職員の先導役として、微力ではあるが最大限力を尽くしていく所存です。

（石山　輝）

【参考文献】

1）第62回全国公立学校教頭会研究大会岡山大会要項(2020)　p.18
2）令和3年度上川管内教頭会総会研修会議案書(2021)　p.19

－第4節－

学校経営で育みたいウェルビーイングと関連付けた
究極の資質・能力　～幸福学からのアプローチ～

1　問題の背景

　子供たちが生きる未来社会は、人工知能やビッグデータ等の先端技術が高度化してあらゆる産業や社会生活に取り入れられる Society5.0「超スマート社会」の到来とともに、「ウェルビーイングの時代」にパラダイムシフトが進むと予想されています。そこで学校教育においては、子供たちが主体的に課題に向き合い、自らの可能性を伸ばし、その中で多様な他者と協働しながら問題解決するための資質・能力の育成が喫緊の課題として強く求められています。

　学習指導要領解説【総則編】（2017）では、「予測困難な社会の変化に主体的に関わり、感性を豊かに働かせながら、どのような未来を創っていくのか、どのように社会や人生をよりよいものにしていくのかという目的を自ら考え、自らの可能性を発揮し、よりよい社会と幸福な人生の創り手となる力を身に付けられるようにすることが重要である」と資質・能力の育成の必要性が強調されています。

　また、経済協力開発機構（OECD）の Education 2030 プロジェクトが提案した「ラーニング・コンパス 2030」（2019）の中では、学習者が学びのコンパスを活用して、最終目標であるウェルビーイングを目指す図が示されています。

　さらに、中央教育審議会が示した「令和の日本型学校教育」の構築を目指して～全ての子供たちの可能性を引き出す、個別最適な学びと、協働的な学びの実現～答申（2021）では、「子供たちがウェルビーイング（Well-being）を実現していくために自ら主体的に目標を設定し、振り返りながら、責任ある行動がとれる力を身に付けること」と資質・能力の育成の重要性が指摘されています。

　最近では、内閣府 総合科学技術・イノベーション会議で示された、Society5.0 の実現に向けた教育・人材育成に関する政策パッケージ（2022）では、「持続可能性と強靭性を備え、国民の安全と安心を確保するとともに、一人ひとりが多様な幸せ（well-being）を実現できる社会」を目指す未来社会像が示されました。

　これらの社会背景を踏まえ、これからの学校教育では、ウェルビーイングの概念を取り入れながら、未来の担い手となる子供たちに必要な資質・能力を育むことが教育者としての使命となります。子供たちの「幸せ」を願わない国や保護者、教職

員は存在しません。未来を切り拓く子供たちが、自分たちの力で個人と社会のウェルビーイングの時代を創生することができるようにするために、これからの学校は子供たちにどのような資質・能力を育成し、どのような方法でウェルビーイングの実現を目指すことができるのでしょうか。

　そこで本実践研究では、先行研究を踏まえ、教頭の立場から学校経営における育みたい資質・能力と幸福学を関連付け、ウェルビーイングの実現を目指すための設定方法の手順と評価方法について提案します。

2　本研究の目的

　学校では、学習者の最終目標になるウェルビーイングの概念に対する認識度が低い実態があります。今後の学校経営の基盤となるウェルビーイングの概念を学校現場に違和感なく取り入れるためには、義務教育で育みたい資質・能力と幸福学を関連付けることが有効な試みになるのではないかと考えました。また、これからの学校経営ではエビデンスが重要になります。そのためには、目に見えない資質・能力についても数値化して可視化する方法が必要になります。

　実践研究にあたっては、ウェルビーイングの定義を確認し、育みたい資質・能力と幸福学の関連付けに対する実用性と評価方法の有効性を明らかにします。

3　先行研究の概要

（1）ウェルビーイング（Well-being）とは何か

　国立政策研究所の「OECD 生徒の学習到達度調査〜PISA2015 年調査国際結果報告書『生徒の well-being』」（2017）によると、「well-being を日本語に翻訳すると、心身の「良好な状態」や「健やかさ」「幸福度」という言葉で表現されることがあるが、その言葉が意味するところ（定義）や解釈は人や立場、文脈によって異なり、実に多種多様である。」と説明されています。また、この報告書では、well-being を次のように定義しています。

（2）ウェルビーイング（Well-being）の定義

　生徒が幸福で充実した人生を送るために必要な、心理的、認知的、社会的、身体的な働き（functioning）と潜在能力（capabilities）である。

　　　　　　　　　　　　　　　　　　　　（出所：国立政策研究所 2017 より 4 頁）

　定義で『潜在能力』と示されていることから、育みたい資質・能力と関連付けることが可能ではないかと捉えました。

（3）幸福4因子モデルと幸せ診断

　本研究は、慶應義塾大学大学院システムデザイン・マネジメント研究科教授の前野隆司の「幸せのメカニズム実践・幸福学入門」（2013）の理論を基にしています。私が着目したのは、前野が、幸せの心的要因に関する因子分析を行い、下表1のように、幸せ度を向上させるためには、第1因子「自己実現と成長」、第2因子「つながりと感謝」、第3因子「前向きと楽観」、第4因子「独立とマイペース」の幸せを構成する4つの因子を高めることが有効であることを明らかにした『幸福4因子モデル』です。

　また、学校にいる子供たちの「幸福度」を知るためには、一般化されている測定の尺度が必要です。前野（2018）が行った「幸せ診断」（オンラインカウンセリングの幸せ診断参加者1万5028人）の平均値を評価指標として活用することにより、目に見えない資質・能力を数値化することができます。数値化により、自校の子供たちの成長変容や経年変化の見取りから、改善が可能になります。表1のオンラインカウンセリングの幸せ診断結果の「4つの幸せ因子」で示されている平均値をレーダーチャートに表したものが図1です。本研究では、この数値結果を日本成人の標

表1　オンラインカウンセリングの幸せ診断参加者1万5028人の平均値
出典：前野隆司「幸せな人生を送る子供の育て方」48–49頁（筆者が一部編集）

第1因子 やってみよう！ 「自己実現と成長」	私は有能である	4.32	17.85 （28満点中）
	私は社会・組織の要請に応えている	4.35	
	私のこれまでの人生は変化、学習、成長に満ちていた	5.09	
	今の自分は「本当になりたかった自分」である	4.09	
第2因子 ありがとう！ 「つながりと感謝」	人の喜ぶ顔が見たい	6.07	23.80 （28満点中）
	私を大切に思ってくれる人たちがいる	5.87	
	私は、人生において感謝することがたくさんある	6.14	
	私は日々の生活において、他者に親切にし、手助けしたいと思っている	5.74	
第3因子 なんとかなる！ 「前向きと楽観」	私はものごとが思いどおりにいくと思う	4.49	17.41 （28満点中）
	私は学校や仕事での失敗や不安な感情をあまり引きずらない	3.78	
	私は他者との近しい関係を維持することができる	4.72	
	自分は人生で多くのことを達成してきた	4.42	
第4因子 ありのままに！ 「独立とマイペース」	私は自分と他者がすることをあまり比較しない	4.01	18.99 （28満点中）
	私に何ができて何ができないかは外部の制約のせいではない	5.22	
	自分自身についての信頼はあまり変化しない	5.21	
	テレビを見るとき、チャンネルをあまり頻繁に切り替え過ぎない	4.55	

準的な評価指標（基準）と設定しています。評価基準を設定したことで、比較・分析が容易になります。ただし、注意しなければならないことは、評価基準が日本成人であるということです。中学生とは発達段階が異なるため、同じ視点で比較・分析することはできません。あくまでも目安としての評価基準として活用することとします。

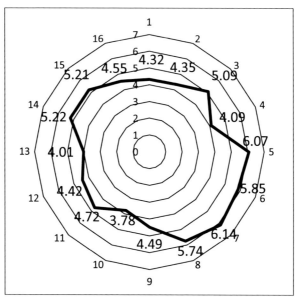

図1　日本成人の幸せ診断結果の平均値（尺度）

4　Z中学校での実践

　学校という場所は、一人の生徒に多くの教職員が関わって育成していくという特性があります。そこで、組織として全教職員が「育成したい生徒像」や「育みたい資質・能力」を共通理解し、組織的・計画的・継続的に指導に取り組むことで、成果と課題を見いだし、改善の好循環の創出を目指しています。

（1）生徒に育みたい資質・能力の設定手順

　本校では、自校の育みたい資質・能力の設定が曖昧だったため、校長に「資質・能力の幸せモデル」の構想を具申した上で、管理職からのトップダウンではなく、全教員に参画してもらうボトムアップを重視して推進しました。私は、生徒と直接関わる教職員が、自分事として生徒の育みたい資質・能力を捉え、日常の教科指導

や教育活動の中で、意識して生徒に関わってほしいからです。設定の手順は下記の通りです。また、手順を整理して作成した図2が「資質・能力の幸せモデル」です。

図2　資質・能力の幸せモデル（Z中学校）

① 教育の目的や今後の教育の背景、学習指導要領に示されている身に付けなければならない資質・能力を踏まえます。

② 学校教育目標と年度の重点目標を設定し、生徒の実態を把握します。保護者や地域、教職員に、これからの未来を見据え、生徒たちに必要だと感じる資質・能力について質問紙調査やワークショップ等を実施し、出てきた資質・能力について、幸せを構成する4つの因子に分類します。

③ 幸福学の理論を踏まえ、管理職が分類を整理して本校の育みたい資質・能力を設定します。

（2）生徒対象の質問紙調査の実施

　　質問紙調査を実施した令和3年度は、新型コロナウィルス感染症での一斉休校の措置はなくなったものの、各自治体のまん延防止等重点措置は継続され、With コロナの学校運営が強く求められるようになった時期でした。

　　図2の「資質・能力の幸せモデル」を基に、6月と11月に生徒を対象とした下表2の質問紙調査に関わっては、オンラインアンケート作成アプリ（Google Forms）

表2　資質・能力を測る16の質問（中学校1・2・3年共通）

あなたの資質・能力について調べるためのアンケートです。以下の選択肢から番号を選び、最後に送信ボタンを押してください。

【回答】
1 全くそう思わない　2 ほとんどそう思わない　3 あまりそう思わない　4 どちらともいえない
5 すこしそう思う　　6 かなりそう思う　　　7 とてもそう思う

1－① 私には才能がある
1－② 私は学級や学校の期待に応えている
1－③ 私のこれまでの生活は、学びや成長で充実している
1－④ 今の自分は「本当になりたかった自分」である

2－① 人の喜ぶ顔が見たい
2－② 私を大切に思ってくれる人たちがいる
2－③ 私は生活していて感謝することがたくさんある
2－④ 私は日々の生活において、他者に親切にし、手助けしたいと思っている

3－① 私はものごとが思い通りにいくと思っている
3－② 私は学校・家庭での失敗や不安な感情をあまり引きずらない
3－③ 私は他者と親しい関係をつづけることができる
3－④ 私はこれまでの生活の中で多くのことをやり遂げてきた

4－① 私は自分と他人がすることをあまり比べない
4－② 私に何ができ何ができないかは周りの人や環境のせいではない
4－③ 私は正しいと信じる自分の考えはあまり変わらない
4－④ 私は自分の生き方や生活の目標をあまり変えない

を活用して実施しました。また、生徒の変容を見取るために、質問紙調査を行った時期の教育活動の内容を明らかにし、教育活動が生徒の資質・能力の育成に与えた影響を数値の変化で捉えることとしました。

（3）生徒に育みたい資質・能力の見える化と分析

　図3から読み取れることは、2回実施した中学生全体の平均的な傾向に着目すると、概ね日本成人と似たグラフや数値になっていることです。日本成人よりも中学生が高まっている項目は、2－③、2－④、3－②、3－③、3－④、4－①、4－②、4－④の8項目ありました。最も差異が大きい項目は3－①でした。また、中学生の6月と11月の違いに着目し、6月よりも11月の方が資質・能力が高まっている項目は1－①、1－②、2－②、3－①の4つでした。

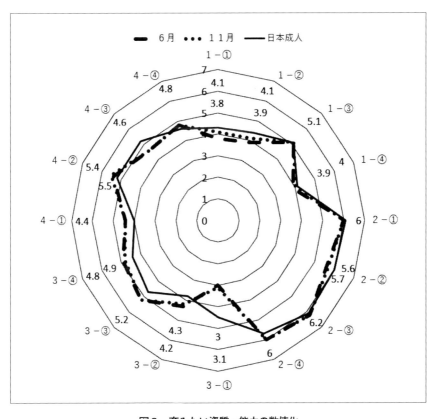

図3　育みたい資質・能力の数値化

表3　幸せの４つの視点と育みたい資質・能力の平均値

視　点	育みたい資質・能力	日本成人	6月	11月
第1視点 「やってみよう！」	①自ら進んで課題に向き合う力	4.5	4.2	4.3
第2視点 「ありがとう！」	②他者と協働して相互に高め合う力	6.0	6.0	6.0
第3視点 「なんとかなる！」	③あきらめず柔軟にやり遂げる力	4.4	4.4	4.3
第4視点 「あなたらしく！」	④自分のよさを発揮する力	4.8	4.8	4.8

　まず、中学生が日本成人よりも高まった項目に着目すると、第3視点「なんとかなる」と第4視点「あなたらしく」の2視点が高まっていました。資質・能力で捉えると「あきらめずに柔軟にやり遂げる力」と「自分のよさを発揮する力」です。コロナ禍ではありましたが、多くの生徒は、前向きに自分らしさを発揮して学校生活を過ごすことができていたと見取ることができます。一方で、最も差異が大きかった3−①「私はものごとが思い通りにいくと思っている」については、予測できない感染症の流行により、学級閉鎖や行動制限がとられている状況は、中学生ではどうにもならないあきらめ感を強く抱いていると捉えることができます。

　次に、6月と11月を比較し、向上している項目は、1−①「私には才能がある」、1−②「私は学級や学校の期待に応えている」、2−②「私を大切に思ってくれる人たちがいる」、3−①「私はものごとが思い通りにいくと思っている」です。この4項目が向上した背景は、質問紙調査を実施した時期に影響を受けていると捉えることができます。そこで、さらに深掘りした考察をするために、6月と11月の各学年の育みたい資質・能力の数値状況と質問紙調査が行われた時期の主な教育活動をまとめたものが表4です。

（4）各学年の状況と調査時期の分析

　表4から読み取れる生徒の心理的状況は、6月は1学期の期末テストが終わった後の開放感と、前年度は中止になった中学校体育連盟体育大会が開催されることに対する意気込みがあることです。特に中学3年生は、中学校生活最後の部活動の大会に向けての強い思いが、第3視点と第4視点の数値に現れ、他の学年よりも0.2％ほど高くなっていると捉えることができます。また、11月はコロナ禍による行動制限があり、対面による学校祭はできませんでしたが、各学年の取組をまとめた動画映像を鑑賞する機会がありました。学校全体が一体となる学校祭の盛り上がりは実

表4　6月と11月の各学年の各視点平均値と教育活動の状況

視点と育みたい資質・能力	実施月	成人	1年	2年	3年	全体	主な教育活動
第1視点「やってみよう」自ら進んで課題に向き合う力	6月	4.5	4.0	4.3	4.2	4.2	1学期期末テスト後、中体連前
	11月		4.3	4.3	4.4	4.3	学校祭動画鑑賞後、教育相談前
第2視点「ありがとう」他者と協働して相互に高め合う力	6月	6.0	5.9	5.9	5.9	5.9	1学期期末テスト後、中体連前
	11月		6.0	6.0	5.9	6.0	学校祭動画鑑賞後、教育相談前
第3視点「なんとかなる」あきらめず柔軟にやり遂げる力	6月	4.4	4.2	4.3	4.5	4.4	1学期期末テスト後、中体連前
	11月		4.3	4.4	4.3		学校祭動画鑑賞後、教育相談前
第4視点「あなたらしく」自分のよさを発揮する力	6月	4.8	4.6	4.7	4.8	4.8	1学期期末テスト後、中体連前
	11月		4.8	4.9	4.8	4.8	学校祭動画鑑賞後、教育相談前

現できませんでしたが、各学年で工夫を凝らしながらコロナ禍でも実施可能な取組に挑戦し、やりきった満足感や充実感を捉えることができます。特に中学1年生の第1視点が6月よりも 0.3％向上しています。初めての学校祭の取組にチャレンジして楽しむことができたようです。しかし、その一方で、3年生の第3視点だけが6月より 0.2％低下している状況があります。3年生は進路相談を控えていることから、高校入試に向け、個人の力で、進路の実現を目指す困難さや現実の厳しさを実感していると捉えることができます。

　全体的には、中学生の6月と 11 月ともに、第1視点の日本成人の評価基準より0.2～0.3％低くなっています。コロナ禍という行動が制約されている中学生にとって、自ら進んで挑戦しようとする主体的な気持ちが外部環境の影響から抑えられ、閉塞感のある学校生活を過ごしていた状況を見取ることができます。

5　本研究の成果と課題

（1）成果

① 幸福学の幸せの4つの因子と育みたい資質・能力を関連付け、一般化できる「資質・能力の幸せモデル」の作成ができたこと。

② 幸せ診断結果を活用し、育みたい資質・能力を数値化して評価することができたこと。

③ 日本成人の平均値（尺度）を評価基準として、中学生の結果と比較分析することができたこと。

④幸福学と関連付けた生徒の資質・能力は、教育活動によってコントロールできること。

（2）課題

① 継続的な質問紙調査を実施し、経年変化で生徒の資質・能力の育成状況を把握すること。
② 検証データの数を増やし、中学生の各学年の標準値（尺度）を見出すこと。
③ 生徒の資質・能力を高める効果的な教育活動を明確化すること。
④ 生徒の心理的変化と資質・能力の相関関係を明確化すること。

6　本研究のまとめと考察

　現在、文部科学省は第4期教育振興基本計画（2023～27年度）の策定作業が進められている中教審部会の中で、ウェルビーイングの概念整理が行われています。そのため、これからの学校教育では、ウェルビーイングを柱とした学校経営が求められます。本研究では、義務教育で児童生徒に育みたい資質・能力の設定の軸に幸せを構成する4因子を関連付けて整理した「資質・能力の幸せモデル」を創り出しました。小中学校で活用できる汎用性があります。また、幸せ診断と育みたい資質・能力を関連付けた評価方法を見いだしました。評価によって導かれた数値には、ウェルビーイングの構成要素が含まれていることから、私は児童生徒の資質・能力の育成状況の把握に必要不可欠な評価方法になると自負しています。さらに、幸せ診断の4つの視点の中に、各4項目の質問内容があります。各視点を向上させるためには、細分化された各質問項目に対して児童生徒が肯定的に捉えることができる教育活動を設定したり、教職員からの励ましの言葉をかけたりするなどして児童生徒一人一人の持ち味を生かし、可能性を引き出す仕組みや取組を意図的・計画的に創出する意識化と行動化を促すことができます。

　一方で、本研究では、検証するための十分なデータがないため推測になりますが、私は生徒が質問紙調査の実施時期に、大きな心理的な影響を受ける傾向があると感じています。そのため、質問紙調査を実施する場合には、生徒が達成感や充実感を得られる教育活動の後に行うことが望ましいと考えます。また、発達段階の中で、中学生の幸せ診断の数値が低いことから、中学生は客観的に他者と比較したり、同調圧力によって目立たないようにしたりするなどして、自己の存在を希薄化する傾向が見られ、自己肯定感が高まらない原因となっています。その結果、自己の可能性を上手く引き出すことができず、自身の資質・能力の向上を阻んでいる状況がみ

られます。つまり、幸福度が低いと育みたい資質・能力も比例して低下してしまいます。この状況を克服するためには、小学校段階から「資質・能力の幸せモデル」を活用し、小中学校が連携して義務教育９年間を見通した継続的な実践をすることにより、育みたい資質・能力を向上させるとともに幸福度も高める相乗効果を発揮できるように推進する必要があります。私は、人間が育む資質・能力は、成長と共に進化・発展していくものであり、幸福度も向上すると考えます。

　最後に、日本成人の平均値と中学生の平均値がほぼ同じ状況であることから、大人がもっと自信をもち、自分の可能性を活かして生き生きと活躍する姿を見せ、中学生のロールモデルになれるように振る舞うことが重要です。中学生にとって一番身近な大人は、保護者と教職員です。私たち大人がウェルビーイングを意識した日常生活を過ごし、幸福度を高めることができる意識化と行動化が求められます。

7　研究の今後の展望

　ＶＵＣＡ時代だからこそ、今、そして未来の子供たちは、より当事者意識をもって課題に対峙し、個々人の持ち味を発揮しながら多様な考えをもつ他者と対話を通じて合意形成を図りつつ、課題解決や社会貢献ができる持続可能な社会の創り手となるための資質・能力を身に付けることが必要不可欠です。

　本実践研究の成果と課題を踏まえると、なぜ、中学生と日本成人の幸福度は概ね同じ軌跡を示すのか。これまでの学校教育が生徒に与えてきた影響を振り返ることも必要です。

　また、本実践研究では、学校単位や学年単位で生徒の資質・能力の育成状況を見取ってきました。しかし、これからの学校経営での最上位目的となる『誰一人取り残すことのない学校』という視点から捉えた場合は、子供たち一人ひとりの資質・能力の成長に焦点をあて、『個別最適な学び』の実現のため、評価の側面から個別の資質・能力の成長記録を作成していくことが求められるようになるのではないかと推測しています。教員は、教育の専門家として、子供たちの具体的な状況に応じた丁寧なアセスメントと、適切な指導や支援等のファシリテートを行うことが重要な役割になります。つまり、今後、ますます教員一人一人の専門性や力量が問われることになります。

　私は管理職として、学校経営の中核にウェルビーイングの視点を位置付け、学校に関わる全ての生徒、保護者、教職員、地域や学校を取り巻くコミュニティーが幸せに満たされる社会の実現を目指してマネジメントできるシステムを思案してい

す。それと同時に、管理職としてのリーダーシップが重要です。前野 (2019) が「これからのリーダーには、人と人、顧客と社員などの横のつながりを創出できるようなリーダーシップ力」が求められると指摘しているように、調和型のリーダーになれるよう自身の資質・能力をアップデートする学びを続けていきたいと私は考えています。

　最終的には、義務教育を担う小中学校の不断の努力や営みにより、児童生徒の個々人の幸福度が高まるとともに、社会全体の幸福度も向上させ、未来の日本や世界全体が幸福に満ちあふれる世の中を創る一助になれるよう努力し続けて行きたいです。

（中島　圭介）

【引用参考文献・資料】
- 文部科学省 (2017)「学習指導要領解説【総則編】」3頁
- OECD Learning Compass 2030 仮訳 (2019), https://www.oecd.org/education/ 2030-project/ teaching-and-learning/learning/ learning-compass-2030
- 中央教育審議会 (2021)「令和の日本型学校教育」の構築を目指して(答申) 4頁
- 内閣府 総合科学技術・イノベーション会議 (2022)「Society5.0 の実現に向けた教育・人材育成に関する政策パッケージ」【最終とりまとめ】5頁　https://www.mext.go.jp/ content/20220617-mxt_koutou01-000023442_9.pdf
- 国立政策研究所 (2017)「OECD 生徒の学習到達度調査〜PISA2015 年調査国際結果報告書 『生徒の well-being』」4頁
- 前野隆司 (2013)「幸せのメカニズム実践・幸福学入門」95 頁　講談社現代新書
- 前野隆司 (2018)「幸せな人生を送る子供の育て方」29 頁　Discover
- オンライン幸福度診断　https://well-being-design.com/
- 幸福度を測る 16 の質問 (AERA 2018 年9 月 17 日号より)　https://dot.asahi.com/ aera/2018091100052.html?page=1 k
- 次期教育振興基本計画の策定に向けたこれまでの審議経過について（報告）https://www.mext. go.jp/kaigisiryo/content/000205518.pdf
- 前野隆司 (2019)「幸せな職場の経営学」7頁　小学館

－第5節－

個人と組織の力を高める学校組織マネジメントの実践

1　問題の背景

　現在、学校教育を取り巻く現状はますます多様化複雑化してきています。新型コロナウイルスの感染拡大が、その現状に拍車をかけています。教師一人一人の個々の資質・能力で解決することが難しい問題が山積している中、リーダーシップを発揮し、学校をよりよく変えていくことが管理職に求められています。

　令和3年1月の中央教育審議会答申では、社会の在り方が劇的に変わる「Society5.0時代」の到来や新型コロナウイルスの感染拡大など先行き不透明な「予測困難な時代」において、新学習指導要領の着実な実施とICTの活用により、一人一人の児童生徒が自分のよさや可能性を認識するとともに、あらゆる他者を価値のある存在として尊重し、多様な人々と協働しながら様々な社会的変化を乗り越え、豊かな人生を切り拓き、持続可能な社会の創り手となることができるようにすることが必要であると明記され、そのために2020年代に目指す教師の姿として、下記が示されました。

○ 技術の発達や新たなニーズなど学校教育を取り巻く環境の変化を前向きに受け止める。

○ 教職生涯を通じて探究心を持ちつつ自律的かつ継続的に新しい知識・技能を学び続ける。

○ 子供一人一人の学びを最大限に引き出す教師としての役割を果たしている。

○ 子供の主体的な学びを支援する伴走者としての能力も備えている。

○ 多様な外部人材も含めたチームの一員として、組織的・協働的に取り組む力を発揮する。

○ Society5.0時代の到来に対応した情報活用能力、データリテラシーの向上。

　管理職となって4年目を迎え、組織の要としての自分自身の役割を振り返ることで、教職大学院での学びが様々なところで生かされていることを実感しています。改めて教職大学院で学んだ理論と、実際の職場における実践を省察することにより、個人と組織の力を高め、示された教師の姿を実現する学校を目指し、さらに自己の指針を確かなものにしていきます。

2　取組の特徴

　学校教育目標の達成を目指し、子どもたちのよりよい成長を促すためには、教師一人一人の資質の向上が欠かせません。その内容は、学習指導、生徒指導などの実践的な指導力だけでなく、使命感や責任感、総合的人間力やコミュニケーション能力など、多岐に渡ります。そして個の力を高めたとしても、組織として個の力を最大限に発揮するためには、組織としてつながりの力をどのように発揮させるかが重要となってきます。今回の取組は、その個と組織の力を高めるために、次の4点に着目した取組です。

（1）キャリアステージに応じた人材育成の実践

　私自身、どの学校でも、経験年数の少ない教職員をどのように育てていくべきかを試行錯誤して取り組んできました。管理職になってからは、指導内容によって初任段階教職員をサポートする担当を明確にすることで、計画を着実に実行すること、さらに初任段階教職員が安心して学べる体制をつくることに重点を置きました。また、指導に困難さを抱える教職員や、管理職人材の育成についての取組も参考として記述しました。

（2）ミドルリーダーを核とした学習する組織の構築

　個の力を最大限に発揮する組織にするためには、管理職の働きかけはもちろんですが、実際に中心となって取組を推進するミドルリーダーの存在が欠かせません。様々な資質・能力が必要なミドルリーダーの果たす役割の重要性について考察しました。

（3）ICTの効果的な活用推進

　児童生徒に一人一台端末が急ピッチで整備され、ICTの効果的な活用推進は、喫緊の課題となっています。校務の効率化や学習指導の充実、地域、保護者との連携など、ICTの活用による効果は、学校全体に及びます。これまでの取組を整理し、それぞれの場面に応じたICTの効果的な活用について考察しました。

（4）同僚性を育み、学校教育目標を具現化する管理職のリーダーシップ

　最後に、現場の状況については、一つとして同じ状況である職場は存在しません。それぞれの現場の状況を把握し、必要な手立てを行うためには、管理職のリーダーシップが成否の鍵となります。信頼関係を築きつつも、指導すべきことを指導する管理職のリーダーシップについて考察しました。

3　取組の全体計画

　4つの取組の全体計画の内容と方法を表1に示します。

表1　取組の全体計画

項　目	内　容	方　法
(1)キャリアステージに応じた人材育成の実践	①初任段階教職員への指導 ②指導に困難さを抱える教職員へのサポート ③管理職人材の育成	(1)実践の基となった理論等を確認する (2)これまでの勤務校での実践と成果についての考察を行う
(2)ミドルリーダーを核とした学習する組織の構築	①通知表の改善の取組 ②GIGA スクール構想実現に向けた取組	(1)実践の基となった理論等を確認する (2)これまでの勤務校での実践と成果についての考察を行う
(3)ＩＣＴの効果的な活用推進	①ICT を活用した授業改善について ②ICT を活用した校務の効率化について ③ICT を活用した地域、家庭との連携について	(1)実践の基となった理論等を確認する (2)これまでの勤務校での実践と成果についての考察を行う
(4)同僚性を育み、学校教育目標を具現化する管理職のリーダーシップ	①同僚性を育む核としての管理職の在り方 ②学校教育目標を具現化するリーダーシップの発揮	(1)実践の基となった理論等を確認する (2)これまでの勤務校での実践と成果についての考察を行う

4　取組の実際

（1）キャリアステージに応じた人材育成の実践

　社会性や規範意識の低下など、教育を取り巻く情勢は、ますます厳しさを増しています。そうした中にあって、学校では、確かな学力、健やかな体、豊かな心の育成、いじめや不登校の増加、ICT 活用への対応、ヤングケアラーの問題など様々な教育課題への対応が求められています。これらに対応するためには、教員の資質・能力の向上に向けた環境を整えることが重要です。日々変化していく社会状況に対応するためには、教職員も常に学び続け、新たな課題に対応できる知識や指導力を身に付けていかなければなりません。

表2　北海道教員育成指標

「教員育成指標【概要版】」…重点的に学修・研修に努めたい時期の目安

教員像	キーとなる資質能力		キャリアステージ			
			養成段階	初任段階	中堅段階	ベテラン段階
教育者として、強い使命感・倫理観と、子どもへの深い教育的愛情を、常に持ち続ける教員	使命感や責任感・倫理観		○	◎	→	→
	教育的愛情		→	◎	→	→
	総合的な人間力		○	→	→	◎
	教職に対する強い情熱・人権意識		○	→	◎	→
	主体的に学び続ける姿勢		→	○	→	→
教育の専門家として、実践的指導力や専門性の向上に、主体的に取り組む教員	子ども理解力		◎	◎	◎	◎
	教科等や教職に関する専門的な知識・技能		◎	○	→	→
	実践的指導力	授業力	○	◎	◎	◎
		生徒指導・進路指導力	→	◎	◎	→
		学級経営力	→	○	◎	→
	新たな教育課題への対応力	「主体的・対話的で深い学びの実現に向けた授業改善」への対応力	◎	○	→	→
		「カリキュラム・マネジメント」への対応力			◎	
		「ICTを活用した指導」への対応力				
		「外国語教育の充実」への対応力			→	
		「特別支援教育」への対応力				
学校づくりを担う一員として、地域等とも連携・協働しながら、課題解決に取り組む教員	学校づくりを担う一員としての自覚と協調性		→	○	◎	◎
	コミュニケーション能力（対人関係能力を含む）		◎	◎	→	→
	組織的・協働的な課題対応・解決能力		→	→	○	◎
	地域等との連携・協働力		→	→	◎	○
	人材育成に貢献する力		→	→	○	◎

◎：重点的に学修・研修に努めたい時期　○：力量に応じて学修・研修に努めたい時期　→：継続して自己研鑽に努めたい時期

　表2は、北海道教員育成指標【概要版】です。キャリアステージに応じて、キーとなる資質能力を身に付ける時期が例示されています。しかし、多忙な学校現場では、人材育成のための研修に多くの時間を費やすことができていない現状があります。学校では、初任者であっても、新学期が始まると同時に、授業を行わなければなりません。初任者が安心して、授業や生徒指導、保護者対応ができる環境を整えることが重要だと考えました。

　青木（2011）は、学校に求められる人材育成力について、「学校がOJTの実施体制を確立し、管理職や主幹教諭、主任教諭が、OJTの責任者や担当者としての意識と自覚を高め、人材育成を推進していく必要がある」と述べています。

　ここでは、初任段階教職員への指導について担当者を明確にした上で実践した成果と課題について考察しました。また、その他として指導に困難さを抱える教職員へのサポート、管理職人材の育成についても参考として記述しました（表3）。

表3　教職員への指導の取組

課　題	取　組
①初任段階教職員への指導	・日常的な学習指導 　⇒初任者指導教諭、同学年教諭 ・参観日の授業づくり、保護者へのあいさつの仕方など初めての活動についての指導 　⇒教務主任 ・言葉遣い、礼儀、タイムスケジュールなど、学校の勤務に関わる指導 　⇒教務主任 ・通知表の記述の仕方 　⇒同学年教諭、教務主任、教頭 ・毎月のリフレクションノートの記述からの指導 　⇒教頭 ・研修会参加後、行事後の感想についての報告 　⇒校長 ・日々の授業参観 　⇒校長、教頭、教務主任
②指導に困難さを抱える教職員へのサポート	・学年経営を基本とし、同学年教諭との連携を徹底 ・保護者対応については、事前に教務主任や教頭と相談し確認 ・1人で抱え込まずに相談できる関係の維持 ・困難さを抱える児童の指導については、特別支援CD、養護教諭との連携を密にし、事前にケース会議を設定 ・状況に応じて校内支援委員会を開催。教務、特別支援CDと連携した指導体制の工夫や変更を行い、指導の難しい児童に組織として対応する体制の構築
③管理職人材の育成	・学校課題の解決など、校務分掌に応じて、学校全体に関わる取組を任せ、ミドルリーダーとして経営参加の意識醸成 ・若手教職員の指導の責任者とし、人材育成の意識醸成 ・学校運営協議会との関わりによる地域連携の意識醸成

【実践の成果と課題】

① 初任段階教職員への指導

　担当者を明確にし、初めての参観授業や、保護者に対する挨拶などをリハーサルを通して体験させることで、安心して授業に臨む姿がみられました。基本的には、初任段階研修計画に沿った研修を行い、リフレクション指導では、初任段階教職員が自身で課題と感じていることについて取り扱うなど、計画的な指導と自己課題の

追求の二本柱にすることで、個々の課題にも対応したＯＪＴを行うことができました。コロナ禍のため、他校の授業を参観する機会が通常に比べて大変少ない状況にあり、校内での授業参観を増やして、発問に対する児童の反応や児童の発言に対する教師のやり取り等について学ぶ機会を確保する必要性を感じました。

② 指導に困難さを抱える教職員へのサポート

　児童への指導に困難さを抱えている教職員についても、一人で思い悩むことのないように、相談体制を整えることで、問題が深刻化する前に、適切な指導、助言を行うことができました。

　現在の課題、短期・長期の目標、指導方法の共通理解を図る場を必要に応じて設定するとともに、教職員集団の協働性、同僚性の意識を向上させていく必要があります。

③ 管理職人材の育成

　教職員をつなぎ、学校をよりよくする立場にいる人や意識をもっている人など、学校全体を見渡すことのできる人材に働きかけることが大変有効だと感じました。ミドルリーダーとしての経営参加への意識の向上については、年齢では無く、新しい教育課題を解決しようとする熱意や計画・実践の実行力などの両方を兼ね備えた人材を見極める必要性があります。実行力だけでなく、学校づくりを担う一員としての自覚と協調性が重要だと感じました。

　以上３つの観点から人材育成の実践について考えてきましたが、担当や体制を整え、実践していく上で、教職員同士、特に学年またはブロックを組んでいる教職員同士の共通理解と連携が非常に重要だと感じました。それが無ければ、どんなに担当や体制を整えても、表面上だけの関わりになってしまう可能性があります。実際に問題が大きくなってしまう場合には、学年内での共通理解が図られていないことが原因であることが多いと感じています。担当や体制を整えると同時に、お互いに信頼し協力し合える同僚性の構築の重要性を改めて感じました。

（2）ミドルリーダーを核とした学習する組織の構築

　平成28年1月には、中央教育審議会答申（平成27年12月21日）「新しい時代の教育や地方創生の実現に向けた学校と地域の連携・協働の在り方と今後の推進方策について」「チームとしての学校の在り方と今後の改善方策について」「これからの学校教育を担う教員の資質向上について〜学び合い、高め合う教員養成コミュニティの構築に向けて〜」を受けて策定された「次世代の学校・地域」創生プラン（馳

プラン）において、学校の組織運営改革として、「複雑化・多様化する学校の課題への対応や、子供たちに必要な資質・能力の育成のための教職員の指導体制の充実」が明記され、より学校組織マネジメントの重要性が高まっています。これは、学校組織を従来の「管理型」から「自律型」へと変革する動きと連動し、「新たな職」である副校長や主幹教諭などの導入、学校運営協議会の導入やスクールソーシャルワーカー等の各種専門職や保護者・地域の人々と協働した「チーム学校」構築へと繋がっています。

妹尾（2015）は、組織マネジメントの３つの要素として①到達目標②プロセス③チーム・ネットワークを挙げています。また、その課題として「作業分担はしても目標分担はない。分掌や学年では作業の分担はしていても、目標の共有と分担は大変弱い。」ことを指摘しています。

また、畑中（2018）は、組織マネジメントで重要な立場となるミドルリーダーについて表4のように、分類しています。

表4　ミドルリーダーの3分類

① 学校組織の「ミドル」にある教員 ・校務分掌のリーダーを担う主任・主事 ・学校教育法改正によって2008年度より配置可能となった、いわゆる「新たな職」としての主幹教諭や指導教諭 ② 人生の「ミドル期」にある教員 ・教職経験15年前後、年齢的に40歳前後の「中堅教員」 ③ 組織へ影響を与える教員 ・個人に焦点をあて、その個人が組織へ与える影響力という視点から捉えたミドルリーダー

この２つの観点から、これまでミドルリーダーを核として学校課題の解決に取り組んできた事例について考察しました（表5）。

表5　ミドルリーダーを核として学校課題解決に取り組んだ事例

課題	取組
①通知表の改善の取組	①到達目標 ・学習指導要領改訂に合わせ、資質・能力の柱で再整理された通知表の作成 ②プロセス ・学習指導要領改訂の趣旨や内容の理解 ・通知表改善の必要性についての共通理解 ・先行事例の紹介や成果の紹介 ・実施に向けたスケジュールと取組の明示 ③チーム・ネットワーク ・進捗状況のこまめな確認を行うことで不安感を解消するとともに、学年間の記述内容についての確認を行うことで学年間の相違を修正

②GIGA スクール構想 実現に向けた取組	①到達目標 ・GIGA スクール構想の実現に向けた一人一台端末の日常的な活用促進 ②プロセス ・GIGA スクール構想実現に向けた共通理解 ・児童の在校時間中は常時端末をキャビネットから出しておくなどルールの明確化 ・学習支援ソフトやアプリについて紹介や研修 ③チーム・ネットワーク ・全学級で共通して取り組むことについて、全体で学習したり、確認したりする場を設定 ・新しい取組をする場合は、苦手な教職員に対するサポートを実施

【実践の成果と課題】

　今回の実践では、どちらの取組でも教務主任の果たす役割が大変大きかったです。取組を進める理由は何か、取組の到達目標は何か、そのために何を準備しておくのか、どのようなスケジュールで実施するのかなどの見極めを明確にすることで、ぶれがなく、取組を進めることができたと感じました。このことは、まさに①到達目標②プロセス③チーム・ネットワークを明確にして取り組んだ結果だと思われます。組織に必要感や解決までの見通しをもたせるためには、協働的に取り組める同僚性と、誰もが無理なく取り組める計画が不可欠です。

　また、ミドルリーダーの3分類の観点から見ると、どちらの取組でも中心となった教務主任は40代以上で①学校組織の「ミドル」にある教員②人生の「ミドル期」にある教員に当てはまります。しかし、今回の取組の原動力となったのは、③組織へ影響を与える教員の観点です。いずれの取組も教職員としての使命感をもって、通知表の改善や学校の情報教育の推進についての重要性を自らが理解し、苦手感や抵抗感をもつ教職員に対しても、丁寧な説明やサポートを行っていました。この取組が学校をよくしていくことに繋がっているというミドルリーダーの強い意思が感じられ、組織全体にその意識が拡大していき、取組を進める原動力となっていました。教職に対する強い熱意の重要性を実感しました。

（3）ＩＣＴの効果的な活用推進

　GIGA スクール構想では、一人一台端末により、子どもたち一人一人の反応を踏まえた双方向型の一斉授業、一人一人の教育的ニーズや学習状況に応じた個別学習、各自の考えを即時に共有し多様な意見にも即時に触れられる協働学習を実現すること、また、コロナ禍を受けて、ハード・ソフト・人材を一体とした整備を加速することで、災害や感染症の発生等による学校の臨時休業等の緊急時において、ICT の

活用により全ての子供たちの学びを保障できる環境を早急に実現することが期待されています。

　また、一方でGIGAスクール構想の進展に伴うICTを活用した学校・教師が担う業務の役割分担・適正化や校務効率化についても、積極的に取り組むことが求められています。

　ここでは、ICTを活用した授業改善、校務の効率化、地域・家庭との連携について、実践を基に考察しました（表6）。

表6　ICTを活用した授業改善、校務の効率化、地域・家庭との連携

課　題	取　組
①ICTを活用した授業改善について	・全学級への電子黒板の導入推進 ・全学級が児童在校時には、端末をすぐに使用できる状態にすることを統一 ・Google Classroomを全学年、全学級に作成し、授業で活用することを統一 ・事務部で端末の管理、文化部でiPad活用のルール作り、研修部でICTの効果的な授業実践の在り方、教務部でアカウント管理など連携した取組を推進 ・オンライン授業を見越して、疑似朝の会、疑似オンライン授業を全学級で実施 ・学習支援ソフトを活用した授業の効率化の推進
②ICTを活用した校務の効率化について	・Google Classroomの活用によるリアルタイムな情報共有 ・Zoomや校務支援ソフトを活用したオンラインでの研修や授業、委員会活動の実施 ・時間外、休日の緊急連絡先をGoogleフォームで作成 ・スズキ校務やGoogleフォームを活用した反省やアンケートの集約 ・端末を活用した研修資料の提示 ・端末を利用した日報、欠席ボードの共有 ・端末を利用した教室と職員室の連絡調整
③ICTを活用した地域、家庭との連携について	・保護者説明会をオンデマンドで実施 ・参観日をオンラインで実施 ・保護者面談を来校とオンラインによる希望制で実施 ・学校評価アンケートをGoogleフォームで実施

【実践の成果と課題】

① ICTを活用した授業改善について

　全校で3学級の小規模校の学校では、それまで1つしかなかった電子黒板を新に購入し、すべての学級で使用できるようにしました。指導者用端末やパソコンを大型テレビに映す場合は、指導者が指導者用端末等を見なければならないために、視

線が下に向きがちでしたが、端末やパソコンを介することなく、直接タッチパネルで子どもと同じものを見て指導する環境を整えることができ、大変指導がしやすくなりました。

　「全学年、学級で児童が在校中は端末を常時使用できるようにしておく」「オンライン学習の決まりの練習」「オンライン授業でのグループ分け」などオンライン学習を想定した準備など、全学級共通で活用のルールを明確にしたことにより、端末を活用した授業が日常的に行う環境を整えることができました。

　全学年、全学級で一斉に Google Classroom を開設したことにより、全学級でclassroom を活用した授業を実施することができました。管理職と情報担当が閲覧できるようにすることで、児童の情報モラルの実践的な指導についても行うことができました。

　端末を日常的に活用することについては共通していますが、活用の仕方については学年内での差が見られるため、学年内での指導方法の共通化（同僚性の構築）を図る必要があると感じました。ICT を活用するだけでなく、教科等の目標の効果的効率的な達成のために、発問やまとめなど、指導内容に応じた活用についても充実させていく必要があります。

② ICT を活用した校務の効率化について

　Google フォームによる欠席、遅刻、早退連絡により、電話にかかる時間が減り、朝の時間に余裕ができました。また、保護者にとっても電話がつながらないなどのことが少なくなりました。保護者のみにパスワードを通知することにより、なりすましやいたずらなどもありませんでした。担任も自分の端末から欠席連絡を確認できるため、大変効率的だったと感じています。

　リアルタイムで情報共有ができるようになったため、Google Classroom などで勤務時間外での書き込みや通知など、働き方改革に相反する状況などがみられました。そのため、基本的には勤務時間内での書き込みを基本とするなどルールを改めて確認するとともに、緊急で連絡が必要な場合は、緊急連絡メールを活用することを明確にしました。

③ ICT を活用した地域、家庭との連携について

　宿泊体験学習保護者説明会、修学旅行保護者説明会を動画配信、参観日をオンラインで実施するなどコロナ禍の中でも学習の様子を伝えたり、保護者との連携を図ったりすることができました。

　また、コロナ禍のため、家庭や地域に日常の活動などを直接説明する機会が少な

い中、ホームページを活用した発信は、大変有効であると感じました。ホームページはすべての人が必ず閲覧しているわけではありませんので、ホームページなどで広く緩やかに伝えることと、緊急連絡メールのように全家庭に確実に伝えることなどを区別して活用しています。

　一方で実施していく中で、児童や教職員の個人情報の保護や教材等の著作権など気を付けなければならない課題が明らかになりました。

（4）同僚性を育み、学校教育目標を具現化する管理職のリーダーシップ

　天笠（2013）は、「校長には、リーダーシップを発揮し、教職員や地域の人々の声を汲み取り意志決定を行い、目標設定と実施状況の評価に基づいた行動を取ること、さらには、学校内の組織運営にとどまらず、地域との関係を構築する総合的なマネジメント力を備えることが求められている」と述べ、そのために必要な力量について、の4点を挙げています（表7）。

表7　地域との関係を構築するために必要な力量

・学校のビジョンを構築し、目標を提示する力 ・授業を中心に学校の教育活動について活動をはかる力 ・ミドル層の形成など組織する力、教職員を育てる力 ・保護者、地域の人々と連携をはかる力

　また、佐藤（2012）は、「どんな学校改革も、絶対に内部に対立や分裂を引き起こしてはならない。」と述べています。

　この2つのことは、学校としての目標を示しつつも、教職員にその理由やビジョン、プロセス、資源などを分かりやすく、明確に示し、理解を得る必要があることを示しています。これまで、過去に校内研修を担当してきた経験で、新しい学校課題や今まで取り組んできていないことに新たに取り組むことの困難さや、全教職員で目標を共有して取り組むことの困難さを経験してきているためか、現在も、目標を共有することの困難さに日々思い悩んでいます。大きな成果が上がっているわけではありませんが、これまでの実践を基に、同僚性を育む核としての管理職のあり方と、学校の教育目標を具現化するリーダーシップの発揮について考察しました（表8）。

表8　学校の教育目標を具現化するリーダーシップの発揮

課　題	取　組
①同僚性を育む核としての管理職の在り方	・会議の開始時刻および終了時刻や提出物の期日厳守など、組織として効率的効果的な職場環境の構築と相手意識の向上 ・長期休業を有効利用により、児童在校時の業務量の軽減 ・授業参観や行事を通して教職員一人一人のよさや子どもの成長や学校教育目標との関連を伝えることによる自己有用感や達成感の向上及びさらなる向上心の喚起 ・教職員に寄り添った指導、助言を行い、安心して勤務できる職場環境づくり
②学校教育目標を具現化するリーダーシップの発揮	・学校教育目標とカリキュラムの関連を明確にした授業を中心にした学校づくり ・網羅的な重点目標ではなく、全員が集中して取り組める重点目標を設定するとともに、ショートスパンでの実施状況の確認、修正の実施 ・地域の人材の積極的な活用を進めるとともに、地域へ情報発信し、社会に開かれた教育課程の実現にむけた取組

【実践の成果と課題】

① 同僚性を育む核としての管理職の在り方

　学校の組織としてのスムーズな活動を妨げているものは、タイムマネジメントの欠如です。そのため、時間や締切を守ることは、その先にいる次の誰かのことを考えれば、最優先で守るべき基本事項であること、そしてそれができる学校の教職員は、時間を守る意識だけでなく、相手意識をもって行動し、それがお互いへの信頼、ひいては同僚性につながっていくと考えます。

　通知表が前後期になったことで、それぞれの長期休業中に成績処理を行うことができるようになり、学期末の業務が分散され、効果を上げています。児童生徒がいない期間に校務分掌や研修などに取り組んでいる教職員が増えてきています。

　自己有用感や安心感をもって働くことのできる職場環境を構築するためには、管理職からの積極的な承認と励ましが必須です。しかし、実際のところ、全員に万遍なくということが難しく、課題となっています。成績処理の時や、参観日など機会をみつけて実践しています。

② 学校教育目標を具現化するリーダーシップの発揮

　学校の活動において一番多くの時間を費やしているのは、授業です。授業と学校教育目標との関連を図ることで、学校教育目標は日々確実に具現化されていきます。一方で、主体的・対話的で深い学びを目指していても、教師が一方的に伝え続ける

授業が行われているとすれば、それは大きな課題です。現状から課題点に気付いても、それをどのようにして伝えるかは、経験年数や、その人との信頼関係に左右されます。曖昧に伝えては、真意が伝わらず、直接的に伝えれば、反発を招くなど、どのようにして伝えるべきか、日々試行錯誤の連続です。

　校務分掌などの重点目標を絞ることについては、その年度やその学期に取り組むべきことが焦点化され、その期間を通して繰り返し、取組や確認をすることができました。網羅的でないと安心できないと感じる教職員もいるため、設定する際に意図を明確に伝え、実践レベルでの共通理解を図る必要があります。

　地域、保護者とのかかわりについては、学校ＨＰを活用し、情報発信を行うことで、直接来校していただけない時期でも、学校の様子を伝えることができました。パスワードを設定することで、個人情報の保護にも配慮することができました。現在の保護者の年代では、紙で発行する学校便りよりも、HPやメールで情報を随時発信の方がより伝わりやすくなっています。

5　まとめ・考察

　今後、ベテラン教職員の大量退職に伴う教職員不足など現場の置かれている状況などを考えると、10年、20年先を見越した人材育成や、学校組織の変革を進めていく必要があることをひしひしと感じています。以下、今回のまとめとなります。

（1）キャリアステージに応じた人材育成の実践

　初任段階研修の計画は、時間数や内容ともに、その通りに実施できれば大変充実している内容だと思います。重要なことは、その計画通りに確実に実践していくことです。また、計画にはないけれども、日々の活動の中で疑問に思ったことや、課題に感じていることを取り上げる場面をもつことで、個々の課題にも対応した研修を行うことができます。計画通り実施できる体制づくりと同僚性の構築の両面でのサポートが効果的だと考えます。

（2）ミドルリーダーを核とした学習する組織の構築

　学校教育目標や年度の重点を基にそれぞれの分掌で学校づくりを推進するのは、ミドルリーダーに他なりません。ミドルリーダーとして求められる力をもった人材を育成するためには、学校全体に関わるプロジェクトや人材育成など、広い視野をもって取り組む経験をさせることと、その成果を実感させることです。自分のリーダーシップによって、学校を変えていける経験こそがミドルリーダー育成の必須条

件だと考えます。

（3）ＩＣＴの効果的な活用推進

　ＩＣＴの効果的な活用を行うことで、学習効果や情報の共有化など児童生徒の学習についても、教職員の働き方についても様々なメリットが生まれます。積極的な推進は必須となっています。重要なことは、一部で取り組むのではなく、全体で取り組むことです。そして便利な反面、個人情報の漏洩や健康被害などのデメリットについても対策を講じた上で推進することが重要です。

（4）同僚性を育み、学校教育目標を具現化する管理職のリーダーシップ

　同僚性を育みつつも、学校教育目標を具現化するために重要なことは、相手意識やタイムマネジメントを大事にしながら、組織として働きやすい職場環境を構築するためのマネジメントの力。そして一人一人の教職員の能力や個性を最大限に発揮するために、年度の目標や学期の目標、各行事の目標などの繋がりを明確に示すとともに、その実施状況や達成状況を常に教職員にフィードバックし、教職員の働きがいややりがいを刺激するリーダーシップの力だと考えます。今後、この二つの力を高めていくために、決意を新たに取組を進めていきます。

（米澤　德之）

【引用・参考文献】
・妹尾昌俊（2015）『変わる学校変わらない学校マネジメントの成功と失敗の分かれ道』　学事出版　p.62−86
・天笠茂（2013）『カリキュラムを基盤とする学校経営』　ぎょうせい　82−90頁
・畑中大路（2018）『学校組織におけるミドル・アップダウン・マネジメント』　ハーベスト社　p.19−29
・編集代表　天笠茂（2011）『学校管理職の経営課題　第4巻　これからのリーダーシップとマネジメント「つながり」で創る学校経営』　ぎょうせい　p.142−165
・佐藤学（2012）『学校を改革する　学びの共同体の構想と実践』　岩波書店　p.21−24

－第6節－

学校経営方針具現化に向けた学校運営改善

1　問題の背景・問題の所在

　平成30年3月に教職大学院を修了し、平成31年4月に教頭昇任となりました。教頭職として見た学校現場は、一般教諭時以上に学校経営方針を具現化させることが重要であると感じました。そのために校長を補佐し、教頭としてのリーダーシップとマネジメントに基づいた学校運営をいかに進めていくかについて、礼文町立礼文小学校在籍時での実践を報告します。

2　教職大学院での先行研究

　教職大学院では、社会に開かれた教育課程の実現に向けて、ミドルリーダーのマネジメントとリーダーシップに焦点を当て、組織力を高める手法と具体的実践について研究しました。当時の担当分掌である教務主任の立場から、ミドルリーダーの理論をもとにして職務を遂行することを目的に、マネジメントとリーダーシップについて研究されている先行研究を調査しました。[1]

(1) マネジメントに関する先行研究 (当時の研究より抜粋)

① 学校組織マネジメント

　佐古[1]は、学校組織マネジメントの達成要件として導かれる方向性について、「学校の個業的傾向 (個業性) を解消する方向で学校経営を行うこと」と述べている。しかし、このことは単純に学校の組織化を強めることによって解決できるものではない。教職の特色をその職務標準化の困難さ、目標の多義性、児童生徒の流動性などとしてとらえると、教員の教育活動については、厳密な指揮監督の下で組織的整合性を追求する、範例的な行動様式を定めることが困難である。教育活動の具体においては、個々の教員の意識と行動に依存するという状況を保持しながらも、学校教育の連続性や体系性を構築するという難問に直面している。学校組織マネジメントの達成要件として、表1が挙げられる。

表1　学校組織マネジメント達成の2つの要件

(ア) 教職員の自律性	一人ひとりの教職員が自らの教育活動の改善の主体となる。
(イ) 組織性	学校としての教育活動のつながり，まとまり。

② 学校経営の戦略と戦術

　学校に主体性・自立性が求められるようになっている中、主体性や自立性をどのよう
に表すかについて、天笠[2]は、「経営戦略の策定というかたちをとり、学校経営計画の作
成、教育課程の編成をもって表現される。」と述べている。また、「戦略」と「戦術」に
ついて表2のように述べている。

表2　「戦略」と「戦術」

「戦略」～組織として達成すべき使命やビジョンを描き，取り巻く環境を読み，手立て
　　　　や方策を選ぶ。→経営戦略を具体化したものが経営計画
「戦術」～目指す方向や目標を達成するための手段→経営計画の実現を図るための手
　　　　立て

（2）リーダーシップに関する先行研究（当時の研究より抜粋）

①　コッターのリーダーシップ論と教務主任の戦術知としての組織変革のステップ

　ハーバード大学のジョン・P・コッター教授[3]は、経営行動におけるマジメントとリー
ダーシップの機能を区別している。この両者が互いに作用し補い合うことで、組織が
機能し、組織変革を図ることができるとしている。そして、組織の中でリーダーシッ
プを機能させる本質は、メンバーの才能を育み、指導力の発揮や、失敗や成功から学
ぶこととしている。さらに、組織変革を成功に導くのは、8段階のプロセスからなり、
プロセスを大切にして変革を進めることが大切であるとしている。そして、教職大学
院講義「リーダーシップと同僚性の今日的な課題」において、笠井がコッターの「組
織変革のステップ」を学校現場に当てはめ、図3のように整理している。

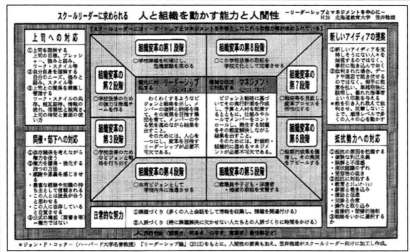

図3　ミドルリーダーに求められる人を動かす能力と人間性　　（出所）北海道教育大学教職大学院 2016年度講義資料

②　分散型リーダーシップ

　露口[4]は、分散型リーダーシップの視点を、「学校組織におけるリーダーシップとは、学校重点目標達成、学校課題解決のために『人を動かす』ことであり、学校組織では、校長はもちろんのこと、多くの教員が日常的に、目標達成や問題解決のために人を動かしている。」としている。学校改善の過程は、校長のリーダーシップに加えて、組織の「あらゆる場所あらゆる場面」において発生するミドルリーダーの優れたリーダーシップ実践によって支えられている。この分散型リーダーシップ論では、校長のリーダー行動の中でも、特に教職員の職能成長や人材育成に焦点を当てている。

3　教職大学院での学びに基づく実践～「戦略」～

　着任して最初に着手したことは、勤務校における課題把握でした。学校課題を明確することで、手立てや方策が見いだせると考え、ＳＷＯＴ分析（表4）を行いました。そして、宗谷教育局学校経営指導訪問による指導を生かし、マネジメントシートを作成し（表5）、学校経営方針具現化に向けた「戦略」を立てました。

表4　ＳＷＯＴ分析（筆者作成）

自校の外部環境	自校の内部環境	効　果
【機会】 ○参観日、学年懇談会等の出席率の高さ ○地域の協力と行事参加 ○保・小・中・高の連携	【強み】 ○学ぶ意欲、思いやる心 ○ミドル層のリーダーシップ ○活発な校内研修（授業改善） ○共通理解・協働体制の浸透	特色 ○一人ひとりを大切にした教育活動の推進 ○地域連携と開かれた学校づくり
【脅威】 ○島内の人口減少及び児童数減少 ○へき地による異動基準年数の短さによる短期間での職員集団構成の変化	【弱み】 ○読解力・コミュニケーション能力 ○教育課程に関する教員の意識 ○初任段階教員の育成 ○タイムマネジメントの希薄化	課題 ○数年先を見据えた教職員集団と育成 ○新学習指導要領本格実施に向けた教育課程編成

表5　学校経営指導訪問マネジメントシート（一部抜粋）

【平成31年度】

□一次訪問後の取組の充実・改善や重点化のポイント

・礼文小の教育「11の取組項目」の継続的・効果的発信による学校経営方針共有

・宗谷管内「授業改善に向けた7つのポイント」の定着、授業の質をより高める授業づくり

・働き方改革の推進における業務改善

□二次訪問後の取組の充実・改善や重点化のポイント

・持続可能的な学校体制・教職員体制に向けた教職員の人材育成

・子供たちの成長を見据えた上での、学校における働き方改革（業務改善、教職員の健康管理）

・児童評価やチャレンジテストの分析による学力向上及び授業改善

【令和2年度】

□一次訪問後の取組の充実・改善や重点化のポイント

・カリキュラム・マネジメントに基づく、全教職員で創り上げる教育課程

・働き方改革に基づく効果的・効率的な学校経営

□二次訪問後の取組の充実・改善や重点化のポイント

・学校経営における管理職としての意思決定及び協働体制

・教材研究の時間確保に向けた実質的かつ効果的な勤務時間縮減の具体策提示

・教科横断的な視点での教育課程編成

4　教職大学院での学びに基づく実践～「戦術」～

　学校課題の一つであった新学習指導要領全面実施に向けた教育課程編成において、コッターのリーダーシップ論「組織変革の8段階」を笠井が学校現場に当てはめた組織変革のステップに基づき取り組みました。

（1）組織変革の第1段階「学校課題を明確にし、危機意識を高める」

> 学校経営のミッション（戦略）を理解し、学校課題を取り上げる

　平成29年度及び30年度の勤務校の教育課程編成の状況をリサーチすると、教育課程編成会議が年1回しか開催されておらず、検討事項が山積していることが分かりました。そこで、学校課題として教育課程編成のポイントを全体提示し、教育課程編成を進める重要性を伝えました（表6）。

表6　教育課程編成のポイント

【平成31(令和元)年の教育課程編成のポイント】
　検討事項：主体的・対話的な学びの授業改善、確実な学びを生み出す行事精選、身に
　　　　　　付けさせたい資質・能力の協議、「特別の教科 道徳」「外国語」の指導計画
　　　　　　改善

（2）組織変革の第2段階「学校改善の強力な推進チームを組織する」

　　　　　定期的に開催する特別委員会を推進チームとして活用

　全教職員で教育課程を創りあげる視点を教職員に伝え、教育課程編成を組織的に
行うための体制（強力なチーム）づくりに着手しました。校内特別委員会内にある
企画運営委員会と教育課程編成委員会を併せて行うことで、機能化への土台を作り
ました。また、多忙化とならないよう、業務効率化への配慮も行い、教職員を参画
させる体制を作りました（表7）。

表7　教育課程編成委員会の機能化

【教育課程編成委員会機能化に向けて】
①既存の校内特別委員会（企画運営委員会）の活用
　～企画運営委員会は、分掌代表が集まり、毎月1回、職員会議前に議題検討する
　　会議。
②会議の効率化と教育課程編成会議の開催
　～企画運営委員会内に教育課程編成会議を組み込む（どちらも参加メンバーが同
　　じであるため組み込むことで効率化を図る）。
③教育課程編成委員会の提案による全教職員への浸透
　～毎月の職員会議にて、教育課程編成委員会から教育課程編成に関する事柄を提
　　案し、全体共有を図る。

（3）組織変革の第3段階「学校改善のビジョンと戦略を具体的に示す」

　　　企画運営委員会と協働し、組織体制でビジョンと戦略を検討

　　　組織変革の第4段階「共有ビジョンとして学校内外に浸透させる」

組織としての取組の意識を根付かせるために、職員会議での提案を教育課程編成委
員会として提示・伝達し、教職員で共有化

教育課程編成委員会を毎月１回開催して機能させ、委員会内のメンバーと協働し、組織体制でビジョン構築から職員会議での共通理解までの流れを作りました。また、一連の流れから全教職員に教育課程を創り上げるビジョンの共有や教育課程編成の見通しをもたせ、参画意識を高めると共に各自のすべきことを明確にさせました（表８、図９〜11）。

表８　教育課程編成委員会の内容（一部抜粋）

①第１回教育課程編成委員会（令和元年６月）
　【内容】・昨年度までの取組状況の把握と確認
　　　　　・今後の取組の確認（ビジョンの共有）
　　　　　・教育課程編成への意識づけ（新学習指導要領のポイント、本校の課題）
②第２回教育課程編成委員会（令和元年７月）
　【内容】・教育課程編成の課題、身につけさせたい資質・能力の共通理解
　　　　　・本校の課題と新学習指導要領改善（総合的な学習の時間、特別活動）
　　　　　・分担・協働体制の意識づけ（全教職員で創り上げる教育課程）
③第５回教育課程編成員会（令和元年11月）
　【内容】・令和２年度年間行事予定及び行事の精選・見直し（総務部・各分掌）
　　　　　・授業時数の確保・行事の精選・見直し（教務部）
　　　　　・今後の日程（教育課程編成の見通し）

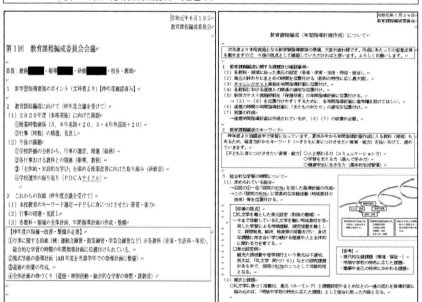

図９　教育課程編成委員会提案資料
（令和元年６月）

図10　教育課程編成委員会提案資料
（令和元年７月）

令和元年11月18日
教育課程編成委員会

第5回　教育課程編成委員会会議

1　令和2年度年間行事予定および行事の精選・見直し【第一次案】

①フラワーマラソンを校内マラソンとせず、翌日の午後振替なし（マラソンは自由参加）
②運動会前の鼓笛パレードはなくてもいい。
③運動会・練習時間の減
④内科・歯科検診～実数21／2時間しか使っていない。
⑤4月のPTA総会～参加、6，51週締める～今年は14日（日）だったため、あまりにも準備期間がないと判断（19日なら可能）
⑥12月参観日の見直し（2時間ゆって解体なのは…）～もちつき会にするとか日帰参観をやめて半日参観
⑦修学旅行～観光大使活動・自主研修の時間を総合扱い（おおよそ5～6時間）
　　＊探究活動における体験的活動としての位置づけは可能
⑧宿泊学習～水族館・両施見学を総合扱い（おおよそ2～3時間）

2　授業時数の確保・行事の精選・見直し（別紙）
（1）年間行事予定と照らした総時数・余剰時数の調整、確認・修正～重点的な取組は確保
　～集約結果に修正を加える必要があるか
（2）行事を教科でおぼている時数の確認～要再調整
　　【本校の教育課程上の課題（昨年度）】
　　行事に関する取組（例：運動会練習・鼓笛練習・学芸会練習など）が各教科（音楽・生活科・体育）、総合的な学習の時間の年間指導計画に位置付けられている。
　　～現状通りで可能か、外して行事扱いにしなければならないか。

3　年間指導計画等の作成
（1）町内小学校の分掌と協力による作成～小学校間の連携・教務部提案
（2）自校独自（体育・朝活・総合等）の作成～教務部提案（済）
（3）プログラミング教育～研修班
　　・全体計画の作成
　　・指導計画の立案～アンプランド的思考・アンプランド教育位置づけ
　　＊小学校を中心としたアンプランドポータル

4　その他
（1）育てたい資質・能力の再確認
（2）社会との共有を意識した保護者・地域への啓蒙

5　今後の日程

11月21日（木）	・職員会議～第5回教育課程編成委員会掲示
～12月18日（水）	・総務部：令和2年度年間行事予定調整
	・各分掌・個人：行事の精選・見直しに関する意見集約（随時）
	・教務部：年間総時数・余剰時数点検
12月19日（木）	・第6回教育課程編成委員会
	・年間行事予定及び行事の精選・見直し（二次集約）
	・教務部：年間総時数・余剰時数（一次報告）
	・総務部：令和2年度年間行事予定（二次報告）
12月20日（金）	・職員会議～第6回教育課程編成委員会掲示
～　1月17日（金）	・総務部：令和2年度年間行事予定調整
	・各分掌・個人：行事の精選・見直しに関する意見集約（随時）
	・教務部：年間総時数・余剰時数点検
1月20日（月）	・第7回教育課程編成委員会
	・年間行事予定及び行事の精選・見直し（三次集約）
	・教務部：年間総時数・余剰時数（二次報告）
	・総務部：令和2年度年間行事予定（三次報告）
1月23日（木）	・職員会議～第7回教育課程編成委員会掲示
2月17日（月）	・第8回教育課程編成委員会
	・年間行事予定及び行事の精選・見直し（四次集約）
	・教務部：年間総時数・余剰時数（三次報告）
	・総務部：令和2年度年間行事予定（三次報告）
2月20日（木）	・職員会議～第8回教育課程編成委員会掲示
3月　9日（月）	・第8回教育課程編成委員会
	・年間行事予定及び行事の精選・見直し（最終集約）
	・教務部：年間総時数・余剰時数（最終報告）
	・総務部：令和2年度年間行事予定（最終報告）
3月12日（木）	・職員会議～第8回教育課程編成委員会掲示
	・最終協議後、決定

図11　教育課程編成委員会提案資料（令和元年11月）

（4）組織変革の第5段階「教職員や児童・保護者・地域の取組の支援」

教育活動の様子を地域・保護者へ積極的に啓蒙

組織変革の第6段階「短期成果を獲得し、その実現をアピールする」

地域資源の活用による社会に開かれた教育課程の成果の獲得

　全教職員で創り上げた教育課程において、令和2年度では、短期間で成果を共有するために社会に開かれた教育課程に焦点を当て、地域・保護者に向けた発信、地域資源を効果的に活用した取組を行いました。日々の教育活動を定期的に地域・保護者と共有することで、新学習指導要領に基づく教育活動の理解を得ると共に教職員への動機づけにつなげました（表12～14）。

表12　地域・保護者への発信、地域資源を効果的に活用する取組

①地域・保護者に向けた教育活動への理解
（ア）「礼文小の教育」（PTA総会・学校だより）
（イ）授業にスポットを当てた教育活動の発信（学校HP「校長室から」）
②地域の人的・物的資源の効果的活用
（ア）総合的な学習の時間「礼文学」を軸にした効果的な地域資源活用
（イ）教科横断的な視点による総合的な学習の時間の実施

表13　礼文小学校ホームページ「校長室から」（一部抜粋）

□令和2年7月21日（火）

　3年の算数の授業で深い学びのある授業が行いました。余りが出る割り算の学習ですが2つの考え方をもとにその考えはどのような考えなのか、言葉やおはじきを使って考え発表する授業でした。礼文小学校では　書かれてある内容をしっかり理解して他の人に分かりやすく伝える学習を行っています。3年生はおはじきを使って一生懸命に考えて発表していました。

□令和2年9月15日（火）

　1年生音読発表会がありました。みんな一生懸命練習していたようで堂々としっかりと音読をおこないました。聞いていると状況が頭の中でイメージできました。

表14　総合的な学習の時間「礼文学」を軸にした効果的な地域資源活用

□4学年「礼文町の水産業」（情報収集→体験的活動→整理分析→まとめ・表現）

【体験的活動】冷凍工場見学　　　　　【まとめ・表現】　　壁　新　聞

□5学年「礼文町の観光」（教科横断的な視点）

【国語科】「町じまんをすいせんしよう」　【総合的な学習の時間】「礼文町の観光ワークショップ」（講師：役場産業課観光係）

□6学年「礼文のまちづくり」（情報収集→体験的活動→整理分析→まとめ・表現）

【体験的活動】観光大使活動　　　　　【まとめ・表現】礼文学発表会

（5）組織変革の第7段階「戦略等を見直し、変革プロセスを活性化する」

教育課程編成委員会で点検や反省を行い、チームとして次の活動の道筋を立てる

組織変革の第8段階「学校改善の取組を学校文化として定着させる」

「どの教員でもできる」雰囲気を醸成し、次のリーダーへ引き継ぐ

　機能化させた教育課程編成委員会をさらに生かすため、令和2年度も教育課程編成委員会を継続開催（月1回）し、教育活動の評価・改善等を短いサイクルで回し、検討及び協議を行いました。また、改善に向けては、教務主任及び研修部長に役割を任せました。その結果、総合的な学習の時間における探究のサイクルや教科横断的な視点が見える化した年間指導計画作成、学校として身に付けさせたい資質・能力の検討と全体計画への位置づけ、学校として身に付けさせたい資質・能力を主に据えた教科横断的な視点での教育内容の配列など、不断の教育課程改善の具体策が提示されました（表15、図16～18）。これらの取組により管理職主導から主任等のミドルリーダー中心で動く体制づくりにつなげました。

表15　令和2年度教育課程改善の取組

---

① 教育内容の質の向上、PDCAサイクルを機能させた学校経営【教務部】

（ア）節による学級経営

　～1年を5節に分け、重点を設定、職員会議で交流

（イ）学力向上・授業改善策の提示

　～チャレンジテスト・Sサポート（宗谷管内学力向上問題）等の検証及び考察

② 全体計画及び年間指導計画の改善【研修部】

（ア）学校として身に付けさせたい資質・能力の検証・改善

　～学校教育目標、地域連携、学力の三要素と結び付けた資質・能力の位置付け

（イ）総合的な学習の時間の年間指導計画の再考及び教科横断的な視点での教育内容の配列の検討

　～効果的な地域資源活用、学校として身に付けさせたい資質・能力と教科横断的な視点を意識した教育内容の配列

総合的な学習の時間全体計画

日本国憲法 教育基本法など関係法規 小学校学習指導要領 北海道・宗谷管内教育推進計画 礼文町学校教育推進計画

学校教育目標
- ○進んで学ぶ子【知】
- ○正しい心をもつ子【徳】
- ○体をきたえる子【体】

- ・学ぶ意欲・喜びは育ってきている。
- ・一人ひとりの体力が向上している。
- ・相手を思いやる心が育ってきている。
- ・自分の考えをしっかりもてない。
- ・語彙力の不足。
- ・読解力が苦手。
- ・子ども同士のコミュニケーション能力の不足。

地域の実態
- ○校区〜会所前他、7地区が校区
- ○地域・保護者〜教育熱心で協力的。考えpや価値観は多様
- ○町の人口減少〜児童数の減少傾向

学校として身につけさせたい資質・能力
- ○学習を支える力（進んで学ぶ力・基礎学力・読解力）
- ○人と関わる力（コミュニケーション力・地域連携）
- ○健康安全に生きる力（自立・生活習慣・体力づくり）

総合的な学習の時間の目標

テーマ「ふるさと礼文を知り、礼文の未来の創造と誇りと夢に満ちた自分づくり」
(1)地域の人、もの、ことに関わる探究的な学習の過程において、課題の解決に必要な知識及び技能を身に付けるとともに、地域の特徴やよさに気付き、それらが人々の努力や工夫によって支えられていることに気付く。
(2)地域の人、もの、ことの中から問いを見出し、その解決に向けて仮説を立てたり、調べて得た情報を基に考えたりする力を身に付けるとともに、考えたことを、根拠を明らかにしてまとめ・表現する力を身に付ける。
(3) 探究的な学習に主体的・協働的に取り組むとともに、互いのよさを生かしながら自ら進んで地域社会に関わろうとする態度、自己のよさを現在および将来にわたって生かすことのできる能力や態度を育成する。

各 教 科
- 国語　思考・表現・伝え合う能力・情報活用
- 社会　分析・発見・判断・社会参画の資質
- 算数　統計処理・情報活用・発見・思考
- 理科　科学的思考・情報活用・判断力
- 生活　分析・発見
- 音楽　技能・表現・創造
- 図工　技能・表現・創造
- 保・体社会形成・健康管理
- 家庭　家庭生活との関わり・福祉
- 外国語　コミュニケーション・表現

特別の教科　道徳
- ○互いの考えを尊重し、伝え合い、人間としての生き方について、共に深く考え合う。
- ○日常生活における道徳教育を補充、進化、統合する時間として位置づけ、道徳的実践力を育てる。

目標を実現するにふさわしい課題

		探究課題の解決を通して育成を目指す具体的な資質・能力		
		知識及び技能	思考力、判断力、表現力等	学びに向かう力、人間性等
3年	礼文学【環境】 礼文の自然とそれを守る人々の工夫や努力	【別紙】 探究課題の解決を通して育成を目指す資質・能力参照		
4年	礼文学【食】 礼文の水産業とそれに携わる人々の思いや願い			
5年	礼文学【地域経済】 礼文の観光資源とそれに携わる人々の思いや願い			
6年	礼文学【町づくり】 礼文の今後の町づくりと自分たちの生活			
共通	礼文学【伝統文化】 礼文の伝統文化と保全に関わる人々の思い			
	【キャリア】 よりよい町づくりと自己の生き方			

特別活動

A　学級活動
学級や学校の生活を豊かにし、一人ひとりの自立に向けた指導の充実を図る。

B　児童会活動
学校生活の諸問題を話し合い、協力して解決しようとする態度を育て

C　クラブ活動
異年齢交流をもとに社会性を高め、自己理解を図

D　学校行事
集団での活動や、地域への参加を通して、表現力を高めるとともに、社会の一員としての自覚を高める。

指導方法	指導体制	指導計画	学習評価
○体験活動を充実させる ○各教科で習得した知識・技能を活用させる ○協働的な学習を充実させる。	○学年体制で指導にあたる。 ○地域等の関係機関と連携し、外部人材を活用する。	○評価の観点と評価基準を設定する。 ○事前事後のアンケートで成長を分析する	○探究課題の解決を通して育成を目指す具体的な資質・能力をもとに、顕著な項目を文章記述する。

特色ある活動	地域・他校種との連携
○礼文検定の取組から、基礎学力の向上を図る。 ○鼓笛活動等の伝統的活動から、主体的で協働の精神に満ちた学校をつくる。 ○読書タイムの時間をもうけ、読解力向上を図りつつ、読書教育を身近なものにする。	○PTAと協力し、生徒の健全育成に努める。 ○地域に授業を公開し、地域と共に子どもを育てる。 ○保、中、高と連携し、島内一斉クリーン作戦等により地域に貢献すると共に社会性を育てる。

図16　総合的な学習全体計画(改善版)

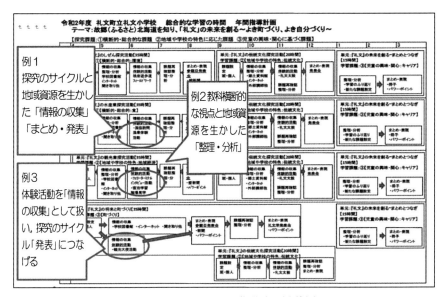

図17　総合的な学習年間指導計画(改善版)

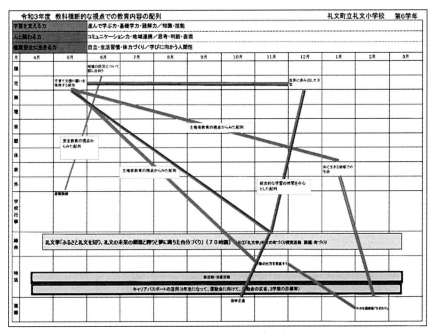

図18　教科横断的な視点での教育内容の配列

5　おわりに

　学校経営方針の具現化及び学校課題解決に向けては、全教職員が協働し学校経営への参画意識が高まる組織体制の構築が必要であると考えています。そのために、「行動する教頭」として校長の意を体し、教職員に「どう動いてもらえるか」の視点での学校経営を大切にしています。そして、マネジメント機能に基づくリーダーシップ、さらには理論に基づいた実践が、全教職員に参画意識を向上させ、協働体制の構築につながると思っています。

　「理論と実践の往還」をねらいとした教職大学院での学びは、多様な学校課題に対し、理論と照らし合わせながら最適解を見つけ、提案や実践ができていると実感しています。また、表題である学校経営方針具現化に向けた学校運営改善において大変活用されています。そして、教職大学院水上教授をはじめ多くの教授や院生とつながりから、現在でも相談や情報交流ができることは、大きな財産となっています。

　今後も 2030 年社会を担う子供たちに、たくましく生き抜く力を確実に育める学校づくりに向けて、教職大学院での学びを大切にし、さらに尽力していきます。

（高田　正人）

【引用参考文献・資料】

1）佐古秀一（2011）「『つながり』で創る学校経営」ぎょうせい
2）天笠茂（2006）「学校経営の戦略と手法」ぎょうせい
3）ジョン・P・コッター（2012）「リーダーシップ論」ダイヤモンド社
4）露口健二（2012）「第3章　学校改善のリーダーシップ」篠原清昭編著「学校改善マネジメント」ミネルヴァ書房

－第7節－

経験学習サイクルを中心に教職大学院の学びを生かした
主幹教諭のリーダーシップとマネジメント
～網走市立網走小学校の実践と省察を通して～

1　問題の背景・問題の所在

　主幹教諭は学校教育法第37条第9項により「主幹教諭は、校長（副校長を置く小学校にあっては、校長及び副校長）及び教頭を助け、名を受けて校務の一部を整理し、並びに児童の教育をつかさどる。」と定められています。しかし、学校により「校務の一部」は様々です。

　私が勤務していた網走市立網走小学校では、これまで主幹教諭を務めてきた先生方によって、「校務の一部」が明確化されてきました。その大部分を占めていたのは、学校課題の改善と職員室経営でした。

　日頃から学校を俯瞰的に捉えたり、各種調査の分析を行ったりすることによって見えてくる学校課題に対し、解決するための方策を考え、実行することが求められていました。しかし、主幹教諭だけが取り組んでも学校は変わりません。組織的に取り組んでいかなければ、課題を解決することはできません。

　そのためには、各分掌のミドルリーダーが中心となって方策を考えたり、実行をしたりする必要があります。そこで、主幹教諭から「この課題は、この分掌で解決してください。」と各ミドルリーダーにただ伝えたとします。この言葉だけで、各分掌のミドルリーダーがすぐに動き、学校課題は解決させることができるでしょうか。私は、うまくいくとは思いません。相手や内容に合わせ、言葉を増やす必要があるかもしれません。「何らかの手段」を意図的に講じる必要があるかもしれません。組織的に取り組むために「言葉」や「手段」がとても重要だと考えています。そして、これらは複数の視点や要素を組み合わせることで、より効果を発揮すると考えました。

　つまり、「教職員の心身の状態を把握し、相談に乗り改善を図るなど、心身の健康管理を助け、安定させること。」「それぞれの力量を把握し、効果的・効率的に職能発達を促したりすること。」など、教職員一人一人を理解し、状況や場面に応じた「言葉」や「手段」を講じていく必要があります。

　さらに、他校種との連携も主幹教諭の役割でした。これまでの主幹教諭は教員を志望する高校生の「インターンシップの受入」や「幼小連携」を行っていました。

この２つの他校種に加え「中学校との連携の促進」も私のミッションとして校長から与えられていました。自校だけでなく、学校文化の違う教職員も巻き込んで取り組んでいかなければなりません。自校の教職員との関わりとは、また違った手段、もしくは知識を活用する必要があります。

　これらを進めていくために、必要だと考えたのは、主幹教諭が意図的にリーダーシップとマネジメントを発揮していくということです。これはまさに、教職大学院に在学中に学んだ学校経営や、教職大学院の研究をまとめたマイオリジナルブック（以下MOBと略す）で取り組んだ人材育成の研究を生かす場であると考えました。そこで、教職大学院の学びの中から、適宜必要だと考える理論などを実践し、省察を行うことによって、よりよい校務運営を行うことができるように取り組みました。

2　取組の特徴

　私は、教職大学院に在籍しているときから、自身の MOB『初任段階教員と中堅・ベテラン段階教員の関わりを軸とした相互の職能発達―自己課題解決に向けた関わりを通して―』の内容や大学院の講義で学んだことを活用してきました。学年主任や分掌の部長として意図的にミドルリーダーのリーダーシップとマネジメントを行ったり、初任段階教員や他のミドルとの「重なり」を通して相互の職能発達を促したりすることを目標に取り組んできました。「重なり」とは、網走小学校の人材育成のシステムです。個々の業務を遂行していく中で、他の教職員と意図的に関わることによって、力を伸ばし合っていくという考えです。私のMOBはこの「重なり」をより効果的に行うためにはどうすればよいかを研究したものです。

　今回の取組は、主幹教諭になる前に取り組んできたことをベースにしながら、主幹教諭としての業務にMOBの研究内容や教職大学院での学びを適用させたことが特徴です。特に主幹教諭は、これまでよりも学校全体を俯瞰的に捉え、学校課題の解決に取り組んだり、よさを伸ばしていったりする必要があります。より多くの教職員と関わり、協働して学校運営に参画するためには、これまで以上にリーダーシップやマネジメントを発揮することが必要でした。多くの関わりと大きな課題への取組から、新たな成果と課題を見出したいと思います。

3　取組の計画

　本取組は、私のMOBの内容と教職大学院での学びを主幹教諭の業務に適用させることです。私が取り入れたMOBの概要と活用した講義内容について説明をします。

（1）MOBの概要

　私のMOBは、網走市立網走小学校の人材育成をより効果的・効率的に行っていくことを目的に、『初任段階教員と中堅・ベテラン段階教員の関わりを軸とした相互の職能発達―自己課題解決に向けた関わりを通して―』と題して研究を行いました。

　山﨑（2012）[1] から初任段階教員は「児童・生徒との日常の交流」「経験豊かな先輩教員の日常のアドバイス」「新任、若手教員同士の経験交流」の３つが初任段階教員の抱える問題解決に役立つことを示しています。また、熊谷（2012）[2] は世代継承サイクルの循環によって初任段階教員だけではなく、ミドルの職能も発達していくとしています。これらのことから、網走市立網走小学校の「重なり」を利用することで、各世代の職能を同時に発達させることができると考えました。

　しかし、ただ「重なる」だけではこれまで取り組んできことと変わりません。より効果的に職能発達を行うために、コルブ（Kolb, 1984）のモデルを松尾（2012）が修正した「経験学習サイクル」[3] を「重なり」の中に取り入れることにしました。初任段階教員が「経験」→「内省」→「教訓」→「適用」という経験学習サイクルを回す過程で、中堅・ベテラン段階教員が関わると、中堅・ベテラン段階教員の経験学習サイクルも周り、相互に職能が発達すると考えました（図１）。

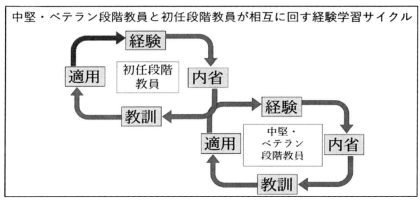

図１　重なり＋経験学習サイクル

　中堅・ベテラン段階の職能については、ジョン・P・コッター（2012）[4] を基に、リーダーシップ（方向性の設定、人心の統合、動機付け）とマネジメント（計画と予算の作成、組織編成と人員配置、統制と問題解決）を、教員のミドルリーダーの役割に当てはめて考えました（表１）。また、小島（2012）の「中間概念の創造」[5]

（図2）も行うべきだと考えました。

表1　教員のミドルリーダーシップとマネジメント

	役割	方向性の設定	人心の統合	動機付け
リーダーシップ	Kotter	・ビジョンと戦略の策定 ・情報収集と分析	・コミュニケーション能力	・人間の基本的欲求を満たし,組織メンバーを触発する
	教員の ミドルリーダー	・学年、分掌の目標設定 ・昨年度の情報を収集 ・管理職の期待の把握 ・収集した情報の分析	・学年団、同じ分掌の同僚 ・管理職 ・他学年や他分掌の同僚 ・事務職員、校務補等 ・共通理解と協働できる環境づくり	・職能発達を促す ・自信をつけさせる ・学校運営に対する参画意識をもたせる
	役割	計画と予算の作成	組織編成と人員配置	統制と問題解決
マネジメン	Kotter	・秩序を生み出す ・方向性の設定の補完手段	・正確かつ効率的に計画を遂行できる人的システムを生み出す組織をつくり	・リスクをゼロにする ・普通の人が普通のやり方で,処理できるようにする
	教員のミドルリーダー	・学年や分掌の具体的な計画	・学年団や分掌の意図的な役割分担 ・初任段階と中堅・ベテラン段階との組み合わせ	・管理職や他学年、他分掌の主任への根回し、調整 ・学年団、分掌との打ち合わせ ・目標、進捗状況の確認

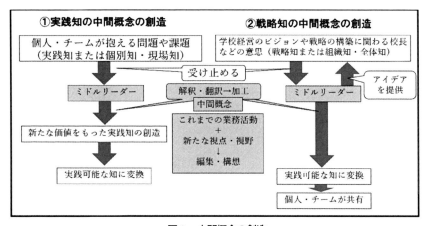

図2　中間概念の創造

初任段階教員が経験学習サイクルを回す過程において、「経験を与える」「内省の場面でのフィードバックを伝える」「教訓を一緒に引き出す」いう関わりを中堅・ベテラン段階教員が行うと、初任段階教員は主体的に経験学習サイクルを繰り返し回し、資質・能力を高めていきました。中堅・ベテラン段階教員である私も初任段階教員との関わりの中で、他者との協働や人材育成の課題を解決し、職能を発達させることができました。

　成果として、初任段階教員と中堅・ベテラン教員が関わりを通して、相互の職能発達を促進させることができる可能性が見えてきました。一人一人が自己について省察を行い、自己課題を明確にすることで、より効率的・効果的に相互の職能発達が行えると考えました。

（2）教職大学院の講義内容の活用

①　AI（Appreciative Inquiry）とSWOT分析の活用

　デビッド・L・クーパーライダーとダイアナ・ウィットニー（2006）[6] は「AIとは、人や組織、そしてそれを取り巻く社会において何が最高であるかを、組織メンバーの協働を通じて探求し、その中でお互いを高め合う活動である。」と書いています。これは学級経営・学校経営の講義の中で教わりました。講義を受けたときに、これまでの学級経営で大切にしてきたことに近いと思ったことから、主幹教諭として、職員室経営を行う際に生かせると考えていました。また、SWOT分析は学校の強みや課題を見つけるために活用できると学びました。実際に、MOBを書く際にも、SWOT分析を行いました。この分析方法は、学校課題だけではなく、もっと小さな集団（学級や分掌）、個々の教員理解などにも使えると考えていました。

②　コミュニティー・スクールについて

　コミュニティー・スクールの講義では、熟議のときに、学校として「どのようなことをしてほしいのか」のアイデアを考えました。私が考えたことは「地域のお年寄りに昔の遊びを教えてもらう」「放課後に学習をサポートしてもらう」「地域の農家の方に来てもらって、栽培活動を一緒に行ってもらう」などでした。そのとき「それは、地域の人にもメリットがあるのですか？」と問われました。「昔の遊びを教えに来てくれたお年寄りは、子供たちと関わることで元気をもらい、生きがいを得ることができた。」など、地域の方々にもメリットがあるからコミュニティー・スクールが成立することを教わりました。コミュニティー・スクールは主幹教諭の担当ではありませんでしたが、小学校と他の組織や人材との関りという点では、他校種連携も同様だと思いました。そこで、他校種連携に「互いにメリットがあるか」という視点を適用させてみようと考えました。

4　取組の実際

（1）ミドルリーダーとスクールミドルの育成

　網走小学校では、ミドルリーダーとスクールミドルの育成が課題としてありました。それは、中心だったミドルリーダーが複数異動してしまったためです。力があ

り頼れる先生方の穴を埋めるためには、中堅・ベテラン段階教員一人一人がミドルとしての役割を自覚し、意図的に職能を発達させる必要がありました。

そこで、私のMOBの研究を生かすことにしました。私の研究は、網走小学校にすでにある人材育成の仕組みを効果的に生かして、それぞれの世代の教員が相互に職能を発達させていくことでした。ですから、まずはその研究の概要を共有することが大切であると考えました。

　私が活用したのは主幹通信「ＩＴＯ」(図3)です。私は主幹通信を通して、自分の考えや気付いたことを教職員に発信し、共有したり、信頼関係づくりをしたりしていました。通信で伝えたのは、「経験学習サイクル」と具体的なミドルとしての役割です。通信で伝える際、自分の失敗例を活用して説明しました。私の失敗例を読むことで、先生方は親近感をもち、自分事として捉え易いと考えました。また、経験学習サイクルは失敗も成功へつなげることができる理論です。ですから、失敗を失敗で終わらせずに好循環に繋げることができるようにしました。成功例はできるだけ網走小学校の教職員の実例を活用しました。実例を挙げることによって、ミドルリーダーの役割を具体的に想像しやすくなります。それから、例として取り挙げられた教職員は、さらに意欲を高めて取り組んでくれるようになると考えたからです。

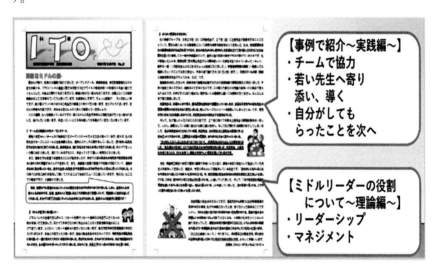

図3　主幹通信「ITO」

　職能の発達はすぐに成果は現れません。私が成果を実感し始めたのは、夏休み明け頃でした。ある初任段階教員の育成について、その初任段階教員と同じ学年に所属しているミドルが話し掛けてくれました。その初任段階教員の指導案を、同じ研修グループの私が指導している様子を見て、次のように考えたそうです。「去年、林先生が自分の指導案を一緒に考えてくれたときは、計画的に進めてくれたため、期日までに仕上げることができた（経験）」→「今年は、初任段階教員の指導案作成が計画通りにいっていないようだ。初任段階教員が期日までに決められたところまで作成できていないのは、分からないことがあったり、スケジュール管理を上手くできていなかったりしているのではないか（内省）」→「学年団で困っていることはないかを確認したり、他の業務も含めたスケジュールを確認したりするとよさそうだ。（教訓を引き出す）」→「学年打ち合わせに取り入れてみよう。（次の場面へ適用）」と経験学習サイクルで考えたそうです。この１サイクルを回して終わりではなく、さらに上手くいったことと、上手くいかなかったことを内省し、次の教訓を引き出していました。

　この経験学習サイクルにそって引き出された考えは、学校や個人の課題を見付け、解決策を考え出すという「中間概念の創造」に当たります。つまり、この営みは初任段階教員を育てるという成果だけではなく、ミドルリーダーとしての資質・能力を高めるものでした。

　このように、ミドルリーダーやスクールミドルとしての力を高めている教職員の姿を次第に多く見掛けるようになっていきました。

（２）ミドルリーダーを巻き込んだ学校課題への取組

　主幹教諭として、学校課題の解決に関わることについては、ミドルリーダーを巻き込むように心掛けました。これは、コッター（2012）[7]の「巻き込み」を意識したものです。コッターは、抵抗に対処する方法の一つとして「参画と巻き込み」を提唱していますが、網走小学校のミドルが抵抗勢力だったというわけで決してはありません。巻き込んで参画することは、こちらの考えを理解してもらい、強い味方になってもらえるだけではなく、それぞれのリーダーとしての意識を高めたり、多くの豊かな発想を生かしたりすることができると考えたからです。実際に、ミドルリーダーを巻き込んだ取組では、私が想定した以上の成果が挙げられました。それは、学力・学習状調査の分析でした。

　学力・学習状況調査の分析は、主幹教諭と教務主任、研修部長の３人で行いました。教務主任と研修部長を巻き込んだのは、分析したことを教育課程と日常授業の

改善に反映させるためです。実際に３人で分析をすると、私一人では気付けなかった部分にも焦点を当てられました。

また、解決策を考えているときに「これは全ての分掌で取り組むことができる。」ということに気付きました。そこで、分析結果に関する課題解決を次のように分担することにしました。

　総務部（主幹教諭）は、分析結果の発信、各分掌への働き掛けと助言を行いました。教務は、教育課程への反映としてミニ研修の実施 TT や SG（算数の少人数グループでの学習）の再検討。研修部は、日常授業改善のため、授業の導入時の３つのフレームを生かしたミニ研修。（フレームとは、網走小学校の研修内容の１つです。授業を構成する際に「出会う（導入）場面」「関わる（展開）場面」「見つめる（まとめ）場面」において、意図的に考えておくべきことを９つのフレームとしてまとめたものです。）文化部は、読書習慣の定着。生徒指導部はいじめ防止の啓発。保健体育部は生活習慣のよさとよさの継続についての発信を担当してもらいました。

　学力・学習状況調査の分析を始めたときには総務部・教務部・研修部だけで解決策を担当する予定でいました。しかし、文化部・生徒指導部・保健体育部にも役割を振ることによってそれぞれの分掌のリーダーがこれまでにない取組を始めました。文化部は、朝読書の時間に専科や学校司書の読み聞かせを提案しました。この提案によって毎朝行っていた職員朝会の回数を減らすことになりました。ねらっていた読書習慣の定着だけではなく、朝の時間の在り方について見直すことになり、教員が子供たちと向き合う時間の確保や働き方改革にもつながりました。生徒指導部は、いじめアンケートの分析を行い、分析結果を生かした取組や保護者等への発信を行いました。保健体育部は、生活習慣について保健だよりと関係させながら発信を行いました。特に、文化部と生徒指導部の取組は中間概念の創造であり、それぞれの分掌のリーダーはミドルリーダーとしての職能を高めることができていました。

　ミドルリーダーを巻き込んだ取組は、分析結果から得られた課題の解決を越え、別な課題解決にもつながりました。

（3）中間概念やＡＩを生かした職員室経営

　職員室経営で大切にしてきたことは、コミュニケーションをできるだけ多く図ることと、変化を見逃さないことです。コミュニケーションはリーダーシップの一つです。日頃からコミュニケーションを図ることで、教職員一人一人について理解を深めたり、信頼関係を築いたりすることに役立ちました。教職員の困り感などに気付き易くなるため、大きな問題になる前に解決することができました。先生方が抱

える問題は、中間概念を創造することで解決していきました。例えば、学級経営や授業について悩みを抱えている先生がいました。そこで、その先生と話をして問題を探ったり、解決策を考えたりしました。まずは、ＳＷＯＴ分析で、先生の強みや課題を見付けました。そして、今一番解決したいことを話し合いながら、AI を活用して解決策を見付けました。その先生は、話し合いをした後、非常にすっきりとした顔をしていて、次の日には解決策に取り組んでいました。悩んだ顔をしていた先生の元気が出ると学年の先生方も子供たちも元気になっていきました。

（4）両者にとってメリットのある他校種連携

　主幹教諭に与えられた他校種間連携は、高校生のインターンシップの受け入れと中学校との連携の促進です。（コロナ禍のため幼少連携は中止となりました。）高校生のインターンシップは、前年度から始まった取組のため、手探りの部分がありましたそこで、より充実したインターンシップとなるためには、高校と小学校の両者のメリットを考えました。高校のメリットは、生徒が現場を知ることで夢や希望をより強くもつことや、大学受験に有利に働く可能性があることです。受け入れる小学校では、初任段階教員が生徒に指導することで教員としての資質・能力を高められることや6年生のキャリア教育に生かすことができることです。この両者のメリットをインターンシップの日程や受け入れる学級を決める際に生かしました。結果、高校生は小学校教員のやりがいや組織的な働き方について理解を深め、教育大学への合格につながったそうです。一方、小学校の教職員は上記の効果以外にも、高校生の意欲や純粋な心に触れ、働く意欲を高めることにつながりました。そして、またインターンシップを受け入れたいという思いを強くしました。

　中学校との連携は、「連携に求めること」にズレがあり、なかなかはかどりませんでした。そこで、まずは、ICT を活用し、中学校の求める日常的な交流に取り組みました。次に、15歳で身に付けさせたい資質・能力を共有したいと小学校側の思いを伝え、新しい高校入試問題の分析を一緒に行っていくという方向性を決めました。翌年には、入試問題の分析を小中合同で行ったり、学力学習状況調査の分析結果についてのミニ研修に参加しあったりして、充実した交流ができたそうです。ここでも、互いメリット（連携に求めること）を考えることで上手く進めることができました。

　互いのメリットを考えた取組は、他校種間連携を促進させることにつながりました。

5　その他（主幹教諭の取組のベースになった取組）

（1）学年主任としてのリーダーシップとマネジメント

　大学院を修了した翌年、学年主任をすることになりました。そこで、林（2019）[8]のMOBで研究していたミドルリーダーのリーダーシップとマネジメントを活用しました。

　まずは、リーダーシップとして学年に所属する2名の初任段階教員の1年後の姿を考えました（ビジョンの設定）。初任段階教員2年目の特別支援学級の先生は、通常学級の担任もしたいという思いがありました。そこで、「あなたにぜひ、この学級を任せたい」と言われるような力を身に付けようと伝えました。特別支援学級を担任することで一人一人に寄り添った指導や支援の仕方を学ぶことはもちろんですが、多くの子供たちに対し、一斉指導をする力なども高めてほしいと思っていました。

　初任段階教員4年目の先生には、「自分の授業力、学級経営力を伸ばす」ことだけではなく「初任段階教員2年目の先生を指導し、異動した先の学校でミドルリーダーとして力を発揮できるように、自分よりも若い先生との関わり方や学年や学校を俯瞰して捉える力を高めることをビジョンとして設定しました。

　また、マネジメントとして誰がどの行事を担当するか、誰がサポートするかなども予め計画（意図的な人的配置）をしていきました。コロナ禍のため、計画通り進めることはできませんでした。しかし、途中で変更を掛けながらより効果的に育成できるように考えていきました。

　初任段階4年目の先生は、ビジョン達成に向かって1年を過ごすことができていました。例えば、2年目の先生が担当する業務がスムーズにいくよう、自分の作成しているTo-Doリストを生かした働き方を丁寧に何度も指導していました。また、学年全体を俯瞰して行事に生かしたり、得意なICTを利用して私のサポートをしたりすることが増えていきました。授業の分析の仕方や授業づくりなどについても、私や他のミドルに積極的に相談し、力を高めていく様子が見られました。その後、異動した学校で、ミドルリーダーとして活躍しています。

　2年目の先生は、学級通信の指導などを通して少しずつ児童理解について高めていく様子が見られました。一斉指導には難しさを感じていたようでした。しかし、翌年通常学級を担任したときにアドバイスされたことを思い出し、生かそうとする姿が見られました。また、現在は4年目になり、「自分より経験の浅い先生と関わることで、あのとき言われたことが分ってきました。」と話すなど、蓄積したことをしっかりと力に変えている様子が見られました。

「初任段階教員育成のために、個に応じたビジョンを設定する（経験）」→「初任段階教員の様子から、ビジョンの妥当性やマネジメントが適正であったかを振り返る（内省）」→「ビジョンをあることで、初任段階教員は力量形成に向けて努力するが、すぐに成果を実感できることもあるが、時間を掛けて身に付けていくこともある（教訓）」→「次に関わる初任段階教員にも個に応じたビジョンを設定するが、長いスパンで成長をとらえられるようにしよう（次の場面へ適用）」と初任段階教員の育成について、私自身も職能を高めることができました。

学年主任として、子供たちだけではなく、学年団に所属している初任段階教員を育てていくためには、ミドルリーダーのリーダーシップとマネジメントは有効であったと感じています。そして、そこに経験学習サイクルを取り入れることでミドルリーダー自身の資質・能力が高まることも改めて実感しました。

（2）大学院通信による情報の共有

大学院での学びを網走小学校でも生かすために、たまに大学院通信を発行していました。1年次には、大学院で学んでいて面白いと思ったことを中心に、2年次以降は「今、学校でこの考えが必要だ。」と直感することをまとめて発行しました。大学院通信は、スクールミドルの立場からも、知識を共有するツールとして有効でした。

① 生徒指導に関わる講義を生かして

生徒指導の講義の中で「レッテルを貼る」ことについて教わりました。講義を受けたときに、自分も無意識にレッテルを貼ってきてしまったのではないかと深く内省していました。現場に戻ってからは自分の行動に対して意識する程度でした。

ところがある日、「レッテル」という言葉が頭にふっと思い浮かびました。学校の中で、もしかしたら「教師が貼るレッテルによって、子供たちにレッテル通りの行動をさせてしまっているのではないか。」と思われる出来事があったからです。これが思い浮かんだということは、自分の中で留めておくべきではなく、きちんと発信する必要があると感じました。ただし、その出来事と直接結び付けて発信したわけではないため、即時的な効果を得ることはできませんでした。

② 科目履修の授業を生かして

科目履修で受けていた「教育相談」で学んだ知識も校内で共有したいと思っていました。なぜなら、網走小学校では家庭訪問をやめて、保護者面談を学校で行うよ

うに変更したところだったからです。これは5月頃に行われるため、担任になったばかりに行われます。関わりの少ない保護者から願いや思いを引き出すためには、カウンセリングの知識が有効だと考えました。「座り方」「質問の仕方」「共感とはどういうことか」などを教職員に発信することにしました。教職員から通信の内容について声を掛けられる機会もあり、しっかり読んでもらえていることや活用してもらえていることを実感しました。

　大学院通信の発行の効果に気付いたのは、ある初任段階教員の机の中にこの通信を発見したときです。どうして机の一番上の引き出しに入れてあるのか尋ねたところ、「いつでも見返すことができるようにしています。自分がレッテルを貼ってしまってはいないかを、ときどき振り返っています。」と返答がありました。自分の立場でどのように伝えていくべきかを悩みながら発行していた大学院通信ですが、このようの活用してくれている実態を知り、発行してよかったと感じました。
　前後してしまいますが、主幹通信を定期的に発行していたのはこの経験を生かしていたからです。つまり、「大学院通信で知識を共有するという経験」→「大学院通信は、内容によって即時的な効果あるときと、じわじわと効果が表れるときがあることを内省する」→「即時的な効果を期待しているときには現状と、時間を掛けて伝えていきたいことは自分の過去の事例と結び付けて通信を発行するとよい。という教訓を引き出す」→「主幹通信（次の場面）に適用する」という経験学習サイクルを回して、自己の職能発達につなげることができました。

6　まとめ・考察
　ミドルリーダーに求められるリーダーシップとマネジメントは主幹教諭の業務に適用することで、他のミドルリーダーの職能発達を促し、組織的に学校課題解決を行うことができると実感した。また、教職大学院で学んだ知識を様々な場面に適用したり、組み合わせたりすることによって、教職員の課題を解決したり、やる気を引き出したりすることができました。そして、このような取組を私自身が内省し教訓を引き出すことで自分の役割や立場が変化しても職能を高めていけるという可能性も見出すことができた。現在は教頭として勤務していることから、この取組での気付きを教頭業務へ反映させていきたいと考えています。

（林　理沙）

【参考文献】

1) 山﨑準二（2012）『教員の発達と力量形成―続・教員のライフコース研究』　創風社
　　p. 111
2) 熊谷愼之輔（2012）.「スクールミドルと職能発達」小島弘道・熊谷愼之輔・末松裕基
　　『学校づくりとスクールミドル』学文社　p. 83-132
3) 松尾睦（2011）『職場が生きる人が育つ「経験学習」入門』ダイヤモンド社　p. 48-65
4) ジョン・P・コッター（2012）『リーダーシップ論』ダイヤモンド社　p. 41-74
5) 小島弘道（2012）「学校経営とスクールミドル」小島弘道・熊谷愼之輔・末松裕基『学
　　校づくりとスクールミドル』学文社　p. 9-82
6) デビッド・L・クーパーライダー　ダイアナ・ウィットニー（2006）『ＡＩ「最高の瞬
　　間」を引き出す組織開発　未来志向の"問いかけ"が会社を救う』　p. 30-44
7) ジョン・P・コッター（2012）.『リーダーシップ論』ダイヤモンド社 p. 105-136
8) 林理沙（2019）『初任段階教員と中堅・ベテラン段階教員の関わりを軸とした相互の職
　　能発達―自己課題解決に向けた関わりを通して―』北海道教育大学旭川校　p．18

－第8節－
子供一人一人の学びを最大限に引き出す教師の役割に関する研究
～学習コーチングを視点に～

1　問題の所在

　中央教育審議会は 2021 年（令和3年）に「『令和の日本型学校教育』の構築を目指して～全ての子供たちの可能性を引き出す、個別最適な学びと、協働的な学びの実現～（答申）」[1]を取りまとめました。この答申の中で、2020 年代を通じて実現を目指す学校教育を「令和の日本型学校教育」と名付け、目指すべき教職員の姿を以下のように示しています[2]。

　「教師が技術の発達や新たなニーズなど学校教育を取り巻く環境の変化を前向きに受け止め、教職生涯を通じて探究心を持ちつつ自律的かつ継続的に新しい知識・技能を学び続け、子供一人一人の学びを最大限に引き出す教師としての役割を果たしている。その際、子供の主体的な学びを支援する伴走者としての能力も備えている。」理想的な姿として示された教師の役割や能力について、「子供一人一人の学びを最大限に引き出す」ということと「子供の主体的な学びを支援する」ということを主に挙げることができます。それらは一体どういった役割や能力と言えるのでしょうか。

　同答申（2021）では、従来の日本型学校教育が取り組んできた「授業において子供たちの思考を深める『発問』を重視してきたことや、子供一人一人の多様性と向き合いながら一つのチーム（目標を共有し活動を共に行う集団）としての学びに高めていく」という強みを最大限に生かしていくことの重要性を指摘しています[3]。さらに、ICT の効果的な活用が求められている現在の学校教育では、「教育の情報化に関する手引」[4]が 2019（令和元）年 12 月に、またその追補版[5]が 2020（令和2）年 6 月に文部科学省によって作成、公表されています。ICT 等の活用により「公正に個別最適化された学び」の実現が求められています。子供一人一人の能力を最大限に引き出すツールとして ICT 活用に注目が集まっていると言えるでしょう。つまり、今後の教師に必要な資質能力は、ICT 活用指導力やファシリテーション能力等と挙げることができます。

　一方で、ICT 活用については、あくまでも「子供一人一人の学びを最大限に引き出す」ための一つのツールであり、ICT 活用指導力やファシリテーション能力以外にも、教師の役割や能力について探究していく必要があると考えます。

そこで、本稿では、「子供一人一人の学びを最大限に引き出す」ことと、「子供の主体的な学びを支援する」ことに着目し、今後求められる教師の役割について研究していきます。具体的には、今後求められる教師の役割として、「学習コーチング」という手法を提案するとともに、「学習コーチング」を基に従来の日本型学校教育における授業実践を省察し、その有効性を検証していきます。

2　学習コーチングについて

　北翔大学学長の山谷敬三郎教授が提唱する「学習コーチング」の基本的な考え方について説明していきます。「学習コーチング」とは、従来のコーチングの考えと教授・学習過程における教育方法や教育技術を統合したものになります。さらに、その統合した教育方法や教育技術の体系化を目指している一方で、この体系化という部分に教科指導の具体化も含め、さらなる研究の余地があるものと言えます。

　学習コーチングは、「ティーチング (Teaching)」という従来の教育方法に、「コーチング (Coaching)」を取り入れた手法です。ただ、「ティーチング (Teaching)」と「コーチング (Coaching)」を相反するものと捉えたり、従来の教育手法である「ティーチング (Teaching)」を暗に否定したりするという考え方ではなく、それらが相補関係にあるというものが「学習コーチング」となります。

　以下では、まず「コーチング」の考え方について明らかにした上で、「コーチング」の考え方を教育に取り入れた「学習コーチング」の手法について説明していきます。

（1）コーチングとは

　山谷 (2012) [6]は、コーチングの定義について、「それぞれの人が潜在的にもっている可能性を最大限に引き出す働きかけ」と示し、さらに「自己実現をサポートすること」と説明しています。「自己実現」については、アメリカの心理学者マズローが提唱した「欲求5段階説」の中で最上級の欲求として位置付けられた概念であり、「その人が本来持っている能力や可能性を最大限に発揮すること」という定義からも、正にコーチングが目指すものと言えます。

　山谷 (2012) が3つにまとめた「コーチングの哲学」[7]を表1に示します。

表1　コーチングの哲学

①【コーチングにおける人間観】
　→「子供たちは皆、無限の可能性を持っている」
②【コーチングにおける可能性】
　→「子供たちが必要とする答えは、すべてその子供たちの中にある」
③【コーチングにおける問い】
　→「その答えを見つけるためには、パートナーが必要である」

（2）学習コーチングとは

　表1に示した「コーチングの哲学」を基に、学習コーチングの手法について説明していきます。

　まず、コーチングの第一哲学「コーチングにおける人間観」は、子供たち一人一人が今現在発揮している以上の能力や可能性を元々持っていることを前提とした概念になります。この考えは、子供たちが持つ能力や可能性を信じ、子供たちが自力で課題や問題を解決することができるようにサポートするという教育観になります。

　この教育観について、「ヘルプ」と「サポート」を例に、解説していきます。「ヘルプ」には、マイナスの状態にある人をゼロの状態まで「上から引っ張り上げる」という意味があります。一方、「サポート」には、元々ゼロまたはプラスの状態にある人がさらなるプラスの状態まで行くのを「下から支える」という意味があります。

　コーチングが目指しているのは、後者の「サポート」であり、学習コーチングは子供の能力をマイナスや無力と捉えず、ゼロまたはプラス、つまり有力として捉えるところに特徴があります。

　コーチングの第二哲学「コーチングにおける可能性」について、山谷（2012）は、「子供たちが必要とする答え」が「その子供たちが持っている本来の能力や可能性を最大限に発揮するにはどうしたらいいか」という問いに対する答えを指すものと示しています[8]。続けて山谷（2012）は、教師が正答を子供たちに与えた場合について、その答えに納得するのは子供たちであり、子供たちの内部における発見にならなければ正答の意味がないとも指摘しています[9]。

　教師には、子供たちが必要とする答えを引き出すということが求められます。さらに、子供自身が持つ答えについて、子供自身が考えることができるようにすることが必要です。つまり、学習コーチングは、「教師が答えを持っていて、教師の答えを伝える」、または「教師の答えを子供に考えさせる」という教授方法ではないということが言えます。では、どのように子供たちが必要とする答えを引き出したり、その答えを子供たちに考えさせたりするのかということを次のコーチングの第三哲学で説明していきます。

　コーチングの第三哲学「コーチングにおける問い」については、自分の中に答えがあること自体を信じていなかったり、自分の中にある答えに気付いていなかったりする子供たちに、教師が「問いを投げかける」ことで、子供の中にある答えを「引き出す」という役割を果たすことができるという考えになります。そのため、答えを見つけるためには、パートナー、つまり教師が必要ということになります。

　教師は「問い」という学習コーチングの具体的な手法を活用し、子供たちが必要

とする答えを引き出したり、その答えを子供たちに考えさせたりしていきます。学習指導における「発問」は、正にこの「問い」と言えます。また、生徒指導の場面でも活用できると言えます。例えば、子供にどのような行動が望ましかったということを省察させる時に、教師が子供に「もっとよく考えなさい」と指導することがあるのではないでしょうか。この場合、学習コーチングでは、教師が子供に「今回のことから、学んだことはどんなことですか?」と問います。

　「学習コーチング」の手法を取り入れた教師と子供たちの関わりについて、「問答型コミュニケーション」と山谷氏は提唱しています。「学習コーチング」は、「問答型コミュニケーション」を軸とした子供たちの可能性を引き出す指導方法・技術になります。「学習コーチング」の手法は、これまでの優れた教育実践・教育技術として行われてきている1つの要素とも言えるものではないでしょうか。従来の教育実践・教育技術について、改めて「学習コーチング」の視点から整理、分析し、子供たち一人一人の能力や可能性を最大限に引き出す教師の役割について考察していきます。

３　授業実践による省察

　「学習コーチング」の視点を基に授業実践を省察し、今後求められる教師の役割として「学習コーチング」の有効性について検証します。本研究で取り上げる授業実践は、筆者が小学校教員として実践した道徳科の授業です。なお、この授業実践は、北海道教育大学教職大学院の水上丈実教授のご担当科目「道徳授業の開発」を筆者が受講した際に構想した学習指導案を、院修了後に担任した学級の実態に合わせて修正し行った授業になります。

　研究対象はA小学校3年1組28名です。授業は、A小学校校内研修で平成28年11月に実施しました

（１）主題名・内容項目・教材・授業の目標・事前指導・事後指導

　・主題名「思いやりの心」
　・指導内容項目「思いやり・親切　B─(6)」
　　相手のことを思いやり、進んで親切にすること。
　・教材名「心と心のあく手」[10]
　・授業の目標
　　　相手のことを思いやり、進んで親切にしようとする態度を養う。
　・事前指導

学級通信でお願いし、家庭で「私たちの道徳」を活用し、思いやりの心とは
どのような心なのかについて話し合ってもらいました。

・事後指導

学級通信で道徳科で行った授業について紹介し、「思いやり・親切」について
家庭での話題としてもらい、児童の行動について賞賛や励ましの言葉掛けを
お願いしました。

（2）指導観

おばさんに声をかけようかと迷う「ぼく」に共感させ、自分だったらどのように
するのか、また、なぜそのようにするのかについて考えさせることで、相手を思い
やる行動をするためには、相手の思いを想像して相手の立場に立って考えることが
大切だということを考えさせるようにしたいと考えます。

（3）本時の展開

本時の展開を図1に示します。

教師の働きかけ（主な発問）	予想される子供の心の動き	留意点と評価の視点
○親切にされたことを確認する。	・困っていた時に友達に助けてもらった。 ・泣いていた時に「大丈夫」と声をかけてもらった。	
本当の親切について考えよう。		
○教材「心と心のあく手」を読む。 ※p.68の4行目まで読む。（再びおばあさんに出会い、つらそうな様子に気付く場面まで。）		○教材を最後まで読まずに、途中で止める。
○自分だったらおばあさんにどうするかを考えさせる。 「数日後、再び、一生懸命坂を上っているおばあさんに出会った時に、自分だったらどうしますか?」（発問1）	○自分だったらおばあさんにどうするかを考える。 ・そっと見守る。 ・声を掛けて応援する。 ・放っておく。 ・無視する。 ・助けようと声を掛ける。	○出された意見を画用紙に書き、黒板に貼る。 ○児童に出された意見を2つにカテゴリー分けさせ、教師がまとめていく。 ※「無視する」や「放っておく」は、【A：見守る】にカテゴリーする。
◎AとBの立場に立って、親切について話し合わせる。 「どちらが親切ですか?」（中心発問）	○AかBか立場を決めて、親切について話し合う。	○AとBの立場とその理由を道徳ノートに記入させる。

【A：見守る】 ・おばあさんが歩く練習してるから ・おばあさんのためだから ・最初に声を掛けた時は断られたから	【B：手伝う】 ・とても暑くてつらそうだから ・この前より足どりが重そうだったから ・おばあさんかわいそうだから	
○「本当の親切とはどのようなことだと思いますか？」（発問3）	○本当の親切について考える。 ・相手のことを考えて行動することが大切だ ・相手の気持ちを想像して、相手が必要としていることをすることが大切だ	○自分の考えを道徳ノートに記入させ、本当の親切についての考えを評価する。
本当の親切は、相手のことを思いやって行動すること。		
○振り返りを記入させる。 ○教師の説話をする。	○振り返りを道徳ノートに記入する。 ○話を聞き、親切への意欲を高める。	○振り返りの視点としては、これからの行動を中心に記入させる。

図1　本時の展開

（4）教材分析

教材分析と発問構成を図2に示します。

◆人間理解
【場面】数日後、再び、坂を上っているおばあさんに出会ったぼく。
○発問1：数日後、再び、一生懸命坂を上っているおばあさんに出会った時に、自分だったらどうしますか？
○意　図：声を掛けるべきか、見守るべきかなどの様々な考え方を押さえたい。

◆他者理解　◆価値理解
【場面】見守るべきか、声を掛けるべきかを迷うぼく。
○中心発問：どちらが親切ですか？
○意　　図：ぼくの立場で判断すべきか、それともおばあさんの立場で判断すべきかを試行錯誤しながら、本当の親切とはどのようなことなのかを真剣に話し合わせたい。

◆価値理解
＊資料全体を通して，本当の親切について考えさせる。
○発問3：本当の親切とはどのようなことだと思いますか？
○意　　図：価値の追求把握をまとめるための発問。相手の立場に立ち、相手の必要だと思うことをすることが、本当の親切だということに気付かせていきたい。

本当の親切は、相手のことを思いやって行動すること。

◆自己理解
【価値の主体的自覚】
○発問4：本時の学習を振り返り、これからどのように行動していきたいと思いますか？
○意　図：資料から離れ、児童の生活体験を想起させることで，価値の主体的自覚を図ることができるようにした。

相手のことを思いやって、本当の親切をしていきたい。

図2　教材分析と発問構成表

（5）板書の実際

実際の板書を写真1に示します。

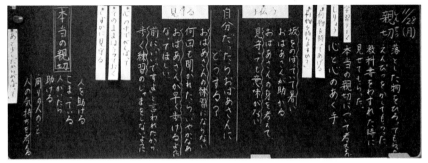

写真1　実際の板書

（6）学習コーチングを基にした省察

① 子供たちの答えを基に2つの立場を構成

本実践は、相手の立場に立った親切について考えを深めることをねらって、学習を展開しました。中心発問「どちらが親切か？」について、子供たち一人一人の答えを引き出すために、子供たちの答え（考え）を基に「見守る」と「手伝う」という立場を構成したところに、「学習コーチング」の要素が入っていると分析します。

具体的には、発問1「数日後、再び、一生懸命坂を上っているおばあさんに出会った時に、自分だったらどうしますか？」という学習場面です。写真2のように、児童の発言を画用紙に書き、黒板にその画用紙を貼っていくという工夫を行いました。その意図は、子供たちの考えをグループ分けし、それぞれをカテゴリー化させ、中心発問「どちらが親切ですか？」を考えさせていきたいと考えたためです。発問1による児童の発言を表2に示します。

写真2　児童の発言をまとめている場面

表2　発問1による児童の発言内容

C1 「心の中で頑張ってと言う」
C2 「荷物を持ってあげる」
C3 「そのまま放っておく」
C4 「『あと少しだから頑張って』と応援する」
C5 「『荷物を持ちますか？』と声をかける」
C6 「静かに見守る」

表3　発問1による児童の発言をグループ分けしカテゴリー化した内容

【見守る】	【手伝う】
○　心の中で頑張って	○　荷物を持ってあげる
○　そのまま放っておく	○　「荷物を持ちますか？」
○　静かに見守る	

　表3に示したように、発問1による児童の発言をグループ分けさせ、子供たちの発言からそれぞれのグループを「見守る」と「手伝う」の2つにカテゴリー化し、まとめることができました。

② 答えを見つけるためには必要なパートナー
　中心発問「どちら（「見守る」と「手伝う」）が親切ですか？」では、どちらかの立場を決めさせ、その立場を選択した理由を道徳ノートに記入させました。
中心発問による児童の発言を表4に示します。

表4　中心発問による児童の発言

【見守る】	【手伝う】
C11「おばあさんの練習にならないから」	C7「暑い日に坂を登っていて、もっと暑くなっていたから」
C12「『手伝いますか？』と何回も聞かれたら、嫌かなあと思ったから」	C8「おばあさんが助かると思ったから」
C13「おばあさんが早く歩けるようになってほしいと思ったから」	C9「おばあさんの身を考えて、手伝った方がいいと思ったから」
C14「前に『いいですよ』とおばあさんに言われたから」	C10「見守っても意味がないなと思ったから」
C15「歩く練習の邪魔をしないようにと思ったから」	

　表4からも分かるように、児童一人一人が自分の中にある考え（答え）を表出することができていると分析します。中心発問で取り上げた2つの立場（「見守る」と「手伝う」）は、どちらも親切と言える行為となっている点や、「自分だったらどうするのか」という発問1を受けて自分ごととして考えることができている点が、主な理由として挙げられます。
　学習コーチングの第三哲学にある「答えを見つけるためにはパートナーが必要である」という考えでは、パートナー（ここでは教師）の「問い」が重要であり、教

師の中心発問に効果があったと考えます。さらに、児童一人一人の発言内容を分析すると、答えを見つけるためのパートナーは教師だけでなく、友達の存在もそれにあたるものと考えてもよいのではないかと考えます。その理由として、発問3「本当の親切とはどのようなことだと思いますか？」による児童18の発言「周りの人のことを考えて行うこと」や児童19の発言「その人の気持ちを考えて行うこと」という考えが見られたためです。発問3による児童の発言を表5に示します。

表5　発問3による児童の発言

C16「人を助けること」
C17「困っている人がいたら助けること」
C18「周りの人のことを考えて行うこと」
C19「その人の気持ちを考えて行うこと」

4　まとめ

　本稿では、教師の役割として、「学習コーチング」の手法を提案し、従来の日本型学校教育における授業実践を基にその効果や有効性を分析しました。本研究では、道徳科を研究対象としてその有効性を考察しました。道徳科は、「小学校学習指導要領解説　特別の教科道徳編」(2015)に「答えが一つではない道徳的な課題を一人一人の児童が自分自身の問題と捉え、向き合う『考える道徳』、『議論する道徳』」[11]が求められており、「学習コーチング」の理論との関連性も高いものであると考えます。これを踏まえ、「学習コーチング」の手法を取り入れた道徳科の授業展開は、一定程度その有効性が高いものと考えることができます。一方で、道徳科のその他の指導内容による有効性の検証や、道徳科以外の教科における検証ももちろん必要だと考えます。また、生徒指導など学習指導以外の教育活動における「学習コーチング」の有効性についてもさらなる研究の余地があると考えます。

　「令和の日本型学校教育」の実現に向け、「子供一人一人の学びを最大限に引き出す教師の役割」や「子供の主体的な学びを支援する伴走者としての能力」が教師に求められます。さらに、学校教育のDX（デジタルトランスフォーメーション）にも注目が集まっています。社会の急激な変化が今後益々予想される中で、それとともに教師の役割も大きく変化していくのではないでしょうか。

（杉浦　　勉）

【引用参考文献・資料】

1) 中央教育審議会（2021）「『令和の日本型学校教育』の構築を目指して〜全ての子供たちの可能性を引き出す、個別最適な学びと、協働的な学びの実現〜（答申）」令和3年1月26日 p.16 https://www.mext.go.jp/content/20210126-mxt_syoto02-000012321_2-4.pdf

2) 中央教育審議会（2021）前掲書 p.22

3) 中央教育審議会（2021）前掲書 p.16

4) 文部科学省（2019）「教育の情報化に関する手引」令和元年12月

5) 文部科学省（2020）「教育の情報化に関する手引（追補版）」令和2年6月

6) 山谷敬三郎（2012）「学習コーチング学序説―教育方法とコーチング・モデルの統合―」風間書房 2012年 p.273

7) 山谷敬三郎（2012）前掲書 p.279

8) 山谷敬三郎（2012）前掲書 p.284

9) 山谷敬三郎（2012）前掲書 p.284

10) 文部科学省（2015）「私たちの道徳　小学校3・4年」pp.66-69

11) 文部科学省（2015）「小学校学習指導要領解説　特別の教科　道徳編」p.2

－第９節－

今後求められる道徳科の授業づくり

1　問題とされている道徳科の授業とその授業に陥らないために

中央教育審議会答申（平成28年12月21日、以下『中教審答申』）では、次のような指導に陥らないように留意する必要があることが示されています[1]。

> ・主題やねらいが不十分な単なる生活経験の話合い
> ・読み物教材の登場人物の心情理解のみに終始する指導
> ・望ましいと思われることを言わせたり書かせたりすることに終始する指導

また、文部科学省初等中等教育局教育課程課教科調査官の浅見哲也先生は、陥りやすい落とし穴として、次のような授業を指摘しています[2]。

> ・押し付け道徳　　・読み取り道徳　　・決意表明道徳　　・あいまい道徳

このような授業に陥らないためには、次の①と②が大切です。そして、今後道徳科の授業で求められているのは、③のようなことだと考えられます。

> ①　『小学校学習指導要領解説　特別の教科　道徳編』（以下『解説』）を正しく理解
>   すること
> ②　ねらいに応じた発問構成にすること
> ③　①と②を踏まえ、問題解決的な学習展開を積極的に取り入れていくこと

2　道徳科の授業を行うにあたって知っておくべきこと

(1)　『解説』の正しい理解

『解説』、特に「目標に示されている学習」と「評価の在り方」について、正しく理解する必要があります。

①　道徳的価値の理解

道徳的価値の理解とは、内容項目を理解することではありません。例えば、「本当の自由」がどのようなものかを理解することは、内容項目の理解であって、「価値理解」ではありません。

(ｱ) 価値理解

　『解説』には、「価値理解」が、次のように示されています[3]。

> 　内容項目を、人間としてよりよく生きる上で大切なことであると理解すること

　「正直」を例にとると、「正直に行動することは、すがすがしい気持ちになるから大切だ。」ということを理解することが「価値理解」です。

(ｲ) 人間理解

　『解説』には、次の記述が続いています[3]。

> 　道徳的価値は大切であってもなかなか実現することができない人間の弱さなども理解すること

　「正直であることは大切だと分かっていても、正直に行動するのが難しいこともある。」ということを理解する「人間理解」もあります。

(ｳ) 他者理解

　さらに、次の記述もあります[3]。

> 　道徳的価値を実現したり、実現できなかったりする場合の感じ方、考え方は一つではない、多様であるということを前提として理解すること

　「正直に行動したり、できなかったりするときには、多様な感じ方や考え方がある。」ということを理解する「他者理解」もあります。「前提として」理解することで、共感的に相手の意見を受け止めながら交流することができます。道徳科の授業では、「価値理解」「人間理解」「他者理解」を深めていくことが大切です。以上のことが分かっていれば、内容項目を教え込むという授業（押し付け道徳）にはならないはずです。

② 自己を見つめる

　『解説』では、「自己を見つめる」ことが、次のように示されています[3]。

> 　自分との関わり、つまりこれまでの自分の経験やそのときの感じ方、考え方と照らし合わせながら、更に考えを深めること

　そして、このような「自己を見つめる」学習を通して、道徳的価値の理解と同時に自己理解を深めることになることが示されています。つまり、自分との関わりで道徳的価値の理解を深めていくことで、道徳的価値についての自分のよさや課題を把握することもできるのです。また、児童自ら道徳性を養う中で、自らを振り返っ

て成長を実感したり、これからの課題や目標を見付けたりすることができるように
なるのです[3]。以上のことが分かっていれば、登場人物の心情理解のみに終始する
指導（読み取り道徳）にはならないはずです。

　『解説』では、展開段階について、次のように示されています[3]。

> 　展開は、ねらいを達成するための中心となる段階であり、中心的な教材によって、
> 児童一人一人が、ねらいの根底にある道徳的価値の理解を基に自己を見つめる段階
> であると言われる。

　展開段階の前半では教材を使った話合いを通して、展開段階の後半では自分自身
の生活経験などを想起した話合いを通して、自分との関わりで道徳的価値の理解を
深め、同時に自己理解を深めます。すなわち、展開段階における学習は、次のよう
に整理することができます。

> ○ 展開段階の前半→教材を使っての学習
> 　…教材における発問を通して、登場人物に自我関与させるなどし、これまでの自分
> 　　の経験やそのときの感じ方、考え方と照らし合わせながら、自分との関わりで
> 　　道徳的価値の理解を深め、自己理解を深める。
>
> ○ 展開段階の後半→自分自身の生活経験などを想起しての学習
> 　…自分自身の体験やそれに伴う感じ方や考え方などを想起した話合いを通して、
> 　　自己の生き方についての考えを深めることをより強く意識させ、自分との関わり
> 　　で道徳的価値の理解を深め、自己理解を深める。

③ 物事を多面的・多角的に考える

(ア) 物事を多面的に考える

　平成27年の小学校学習指導要領一部改定時に、文部科学省初等中等教育局教育課
程課教科調査官をされていた赤堀博行先生は、図1のようなイラストを示しながら、

「多面的に考える」とは、ある道徳的価値や
それに関わる事象を一つの側面から考える
のではなく、様々な側面から考察すること
であると説明しています[4]。そして、赤堀先
生の著書から分類すると、「価値についての
多様な捉え方」「異なる立場からの価値の捉
え方」「人間理解」が、多面的な考え方の例
として挙げられます。

図1　「多面的」のイメージ

○ 価値についての多様な捉え方 例：親切とは、相手の立場や気持ちを考えて手を差し伸べることでもあり、見守ることでもある。	

○ 異なる立場からの価値の捉え方
例：親切にした相手の喜ぶ姿を見て親切のよさを感じることもあれば、親切にされたことによるうれしさから親切の素晴らしさを感じることもある。

○ 人間理解
例：親切にすることは大切だが、状況によっては親切にすることが難しかったり、親切にできなかったりする。

(イ) 物事を多角的に考える

　赤堀先生は、図2のようなイラストを示しながら、「多角的に考える」とは、一定の中心となる道徳的価値から、関連する他の道徳的価値に広がりをもたせて考えるようにすることであると説明しています[4]。

(例) 高齢の男性に席を譲る際には、
　○中心となる道徳的価値
　＝「親切、思いやり」
　・「どうぞ」となかなか言い出せず、親切な行為には「勇気」も必要になる。
　・祖父などとの関わりから、自分たちの生活の基盤をつくった高齢者には「感謝」の気持ちをもつことも必要になる。

図2　「多角的」のイメージ

　道徳科の授業づくりでは、多面的・多角的に考えられる発問にすることも大切な視点です。多面的・多角的に考えていくような学習展開であれば、一つの価値を教え込むという授業（押し付け道徳）にはならないはずです。

④ 自己の生き方についての考えを深める

　『解説』には、「自己の生き方についての考えを深める」ことに関わって、次のように示されています[3]。

道徳的価値の自覚を深める過程で，同時に自己の生き方についての考えを深めている

　つまり、道徳的価値の理解を基に自己を見つめる学習過程で、自己の生き方についての考えは深められているのです。だから、自己の生き方についての考えを発表

し合う学習を展開するということではありません。以上のことが分かっていれば、望ましいと思われることを言わせたり書かせたりすることに終始する指導（決意表明道徳）にはならないはずです。

また、『解説』では、次のように示されています[3]。

> 道徳的価値の理解を自分との関わりで深めたり⑦、自分自身の体験やそれに伴う感じ方や考え方などを確かに想起したり④することができるようにするなど、特に自己の生き方についての考えを深めることを強く意識して指導することが重要である。

⑦や④のような学習活動が、「自己の生き方についての考えを深めることを強く意識して指導すること」の例として示されています。これらは、前述の「自己を見つめる」学習と同じ学習活動であると言えます。

⑤　道徳科の評価

道徳科の評価では、本時の学習において、「道徳的価値の理解を深められたか」「自己の生き方についての考えを深められたか」「道徳性の様相が養われたか」を評価しません。『解説』では、次のように示されています[3]。

> 道徳科の学習状況の評価に当たっては、道徳科の学習活動に着目し、年間や学期といった一定の時間的なまとまりの中で、児童の学習状況や道徳性に係る成長の様子を把握する必要がある。

道徳科では、ねらいの達成状況ではなく、学習活動に着目して評価を行います。赤堀先生は、図3のように示し、次のように述べています[5]。

> 子どもの目標に対する実現状況、達成状況〇を評価するのではなく、目標に向けてどのように学習したかという学習状況□を把握することが求められる。

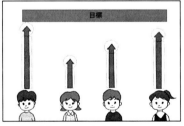

図3　「学習状況の把握」のイメージ

他教科では、本時の目標に照らし合わせて評価規準を設定し、それが達成できたかという達成状況〇を評価することになります。しかし、道徳科における学習状況の把握とは、どのように道徳科の目標に示されている学習を行ったかということであり、道徳科では□を評価するのです。

また、『解説』では、次のような評価の在り方が示されています[3]。

> 他の児童との比較による評価ではなく、児童がいかに成長したかを積極的に受け止
> めて認め、励ます個人内評価として記述式で行うこと

　道徳科の評価では、児童の成長を積極的に認め、励ます記述をします。以上のような評価の在り方を理解していれば、児童に価値を押し付けるような授業（押し付け道徳）は避けられます。

（2）ねらいに応じた発問構成

　中心発問を考えるとき、本時のねらいや道徳性の様相を意識していますか？「あいまい道徳」に陥らないためには、ねらいに応じた「発問構成」にすることが大切です。『解説』には、次のように示されています[3]。

> 　発問を構成する場合には、授業のねらいに深く関わる中心的な発問をまず考え①、次にそれを生かすためにその前後の発問を考え②、全体を一体的に捉えるようにする③という手順が有効な場合が多い。

　また、ねらいについては、次のように示されています[3]。

> 　道徳科の内容項目を基に、ねらいとする道徳的価値や道徳性の様相を端的に表したものを記述する。

　ねらいに応じた「発問構成」にするためには、本時でねらいとする道徳的価値について、どの道徳性の様相を養おうとしているのかを明らかにする必要があります。

① 中心発問の設定

　『解説』には、学習指導案作成の主な手順が、次のように示されています[3]。

> （ア）ねらいを検討する
> 　　指導の内容や教師の指導の意図を明らかにする。
> （イ）指導の重点を明確にする
> 　　ねらいに関する児童の実態と、それを踏まえた教師の願いを明らかにし、各教科
> 　　等での指導との関連を検討して、指導の要点を明確にする。
> （ウ）教材を吟味する
> 　　教科用図書や副読本等の教材について、授業者が児童に考えさせたい道徳的価値
> 　　に関わる事項がどのように含まれているかを検討する。
> （エ）学習指導過程を構想する
> 　　ねらい、児童の実態、教材の内容などを基に、授業全体の展開について考える。
> 　　その際、（以下省略）

　以上の学習指導案作成の主な手順や赤堀先生の著書などから、次の手順で中心発問を設定していくことが有効であると考えられます[6]。

> ⅰ. 内容項目についての理解を深め、ねらいや指導内容についての捉え方に関して、授業者が特に大切にしていることを明確にします。
> ⅱ. ⅰに関して日頃どのような指導を行い、児童にどのようなよさや課題が見られるかを把握し、把握した児童の実態から、児童にどのような学びをさせるか、本時の学習の中心を明らかにします。
> ⅲ. 本時の中心的な学習を考えさせるために、教材をどのように活用するのかを明確にします。
> ※明確にした価値観・児童観・教材観を基に、ねらいとする道徳的価値に関わる中心的な学習の内容と本時でねらう道徳性の様相を勘案して、中心発問を設定します。

(ア)　「道徳的判断力」をねらいとする場合

　「道徳的判断力」とは、「善悪」を判断する能力です[3]。そのため、様々な状況で正しい判断をしていけるように、判断するときに必要な心（判断理由）を考えさせていくことが大切です。そこで、「道徳的判断力」をねらいとする中心発問では、次のような発問が考えられます。

> ○ どのような行為をするか迷う場面において、その行為をしようとした根拠について考えさせる発問
> ○ 正しくない行為をしてしまったときの後ろめたさや後悔の気持ちを考えさせることで、正しい判断をするために必要な心を捉えさせる発問

(イ)　「道徳的心情」をねらいとする場合

　「道徳的心情」とは、道徳的価値が実現することを喜ぶ感情であり、「価値理解」と関係が深いと言えます[3]。そのため、人間としてよりよい生き方やよい行いに心が向かうように、道徳的価値の意義や大切さを感じ取らせていくことが大切です。

　そこで、「道徳的心情」をねらいとする中心発問では、次のような発問が考えられます。

> ○ 充実感や達成感、喜びなど、道徳的行為をするよさについて考えさせる発問
> ○ 道徳的価値を実現することの大切さを感じ取らせる発問
> ○ 正しくない行為をしてしまったときの後ろめたい気持ちを考えさせることで、道徳的価値を実現することのよさや大切さを捉えさせる発問

(ウ)　「道徳的実践意欲や態度」をねらいとする場合

　「道徳的実践意欲と態度」は、「行動をとろうとする傾向性」です。そして、「道

徳的実践意欲」が「意思の働き」であり、「道徳的態度」が「身構え」です[3]。その
ため、価値ある行動をとるための「備え」となるように、道徳的行為を支える思い
や考え方を明らかにしていくことが大切です。そこで、「道徳的実践意欲や態度」
をねらいとする中心発問では、次のような発問が考えられます。

○ 道徳的行為をしている、しようとしているときの思いや考え方を捉えさせる発問
○ 道徳的行為をするに至った思いや考え方を捉えさせる発問
○ 正しくない行為をしてしまったときの後悔の気持ちを考えさせることで、すべき
   であった道徳的行為を支える思いや考え方を捉えさせる発問

② 中心発問の前後の発問
　『解説』では、中心発問を生かすために、その前後の発問を考えることが示され
ています[3]。そのために、授業者は明確な意図をもって授業を構想することが大切
です。例えば、次のような発問が考えられます。

○ 中心発問で扱う問題の「きっかけ」や中心発問での考えの「布石」などを捉えさ
   せる発問
○ 人間理解を深めるために、道徳的価値を実現できないときの気持ちなどを考えさせ
   る発問
○ 中心的な登場人物とは反対の立場の気持ちなどについて捉えさせる発問
○ 道徳的判断力をねらいとする中心発問を行ったのち、価値理解を深める発問
○ 道徳的態度をねらいとする中心発問を行ったのち、価値理解を深める発問

③ 展開段階の後半の学習
　展開段階の後半の自分自身の生活経験などを想起しての学習では、単なる生活経
験の話合いで終わることのないようにしなければなりません。これまでの自分自身
の体験を想起させ、自己の生き方についての考えを深めることをより強く意識させ
ながら、ねらいに応じた学習を展開することが大切です。
　また、「全体を一体的に捉えるようにする」という視点からも[3]、展開段階の後半
の学習では、中心発問と同様に、ねらいとする道徳性の様相に応じた発問にするこ
とが大切です。

○「道徳的判断力」→行為をしようと判断した根拠（内面的な判断理由）

○「道徳的心情」→道徳的価値を実現することのよさや大切さ

○「道徳的実践意欲や態度」→道徳的行為を支える思いや考え方

3　今後求められる道徳科の授業

　授業者は、教材の特質や本時に対する思いなどから、どのような学習を展開するのかを決定していきます。『中教審答申』や教科調査官の浅見先生が指摘する授業に陥ることなく、児童が道徳的価値の自覚を深める授業にするためにも、今後は、問題解決的な学習を積極的に活用していく必要があります。

　問題解決的な学習には特定の型はなく、次のようなものが考えられます。

・学習テーマ(主題)＝問題型
・教材に含まれる問題の解決策追求型
・学習テーマ(主題)追求型　　　　　　など

　問題解決的な学習で大切なことは、考え、話し合うことを通して、児童一人一人が課題（主題）に対する答えを導き出すことです。そのため、教材に含まれる問題の解決策をただ追求するだけでは、不十分だと考えられます。本稿では、「学習テーマ(主題)追求型」問題解決的な学習について紹介します。

　「学習テーマ(主題)追求型」の問題解決的な学習は、前教科調査官で、帝京大学大学院教職研究科教授の赤堀先生と、中央教育審議会道徳教育専門部会委員で、岐阜大学大学院教育学研究科教授の柳沼良太先生の理論を、『解説』を最終的な拠り所として融合した学習指導の在り方です。

（1）導入段階の指導

　導入は、「主題に対する児童の興味や関心を高め、ねらいの根底にある道徳的価値の理解を基に自己を見つめる動機付けを図る段階」です[3]。そこで、「主題に対する児童の興味や関心を高める導入の工夫」を大切にしながら、ねらいに応じて、本時で追求する「学習テーマ（主題）」を明らかにします。

　また、『解説』には、主題が「ねらいと教材で構成する主題」、ねらいが「ねらいとする道徳的価値や道徳性様相を端的に表したものを記述する」と示されていることから[3]、「学習テーマ（主題）」は、本時の学習の中心となる道徳的価値について、ねらいとする「道徳性の様相」を養うために追求すべきことを明らかにしたものと捉えることができます。

（2）展開段階の指導

　展開は、「道徳的価値の理解を基に自己を見つめる段階」です[3]。そこでは、「他者の考えと比べ自分の考えを深める工夫」を大切にしながら、「学習テーマ(主題)」を追求していきます。

柳沼先生は、「道徳的価値を実現するための問題を見付けることが大切」と述べています。そのため、展開段階の前半では、まず、「問題発見的な発問」を行い、教材の中の道徳的な問題を明らかにします[7]。『中教審答申』の「深い学び」の視点において、次の４つの道徳的な問題場面が示されています[1]。

---

　⑦ 道徳的諸価値が実現されていないことに起因する問題
　⑦ 道徳的諸価値についての理解が不十分又は誤解していることから生じる問題
　⑦ 道徳的諸価値のことは理解しているが、それを実現しようとする自分とそうできない自分との葛藤から生じる問題
　⑦ 複数の道徳的価値の間の対立から生じる問題　　　　　　　　　　など

　つまり、授業者は、問題の所在や対立関係などを問う「問題発見的な発問」を行い[8][9]、児童の問題意識と「学習テーマ（主題）」を擦り合わせながら、⑦～⑦のような問題を適切に設定していきます。
　次に、柳沼先生が述べている「問題解決的な発問」をして解決策を構想していきます[7]。その際には、よりよい「解決策」を考え出すことだけではなく、「学習テーマ（主題）」について追求することが大切です。そこで、「解決策」と同時に、「理由」や「結果」などについての発問をしていきます。そして、揺さぶりを掛けながら、考えを深めたり広げたりしていきます[7]。ねらいとする道徳性の様相と中心発問は、図4のように表すことができます。

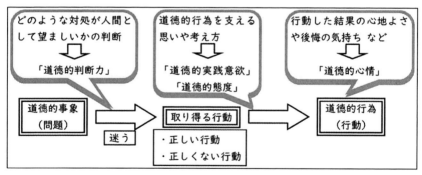

図4　ねらいとする道徳性の様相と中心発問の関係

　このような関係であることを理解しながら、授業者は、教材の活用の仕方や発問の意図を明確にして、中心発問を考えることが大切です。
　教材における学習だけでは、「自己の生き方についての考えを深める」ことを強

く意識させることは難しく、また、「学習テーマ（主題）」について結論付けてしまうのも短絡的だと言えます。そこで、展開段階の後半では、自分自身に関連させた学習を行います。柳沼先生が示している学習を参考にすると、次の5つの学習が考えられます[9] [10] [11]。

○ 自分自身の生活経験、つまり、道徳的行為ができていること(よさ)やできていないこと(課題)などを想起させる学習
○ これまでの生活を振り返り、今後の生活のあり方を考えさせる学習
○ 展開段階の前半で考え、深めた道徳的行為を演技してみることにより、解決策を再検討させる学習
○ 展開段階の前半で提示した教材と類似した身近な道徳的問題をシミュレーションとして設定し、問題解決させる学習
○ スキル学習をしたり、礼儀作法やマナーなどを学習したりして、道徳的行為をしてみる学習

　必ずではありませんが、2つ目は、経験が不足していて、これまでの生活を振り返るだけでは十分に道徳的価値の理解を深められない場合に行います。3つ目は、教材自体が児童にとって身近なものである場合に行います。5つ目は、学んだことを確認するときに行います。これらの学習においても、「学習テーマ（主題）」を追求する発問にすることが大切です。

　以上のように、展開段階では、他者との話合いを通して、児童一人一人が、自分との関わりでねらいとする道徳的価値の理解を深めます。同時に、「自己理解」を深めることにもなり、自らを振り返って成長を実感したり、これからの課題や目標を見付けたりすることができるようになります。そして、道徳的価値を自分なりに発展させていくことへの思いや課題が培われます[3]。

（3）終末段階の指導

　終末は、「今後の発展につなぐ段階」です[3]。そこで、「主題を自分との関わりで捉え自己を見つめ直し、発展させていくことへの希望がもてるような工夫」を大切にしながら、「学習テーマ（主題）」に対する最終的な自分の考えをまとめたり、本時の学習を振り返ったりします。学習の振り返りでは、「道徳的価値に関わる気付き」や「本時の学習を通した考えの深まりや広がり」、「これからへの思いや課題」などについて考えさせます。これらの視点で学習を振り返らせ、今後の道徳教育での発展につなげていけるようにします。

　以上のことから、「学習テーマ（主題）追求型」の問題解決的な学習は、次頁の表1のように、学習活動例及び工夫例をまとめることができます[12] [13]。

表1 「学習テーマ（主題）追求型」の問題解決的な学習における学習活動例及び工夫例

段階	段階の押さえ	学習活動例と工夫例
導入	主題に対する児童の興味や関心を高め、ねらいの根底にある道徳的価値の理解を基に自己を見つめる動機付けを図る段階	○本時の主題に関わる問題意識をもたせる導入 ○教材の内容に興味や関心をもたせる導入 ・ねらいに関わる生活経験の発表や話合い ・教材の内容に関連した説明 ・教師の説話 ・写真の提示　・アンケート結果の提示　・挿絵の提示 ※「学習テーマ（主題）」を提示する。
展開	ねらいを達成するための中心となる段階であり、中心的な教材によって、児童一人一人が、ねらいの根底にある道徳的価値の理解を基に自己を見つめる段階	○教材の提示（教材全文提示、問題場面までの提示など） ・読み聞かせ　・語り聞かせと補助教材の併用　・紙芝居 ・影絵、人形、ペープサート、パネルシアターによる劇 ・教師による劇化（ＴＴ活用も）　・ビデオなどの映像 ※音声や音楽の効果を生かす工夫 ○問題発見的な発問による話合い ○問題解決的な発問による話合い　※登場人物への自我関与 ○解決策を吟味するよう促す発問　　→「自己を見つめる」 ※体験的な表現活動の工夫 ・役割演技　・動作化　・劇化 -- ○「学習テーマ（主題）」について追求する学習活動 ・自分自身の生活経験、つまり、道徳的行為ができていること（よさ）やできていないこと（課題）などを想起させる学習 ・これまでの生活を振り返り、今後の生活のあり方を考えさせる学習 ・展開段階の前半で提示した教材と類似した身近な道徳的問題をシミュレーションとして設定し、問題解決させる学習 ・展開段階の前半で考え、深めた道徳的行為を演技してみることにより、解決策を再検討させる学習　※自己の生き方についての考えを深めることを強く意識させる ・スキル学習をしたり、礼儀作法やマナーなどを学習したりして、道徳的行為をしてみる学習
終末	ねらいの根底にある道徳的価値に対する思いや考えをまとめたり、道徳的価値を実現することのよさや難しさなどを確認したりして、今後の発展につなぐ段階	○学習を通して考えたことや新たに分かったことを確かめる学習活動 ※主体的に考え，他者と話し合うことを通して深めた，「学習テーマ（主題）」に対する自分の答えをまとめる。 ・教師による説話や板書などを利用した本時の学習の整理 ・学習の振り返り（感想）を書く活動や交流する活動 ・授業開始時と終了時の自分の考えの変化をまとめる活動 ○学んだことをさらに深く心にとどめる学習活動 ・教師による説話（教師の体験談、児童の姿） ・偉人の名言や金言、ことわざ、詩、児童作文、映像など ○これからへの思いや課題について考える学習活動 ・学習の振り返り（感想）を書く活動や交流する活動

4　授業の指導計画

段階	主な発問と予想される反応	留意点及び評価
導入	1　「学習テーマ（主題）」につながる日常の場面を想起させる。 ○「思いやり」とは、どのようなことか。 ・助けてあげること。　　・何かしてあげること。 ○思いやりのある行動をするためにはどのようなことが大切か。 ・…？　　・あまり考えたことがなかったな。 2　「学習テーマ（主題）」を提示し、考えることを明確にする。 　思いやりのある行動をするために	※「思いやり」という言葉を知っていても、思いやりのある行動をするために大切なことについてはあまり考える機会がなかったという、ねらいとする道徳的価値についての課題を、児童自身に意識させ、「学習テーマ（主題）」につなげる。
展開	3　教材「心と心のあく手」のおばあさんに声を掛けるか掛けないかで迷っている場面までを読んで話し合わせる。 ○「ぼく」は、どのようなことで迷っているか。 ・おばあさんに声を掛けるか、声を掛けないでおくか。 ・おばあさんの手伝いをするか、やめておくか。 ◎あなたが「ぼく」だったら、どうするか。なぜ、そうしようと考えたのか。 〈A　声を掛ける〉 ・大変そうなおばあさんを助けてあげたいから。（B 親切 思いやり） ・今度は助けてほしいと思っているかもしれないから。（B 相互理解） 〈B　声を掛けない〉 ・また断られてしまうかもしれないから。（A 勇気） ・歩くのを頑張りたいと思っているかもしれないから。（B 相互理解） 〈C　その他〉見守る（黙ってついて行く） ・歩く練習を邪魔したくないけど、心配だから。（B 親切 思いやり） ・話し掛ける勇気はないけど、心配だから。（A 勇気 B 親切 思いやり） ※最後の場面までを読み、「ぼく」はどうしたのかを確認する。 4　類似した別の問題を、シミュレーションとして提示して、「学習テーマ（主題）」を追求させる。 ○目の不自由な人が、点字ブロックの上に自転車があり困っていた。あなたは、どうするか。なぜ、そうしようと考えたのか。 ・声を掛けて、手助けをしてあげる。 　→困っている人を助けることは正しいことだから。（A 善悪の判断） 　→いつもと違って、助けてほしいかもしれないから。（B 相互理解） ・黙って自転車をよけてあげる。 　→恥ずかしいけど、助けてあげたいから。（A 勇気 B 親切 思いやり）	※教材「心と心のあく手」の出典は、文部科学省『わたしたちの道徳　小学校3・4年』 ※小集団での交流を通して、自分と似た考えや違う考えに触れる。 ※全体交流では、出された意見の中で共感できる考えを交流する。 ※他者理解を深め、多面的・多角的な見方・考え方に広げる。 評価 ○多面的・多角的な見方に発展しているか ○自分自身との関わりの中で深めているか （ワークシート・発言） 評価 ○多面的・多角的な見方に発展しているか ○自分自身との関わりの中で深めているか （ワークシート・発言）
終末	5　「学習テーマ（主題）」に対する自分の考えを書かせる。 ○思いやりのある行動をするためにはどのようなことが大切か。 ・自分の思いだけでなく、相手の気持ちを考えること。 ・相手にとってどうすることがよいのかを考えること。 6　本時の学習の振り返りを書かせる。 ・相手の状況を考えることが大切という友達の考えに納得した。 ・これからは、相手の立場で考えるようにしていきたい。　　など	※授業開始時と終了時における考えが、どのように変わったのかが分かるようにする。

5 授業実践の実際

（1）展開段階前半の学習

　展開段階の前半では、まず、問題発見的な学習を行いました。同様の授業展開を行ってきたこともあり、すぐにどのようなことで迷っているのかを捉えることができました。その後、問題解決的な学習を行いました。子どもたちは、「ぼく」の立場だったらどうするのかという解決策と、そうしようと考えた理由について考えました。解決策としては、「声を掛けて助ける」と「声を掛けずに見守る」という意

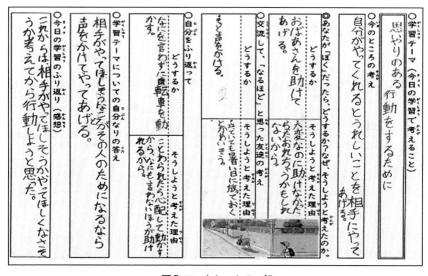

図5 ワークシートの一部

見が出ました。その理由としては、「ぼく」の立場からだけでなく、「おばあちゃん」の立場からも考えるなど、多面的な見方への広がりが見られました。また、授業者による問い返しを行ったことで、「思いやりのある親切な行為をするには、勇気も必要である。」という、「B　親切、思いやり」から「A　勇気」に多角的な見方への広がりも見られました。

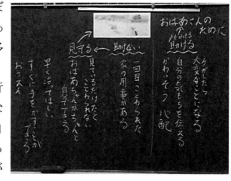

図6　中心発問に関わる板書

（2）展開段階後半の学習

展開段階の後半では、展開段階の前半で提示した教材と類似した身近な道徳的問題をシミュレーションとして設定し、問題解決させる学習を行いました。挿絵の状況を見ているのは自分という設定から、児童は、その状況を自分自身のこととして考えることができました。自分なりの解決方法

図7　展開段階後半の挿絵

を考え、思いやりのある行動をするために大切な思いや考えについて深めることができました。教材についての学習や自分に関わる学習を通して、「学習テーマ（主題）」に対する自分なりの考えをまとめ、導入時点の考えと比較することで、考えの深まりを自ら実感することができました。

図8　グループ交流

6　まとめ・考察

普段から、『解説』の正しい理解のもと、「自己を見つめる」学習を展開してきたことで、児童は、登場人物に自分を重ねながら考えたり、自分自身を振り返って考えを深めたりすることができるようになったと考えられます。また、他者理解を深め、多面的・多角的な見方や考え方に広げることにもつながったと考えられます。そして、本実践で示した「学習テーマ（主題）追求型」の問題解決的な学習は、児童の「主体的・対話的で深い学び」を実現する「考え、議論する道徳」の1つの形ではないかと考えています。

（三神　昭宏）

【参考文献】

1) 中央教育審議会(2016)『幼稚園，小学校，中学校，高等学校及び特別支援学校の学習指導要領等の改善及び必要な方策等について（答申）』https://www.mext.go.jp/b_menu/shingi/chukyo/chukyo0/toushin/1380731.htm

2) 浅見哲也(2021)『道徳科　授業構想グランドデザイン』明治図書

3) 文部科学省(2018)『小学校学習指導要領(平成２９年告示)解説　特別の教科　道徳編』廣済堂あかつき

4) 赤堀博行(2018)『考え，議論する　道徳科授業の新展開　低学年（中学年，高学年）』東洋館出版社

5) 赤堀博行(2018)『道徳の評価で大切なこと』東洋館出版社

6) 赤堀博行(2017)『「特別の教科　道徳」で大切なこと』東洋館出版社

7) 柳沼良太(2018)『小学校道徳科「問題解決的な学習」をつくるキー発問50』明治図書

8) 柳沼良太(2016)『問題解決的な学習で創る道徳授業 超入門』明治図書

9) 柳沼良太(2017)『定番教材でできる問題解決的な道徳授業 小学校』明治図書

10) 柳沼良太(2016)『子どもが考え，議論する問題解決型の道徳授業　事例集　小学校』図書文化社

11) 柳沼良太(2016)『小学校　問題解決的な学習で創る道徳授業パーフェクトガイド』明治図書

12) 赤堀博行(2010)『道徳教育で大切なこと』東洋館出版社

13) 赤堀博行(2013)『道徳授業で大切なこと』東洋館出版社

－第10節－

共有ビジョンを大切にした8段階のプロセスについて
～中国の日本人学校における実践より～

1　本実践について

　私は2019～2021年度の3年間、文部科学省により教諭として中国の日本人学校（A校）へと派遣されました。そして、A校の勤務の中で二つの実践に取り組みました。

　一つ目は、AG5というプロジェクトにA校として全教員で取り組んだことです。私はこのプロジェクトの主担当として、管理職の全面的な協力のもと、全教員でビジョンを共有することを大切にして取り組みました。

　二つ目は、中国のコロナ禍という状況下で学校の教育活動の継続の危機に対し、「子どもの学びを止めない」を合言葉に、教育実践を行ったことです。危機的な状況に対して、校長を中心に全教員がビジョンを共有して取り組みました。

2　A校の概要

（1）A校を取り巻く環境と学校風土

　私が派遣されたA校は、中華人民共和国の大連市経済開発区にありました。大連は、外資系の企業が数多く進出しており、日系企業や韓国系企業などの会社・工場が数多く建てられています。古くより他の地域や多民族との交流が盛んに行われていた地域であり、外国人に好意的な人が多いです。特に、日本人に対して敬意や優しさをもって接する親日家は多く、大連の大学では日本語学部が設置されています。

　A校には小学部・中学部があり、2011頃には幼稚園部（現在は廃止）も含めて260名ほどの園児・児童・生徒を抱えていた時期もありました。しかし、コロナ禍以降日本へ帰国してしまう家庭が多くなり、2020年には全校児童生徒が80名まで落ち込んでしまいました。（ただし、2021年の後期頃からは児童生徒数が徐々に増加してきています。）

　国際結婚家庭の児童生徒の割合が高く、日本語も中国語も高度なレベルで理解している子どもが多数を占めています。また、学校の教育活動に対する理解があり、積極的に教育活動へ関わろうとする保護者が多いことも特徴です。特に、中国出身の保護者は日本の教育に対する敬意や憧れの念を抱いており、学校に全面的な信頼を寄せてくれていました。そのような背景により、入れ替わりの激しい日本人学校

にあって、9年間在籍する国際結婚家庭の優秀な児童生徒が中核として活躍し、学習規律の定着など落ち着いた環境で教育実践を実施できていました。

（2）職員構成と日本人学校としての特色

職員構成については、以下の表1のとおりです。

表1　A校における2021年度の職員構成

【A校の職種別構成】　教職員数21名

校長―1　教頭―1　教諭―14（うち理事会採用3）　養護教諭―1（理事会採用1）

事務長―1（理事会採用1）　事務職員―2（理事会採用2―2名とも中国籍）

【A校　教諭の年齢別構成】　※教諭14名のみ

年齢	50代	40代	30代	20代
人数	0名	8名（うち理事会採用1）	6名（うち理事会採用2）	0名

※30代前半―5名（うち理事会採用1）　30代後半―1名（うち理事会採用1）

※児童生徒数減少による人件費削減のため、理事会採用者が前年度より1名減

A校は、大連の日系企業からなる理事会が運営する私立の学校になります。理事会が直接採用する教諭・職員を理事会採用者と呼びます。主に音楽や芸術など専門技能に秀でている反面、教職経験に乏しい傾向があり、立場・役割上個業化しやすいため、彼らの指導・支援が学校運営において重要です。

文部科学省から委嘱を受け各都道府県より派遣されている教員（文科派遣）は、高い教育実践力を身につけているスクールミドル層の年代の教員が大半を占めています。一方で、文科派遣の教員はそれぞれに高い実践力と豊富な経験、そのことに裏付けされたビジョンをもっていることがあり、学校ビジョンの共有が難しい傾向が見られました。また、A校では児童生徒が落ち着いており、保護者の理解が深く支援が手厚いことから、危機意識を持つ場面が少ないことも共有ビジョン形成の難しさの一員となっていました。

つまり、A校はその特徴の上で「学校ビジョンを共有しづらい」という問題を抱えやすいと言えます。

3　仮説について

私は、以下の仮説を立てて二つの実践に取り組みました。

ジョン・P・コッターは「リーダーシップ論」の中で、「企業変革の8段階」として、組織が共有ビジョンを構築しながら効果的に課題解決に取り組むステップにつ

いて主張しました。この8段階のプロセスは、「北海道の学校における働き方改革R
oad」の中でも、「働き方改革を成功させる8段階のプロセス」として紹介されて
います。

　私は、二つの実践を進める中で、「企業変革の8段階」を学校組織に対応させた笠
井（2016）の8段階のプロセス（表2）に沿って活動を進めることで、全教員がそ
れぞれのよさを生かしつつ、学校ビジョンを共有して課題の克服に努めることがで
きるという仮説を立てました。

表2「学校組織変革の8段階」

① 組織変革の第1段階	「学校課題を明確にし、危機意識を高める」
② 組織変革の第2段階	「学校改善のための強力な推進チームを作る」
③ 組織変革の第3段階	「学校改善のためのビジョンと戦略を打ち出す」
④ 組織変革の第4段階	「共有ビジョンとして学校内外に浸透させる」
⑤ 組織変革の第5段階	「教職員や子ども・保護者・地域の取組を支援する」
⑥ 組織変革の第6段階	「短期的成果を獲得し、その実現をアピールする」
⑦ 組織変革の第7段階	「戦略等を見直し、変革プロセスを活性化する」
⑧ 組織変革の第8段階	「この学校改善の取組を学校文化として定着させる」

4　実践の具体について

（1）AG5の取組について

　私は3年間、AG5というプロジェクトの主担当を務めました。AG5とは、公
益財団法人海外子女教育振興財団が文部科学省より受託した「在外教育施設の高度
グローバル人材育成拠点事業」の略称です。A校は研究提携校として、2019年度よ
り「日本人学校におけるバイリンガル・バイカルチュラル人材育成のための日本語
力向上プログラムの開発」に取り組み、日本語に課題のある国際結婚家庭の子ども
を中心に、日本語支援を取り入れた教育活動づくりや、バイカルチュラル人材の育
成の実践・研究を重ねました。

① 問題の所在

　AG5の取組は、バイリンガル・バイカルチュラル人材の育成を目指した活動で
す。ただし、A校の児童生徒の大半は、日本語も中国語も高いレベルで身につけて

おり、このプロジェクト開始時には、「日本語支援」の必要性を感じない教員も多くいました。

　また、日本の高校進学を目指し、現地小学校を卒業すると中学部からＡ校に入学するケースが見られました。コロナ禍の 2020 年以降は、日中間の渡航に大きく制限が設けられたことも影響し、日本の高校に進学するため日本人学校の卒業を目指す生徒・家庭が増えました。このような形でＡ校に入学した生徒のうち、現地校に通っていた生徒は、日本語の力に大きな課題が見られ、学習内容の理解に大きな障害となる様子が見られました。

　そこで、ＡＧ５のプロジェクト推進にあたり、まずは「課題を把握し、共有ビジョンを構築すること」が必要であると私は考えました。ビジョンを共有することで、各教員は高い実践力を発揮し、効果的な教育活動を創ることができると考えられます。そのために、私は管理職の指導のもと、学校組織変革の８段階のプロセスに沿って、活動を進めることにしました。

②　８段階のプロセスの具体

ア　第１段階「学校課題を明確にし、危機意識を高める」

　まずは、児童生徒の日本語の力を把握するため、文部科学省の作成した「外国人児童生徒のためのＪＳＬ対話型アセスメント＜はじめの一歩＞」の「語彙チェック」を実施しました。その結果、小学部１年生は 85％以上、小学部２年生〜中学部３年生はほぼ 100％の正答率となり、Ａ校における日本語語彙の定着率が高いことがわかりました。しかし、正答率が非常に低く、日本語語彙に深刻な課題のある児童生徒を見つけることもできました。

　次に、ＤＬＡの中の子どもの日本語の力を段階分けした「ＪＳＬ評価参照枠」をもとに「目標項目」（表３）を作成し、これを共通のものさしとして活用しました。

　以上のことにより、全教員で学校の課題を共有することができました。

イ　第２段階「学校改善のための強力な推進チームを作る」

　次に、ＡＧ５推進委員会というコアチームを組織しました。この推進委員により、管理職や学校の主体研究担当、小学部と中学部の連携がスムーズになりました。特に、私と日本国内のプロジェクトリーダー（目白大学専任講師・近田由紀子先生）との打ち合わせ内容が管理職や各教員に伝えやすくなることや、ＡＧ５の取組が普段の授業実践に生かしやすくなることなど、大きな効果が見られました。

表3【目標項目「話す」】

<table>
<tr><td colspan="5" align="center">＜話す＞</td></tr>
<tr>
<th>JSL評価参照枠のステージ</th>
<th>指導の段階</th>
<th colspan="2">「個別の指導計画」のための学習目標項目例</th>
<th>○他技能との関係
●指導のヒント</th>
</tr>
<tr>
<td rowspan="7">1</td>
<td rowspan="7">初期指導
（前期）</td>
<td>a</td>
<td>周囲で話されている日本語に関心を持ち，積極的に使おうとする。</td>
<td rowspan="7">○母語を使うことができない環境に置かれているため，非言語的なコミュニケーションの方法で，注意を引いたり，何かを要求したりする。また周囲を観察したり，行動を試したりしながら，学校生活や日本語に関する情報を集めている段階である。

○「聞く」力を土台にして「話す」力が育つ。（聞いてわからないことは，話せない。）

○「話す」力の習得には個人差があり，話し出す前に長い「沈黙期」を必要とする場合もある。

●発話を強要せずに，自分から発話するまでじっくり待つ。</td>
</tr>
<tr><td>b</td><td>毎日使う自分の持ち物や，教室にあるものの名前を言う。</td></tr>
<tr><td>c</td><td>支援を得て，簡単な自己紹介をする。
（例：名前や学年など）</td></tr>
<tr><td>d</td><td>周りの人が言う簡単なあいさつや短い単語，定型表現を真似して繰り返す。
（例：「ありがとう」「おはよう」「書いて」など）</td></tr>
<tr><td>e</td><td>周りの様子を見て，行動を真似ながら，それに伴う語句を言う。（例：「起立，礼」）</td></tr>
<tr><td>f</td><td>自分に関する基本的な質問に対して，単語レベル（「はい（うん）」／「いいえ（ううん）」）や身振り手振りで答える。</td></tr>
<tr><td>g</td><td>ジェスチャーや表情や簡単な単語を使って，学校生活に必要な最低限の意思疎通を行う。
（例：「だめ」，「トイレ」，「ごはん」など）</td></tr>
<tr>
<td rowspan="4">2</td>
<td rowspan="4">初期指導
（後期）</td>
<td>a</td>
<td>自分自身のことについて，簡単な質問を理解し単語レベルで話す。
（例：年齢，家族の人数や構成，出身国など）</td>
<td rowspan="4">●まだ流暢度を欠き，活用が不正確であったり，語順が乱れたりするが，楽しく対話に参加できるような配慮をする。

●日本語の摂取量が多くなるように座席の指定や仲間作りに配慮する。</td>
</tr>
<tr><td>b</td><td>毎日の生活に関することを頻度の高い単語や定型表現を使って話す。</td></tr>
<tr><td>c</td><td>体調を訴えたり，許可をもらったり，簡単な質問をしたりする。（例：「おなか，痛い」「ノート，わすれた」）</td></tr>
<tr><td>d</td><td>日常生活でよく使われる語彙や表現を使って話す。</td></tr>
<tr>
<td rowspan="5">3</td>
<td rowspan="5">教科につながる初歩的な学習</td>
<td>a</td>
<td>聞きなれた言葉を組み合わせて，自分自身のことや身近な出来事について，主に単文を使って話す。
（例：好き嫌い，毎日の習慣，昨日あったことなど）</td>
<td rowspan="5">●まだ文法的な間違いが多く，語彙も多くないが，子どもの発言の主旨を汲み，やりとりの中で表現したい内容を引き出し，不足している語彙や表現を補充して，いいモデルを示す。

●単語レベルで答えられる質問から，文レベルの答えが必要な質問へと変えていく。</td>
</tr>
<tr><td>b</td><td>日常的な内容についての質問に，簡単な日本語で自分の感想や考えを言う。</td></tr>
<tr><td>c</td><td>学校生活や学習場面で必要となる要求表現等を，簡単な日本語で伝える。</td></tr>
<tr><td>d</td><td>学校生活で必要となる場面で，質問をする。</td></tr>
<tr><td>e</td><td>自ら，一対一の会話に参加する。</td></tr>
</table>

4	教科に つながる 基礎的な 学習	a	連文（2，3文）を使って，日常の出来事（過去の経験を含む）や学習のことについて，意味の通じる話をする。	○日常的な会話が流暢にこなせるようになる。 ●朝の会での短いスピーチなど，日本語使用の機会を増やす。 ●普段あまり聞かない教科と関連した語彙や表現はまだ使えないので，その点に留意した指導が必要である。 ●取り出し指導で学んだことが，在籍学級の学習の場で活かせるような教員間の情報共有が大切である。
		b	自分から質問したり，説明したりして，教科学習にある程度参加する。	
		c	教科と関連のあるテーマで，自分の意思や相手に伝えるべき内容を，簡単な日本語で発表する。	
		d	授業の中でグループ学習に参加する。	
5	教科に つながる 学習	a	さまざまなトピックの会話に積極的に参加する。	○教科と関係のあるトピックでも流暢に話せるようになる。 ●教科学習に必要な語彙や表現を使って話す機会を増やすとよい。 ●日本語スピーチコンテストなど，大勢の人の前で話したり，発表したりする経験も有効である。
		b	学習内容について，複文を使いながら，順序立てて話す。	
		c	（多くはないが）教科学習の語彙を使って，まとまった説明や発表をする。	
		d	教科学習におけるグループでの話し合いに参加し，発言をする。	
		e	（間違いはあるが）丁寧表現や敬語を使った会話に参加する。（小学校高学年以上の場合）	
6	教科学習	a	年齢相応の教科用語を使って，一人でまとまった話をする。	○複数の聴衆に対して適切な話し方ができる。 ●異なった文化的背景から来る子どもの視点や意見を引き出すように指導するとよい。
		b	教科内容に関連した話し合いに積極的に参加する。	
		c	相手や場面・目的に応じて，効果的な表現方法を用いて話す。（例：教科学習のプレゼンテーション，ディベートなど）	
		d	クラス全員に対して，学習内容について，教科用語を使い筋道を立てて詳しく説明したり，発表したりする。	
		e	丁寧表現や敬語を使った会話に参加する。 （小学校高学年以上の場合）	

※「話す」「読む」「書く」「聴く」の四観点で目標項目を設定。
　研究の詳細は、海外子女教育振興財団のHP（AG5）に掲載。

ウ　第3段階「学校改善のためのビジョンと戦略を打ち出す」

　AG5の目標をもとに、本校独自のテーマを「劇的に変化する国際社会の中で、生涯にわたって自身の良さを生き生きと発揮できる子どもの育成」と設定しました。また、テーマを達成するために「『表現活動』を重視した授業づくり」、「在籍学級における日本語支援（言葉を広げる活動）」、「自己肯定感を基盤に違いを受け入れ、自己の良さを発揮する『バイカルチュラルの資質育成』」という三つの柱を設定しました。

　これにより、高い語彙力を生かして豊かな表現力を育てる、語彙力に落ち込みのある児童生徒を支援する、違いを受け入れつつ自己の良さを発揮できる資質を育てる、という取組の具体を全教員で共有することができました。

エ　第4段階「共有ビジョンとして学校内外に浸透させる」

　ＡＧ５の取組を推進する中で、第1段階でも活用した「目標項目」を共通のものさしとして活用しました。目標項目に照らし合わせて各学年の実態を把握・共有することで、各教員が学校全体の教育実践を意識しながら、授業づくりに取り組む様子が見られました。また、各学年の発達段階に応じた実態・実践が共有することで、Ａ校の小学部6年間～中学部3年間、計9年間の教育実践の系統性をまとめることができました。

オ　第5段階「教職員や子ども・保護者・地域の取組を支援する」

　Ａ校のＡＧ５の取組について、保護者へ発信・周知に努め、理解と協力を得ました。特に、日本語の力に課題があり、授業中に困り感を抱えている児童生徒には、保護者と連携を図り、パソコンやタブレットを活用した家庭学習を実施して、個別の日本語支援に努めました。

　また、在中国であることを生かし、日系企業の協力を得ながら、日本と中国の文化的な違い・価値観の違いなどに触れさせる機会を設定するなど、地域と連携したバイカルチュラル人材の育成に努めました。

カ　第6段階「短期的成果を獲得し、その実現をアピールする」

　Ａ校では、ビジョンを共有しながら各教員が創意工夫を重ねて、日本語に課題がある児童生徒への個別指導・支援を行いました。その結果、語彙チェックの正答率10％程度だった生徒が3ヶ月で40％を超える正答率になったり、授業内容や指示の聞き取りが困難だった児童がスムーズに授業に参加して理解を深めることができるようになったりと、大きな成果が見られました。また、表現活動を主体とする授業づくりの推進により、十分に日本語の力がある児童生徒もスピーチや記述に磨きをかけ、さらに良さを発揮する様子が見られました。

　Ａ校では、このように各教員が重ねた実践の具体、そしてその効果について、児童生徒の変容や保護者の意見を踏まえ、全教員で共有しました。また、学校だよりや授業参観の機会などを活用し、積極的に保護者に発信しました。

　さらに、ＡＧ５の会議や研究会などの機会には、積極的にＡ校の実践を発表しました。ＡＧ５推進委員を中心に、なるべく多くの教員が発表に関わることにより、成果を全教員で共有することができました。加えて、積極的に発信を続けた結果、

日本国内や他地域の方々から賛同するご意見や具体的なアドバイスをいただくことができ、各教員の意欲向上や自信につながりました。

キ　第7段階「戦略等を見直し、変革プロセスを活性化する」

　1年間の成果と課題を踏まえ、指導方法等について改善を図りました。そのため、児童生徒の変容を確実に見取るため、「目標項目」を活用して学学年の実践についての成果・課題を交流しました。また、日本語の力に課題が見られた児童生徒の変容について交流を図り、1年間の変容と次年度に向けた見通しを共有しました。さらに、多くの人員が入れ替わる中、新しく赴任する教員とこれまでの活動の成果・課題や学校ビジョンを共有するため、年度の初めに研修を設定しました。このことにより、学校の構成メンバーが替わっても、共有ビジョンを柱にしつつ、新しいアイディアを取り入れ、プロジェクトを推進することができました。

ク　第8段階「この学校改善の取組を学校文化として定着させる」

　実践の具体や成果・課題をまとめた記録や、児童生徒の変容の様子の記録を文書化・データ化してまとめました。また、これらの記録が学校の財産として以降も活用していけるよう、引継ぎの体制を整えました。日本人学校の特性上、毎年多くの教職員が入れ替わるため、こうした記録は非常に重要です。ＡＧ５最終年度の2021年度には、ＡＧ５事務局の協力を得て、Ａ校の実践集を冊子にまとめることができました。このような記録が、Ａ校の財産として活用されていくと考えられます。

③　実践についての考察

　3年間のＡＧ５の活動を通して、実に数多くの教育実践が生まれました。それは、ビジョンを共有し、全教員が積み重ねた成果であると私は考えています。

　また、現地小学校から中学部に入学し、「語彙チェック」の正答率が 10％程度だった生徒は、1年間で60％を超えるまでになりました。タブレットなどを活用して個別の指導・支援を積み重ねた中学部教員たちの努力の結果です。
表現活動・バイカルチュラル資質育成の授業づくりが話題となり、職員室で熱い議論が交わされることもありました。ビジョンを共有し、それぞれの教員が強い参画意識を抱いていたことが、プロジェクトをやり遂げる原動力になったと私は考えています。

（2）コロナ禍における「子どもの学びを止めない」教育活動の実践

　この実践については、私が主導したものではありませんが、学校組織として危機的状況に直面し、課題解決に向けて取り組みを進める中で、ごく自然に8段階のプ

ロセスを経ることとなりました。これは、私がＡＧ５の活動を推進する中で、Ａ校の教職員に「８段階のプロセス」に対する意識が育まれ、目の前の危機的状況の中「子どもの学びを止めない」という課題を共有する中で生かされたのではないかと考えられます。私自身も、８段階のプロセスが進行していることを意識し、各段階において自分自身が必要とされる役割を考えながら実践に取り組みました。

① 問題の所在

　2019年2月頃から、新型コロナウイルスの感染拡大に伴い、中国では各地域でロックダウンが実施されました。大連市でも、住居から買い物に出かけることも制約を受ける状況が続きました。そのような中、Ａ校ではオンライン授業を開始することを決め、各学年の学習内容に未履修が出ないよう努力を重ねました。

　2020年4月には新しく赴任する予定だった校長・教頭・教員5名の7名が中国に入国することができず、国内で自宅待機となりました。5月には受験を控える中学部3学年が登校を許可され、その後高学年から順次登校が認められるようになりましたが、7名（Ａ校の教員の約半数）が赴任できない状況は同年9月下旬まで続きました。

　Ａ校では、学校の教育活動の継続の危機に直面しました。しかし、「子どもの学びを止めない」を合言葉に、ＩＣＴを活用して少ない人員でできることを模索しながら、教育活動に取り組みました。

② 8段階のプロセス

ア　第1段階「学校課題を明確にし、危機意識を高める」

　校長・教頭を含めるほぼ半数の教員が赴任できない状況の中、在大連の教職員は強い危機意識を抱きました。ロックダウンで外出もできない状況でしたが、インターネットを活用して連絡を取り合い、教職員や児童生徒の現状把握・情報共有に努めました。その結果、ロックダウンの状況下でも「学校の教育活動を存続させ、児童生徒に不利益を生じさせない（子どもの学びを止めない）」というビジョンを全教員で共有することができました。

イ　第2段階「学校改善のための強力な推進チームを作る」

　在大連の派遣教員は、「子どもの学びを止めない」を具体化するために、日本で待機している校長・教頭を交えつつ、ＩＣＴを活用して1日に何度も全員でのミーティングを行いました。少人数とはいえ、各自ミドルリーダーの実力・実績をもった集団であるため、役割分担して具体策を練り上げ共有するなど、推進チーム（コア

チーム）として機能しました。むしろ、少人数であるがゆえ臨機応変に対応しやすいという強みを生かし、状況の変化に迅速に対応することができました。

　2020年5月からは、中学部3年生を皮切りに児童生徒が順次登校を許可されましたが、中国・大連市の教育局から施設の消毒やマスクの付け方、間隔を空けた教室配置、食事の約束事など、多くの細かな条件が付加されました。また、臨時休校や全教職員・全校児童生徒へのPCR検査、外出禁止の連絡など、突然の指示や連絡を受ける日が続きました。しかし、在大連のメンバーは、大連の生活・学校の実情を把握していたため、突然の状況の変化や教育局からの急な指示・要求にも、すぐに全員でミーティングを行い、臨機応変に対応することができました。

ウ　第3段階「学校改善のためのビジョンと戦略を打ち出す」

　在大連の教員は、「どのような状況でも学校の教育活動を継続する」というビジョンを共有しました。このビジョンを達成するため、まずは大連市の教育局からの学校再開のための諸条件を全員で把握・共有し、役割分担をして対応しました。次に、各教科の授業を行うため、ICTを活用して日本の教員が授業を行うための準備や、登校できない児童生徒がオンラインで授業に参加できる体制づくりに取り組みました。少人数でたくさんの役割を果たさなければならない状況や、自分たちで臨機応変に対応しなければならないケースが多いことから、各教員には強い参画意識が生まれていました。また、日本に待機する教員と密に連携を取り、ビジョン達成のために「それぞれができることで支え合う」という支援的な雰囲気が醸成されていきました。私は、昨年の中学部での経験を生かし、家庭・生徒の状況の把握を行うとともに、他の教員に中学部の生徒の実態や活動の経緯を伝え、教育活動の具体化を推進しました。

エ　第4段階「共有ビジョンとして学校内外に浸透させる」

　A校では、オンラインによる授業づくり、タブレットを活用した課題のやり取りなど、在大連の教員で創意工夫を重ね、教育活動を創り上げていきました。私は、中学部の教員として、自身も授業づくりなどの教育活動に取り組みつつ、生徒や保護者の状況の把握に努め、子どもに不利益を生じさせないための学校の努力を積極的に発信しました。また、校長・教頭への報告・連絡・相談をこまめに行い、小学部の教員や日本待機の教員との交流を密に行い、全教員がより効果的な学習活動を目指せるよう積極的にコミュニケーションをとりました。「子どもの学びを止めない」という学校のビジョンは各家庭にも伝わり、学校を支えようという意識を育むことにつながりました。

オ　第5段階「教職員や子ども・保護者・地域の取組を支援する」

　教育実践が進んでいく中で、私は生徒の各家庭の負担（労力・費用など）や学習活動の効果についての把握に努め、他の教員との情報を共有して、修正・改善に取り組みました。特に、オンライン授業のためのタブレットの貸与やネット環境に関する相談や、パソコンやタブレットを長時間使用する影響に対する保護者の心配などについて、全教員で情報を共有して具体的な改善を図りました。私は、中学部3学年の担任だったため高校受験など進路についての不安を抱えた家庭が多かったのですが、日本の高校とのやり取りや家庭との情報共有を行うなど、生徒に不利益が出ないために丁寧な対応に努めました。

　日本待機の教員がオンライン授業に慣れていく中で、在大連の教員のサポート（資料印刷や課題の整理などの雑務）の負担に偏りが生じ始めました。私は、そのことについて管理職に相談し、他の教員と協議を重ねて改善に努めました。私は、半数の人員がいない状況だからこそ、全教員が互いに気づかいつつ意欲的に活動できるよう、積極的に他の教員とコミュニケーションを図ることを心がけました。

カ　第6段階「短期的成果を獲得し、その実現をアピールする」

　A校では、ICTを活用した授業づくりが浸透し、効果的な教育実践を行うことができるようになりました。さらに、中国のSNSを活用し、各担任は保護者と密に連絡を取り、教育実践の成果や課題を共有し、更なる改善に努めました。私も、担当している中学部の生徒を中心に、生徒・保護者との情報交流に努め、学校の教育活動の成果を伝えました。

　学校の努力と成果は子どもたちや保護者に伝わり、さらなる信頼へとつなげることができました。また、家庭からの信頼や感謝を実感することで、教員は大きな充実感・達成感を実感することができました。特に、中学部3年生担任だった私は、進路実現に向けて保護者とこまめに連絡をとることで、保護者と共に生徒を育てているという一体感を実感することができました。

キ　第7段階「戦略等を見直し、変革プロセスを活性化する」
　　第8段階「この学校改善の取組を学校文化として定着させる」

　2020年9月下旬、校長・教頭・教員5名の計7名が大連に赴任しました。新たな体制になり、学校の教育活動について大きく見直しが図られました。

　「子どもの学びを止めない」ための8段階のプロセスは、ここで終了したと考えられますが、日本から中国に戻れない児童生徒やロックダウンになってしまった家庭を対象としたオンライン授業、学校行事などの動画配信、タブレットを活用した

課題のやり取りなど、プロセスの中で獲得した知識・技術などは「学校文化として定着」することになりました。

③ 実践についての考察

　2020年2月～4月にかけての3カ月間は住居・学校からのオンライン授業の実施、5月～9月の5カ月間は学校での対面・オンラインのハイブリッド授業の実施と、A校では約半数の人員で教育活動をやり遂げることができました。

　校長・教頭を含む約半数の人員が赴任できないことをはじめ、A校が置かれた状況が深刻であったからこそ、ビジョンが明確になり、全教員が共有して実践に取り組むことができたと考えられます。

　この実践の成果を数値化することは難しいのですが、私の実感として、共有ビジョンが確立されたからこそ、各教員が参画意識を強く持ち、それぞれの良さを発揮して生き生きと実践に取り組み、困難な状況を打開したという成果につながったと考えています。

5　まとめ

　私は、この二つの実践を経て、以下の三点を学びました。

　一点目は、共有ビジョンの大切さです。全教員がビジョンを共有して、参画意識を持って取り組むことで、それぞれの良さを生き生きと発揮しつつ、学校組織として課題解決にあたることができることです。A校の危機的状況にあたり、各教員はそれぞれがすべきことに懸命に取り組み、必死に支え合いました。辛い状況ではありましたが、やりがいと仲間との絆を強く感じる充実した時間でした。私は共有ビジョンの大切さを実感しました。

　二点目は、コミュニケーションの大切さです。ＡＧ５の取組では、私は主担当としてミドルリーダーの役割を求められていたと考えています。そのため、プロセスの各段階において、各教員の思いや考えをしっかりと聴き、ＡＧ５の目的や学校としてのテーマを伝え続けました。そのように、それぞれの良さを生かすためにたくさんのコミュニケーションをとり、協働しながら実践を創り上げていくことで、各教員が共有ビジョンと参画意識を持ち続けることができるよう努めました。もちろん、各都道府県の実力ある教員たちと一緒に教育実践を創り上げることは、私にとっても大きな学びであり非常に充実した時間でした。

　三点目は、校長を中心とした体制づくりの大切さです。ＡＧ５の取り組みにおい

て、校長は中心となって体制づくりを進め、必要に応じて指導・支援を行いました。その中で、私はミドルリーダーとして求められる役割を自覚するとともに、校長が果たす重要な役割がプロセスに欠かせない重要な要素であることを深く理解しました。

　私は、日本・北海道ではなかなか得ることができない貴重な経験をすることができました。3年間の学びを生かし、さらに学びを深めたいと考えています。

（北村　雅俊）

【参考引用文献】
1) ジョン・P・コッター『リーダーシップ論』2012 年，ダイヤモンド社　79 頁
2) 笠井稔雄（2017 教職大学院講義資料）「スクールリーダーに求められる人と組織を動かす能力と人間性－リーダーシップとマネジメントを中心に－」2015 年

—第11節—

教師の成長を促す学校現場における省察支援の実践
～「授業改善推進チーム活用事業」の取組に「ALACTモデル」を活用して～

1　問題の背景

　令和3年1月26日、中央教育審議会は2020年代を通じて実現を目指す「令和の日本型学校教育」の在り方を「全ての子供たちの可能性を引き出す、個別最適な学びと、協働的な学びの実現」と定義しました。併せて、この学びを実現させるには時代の変化に応じた高い資質能力を身に付けた教師の確保が不可欠であることも述べています。同年3月12日、文部科学大臣は、「『令和の日本型学校教育』を担う教師の養成・採用・研修等の在り方について」と題して諮問を行い、質の高い教師を確保するため、教師の養成・採用・研修等の在り方について、既存の在り方にとらわれることなく検討を行うことを求めました。

　同年11月15日中央教育審議会は「『令和の日本型学校教育』を担う新たな教師の学びの姿の実現に向けて」と題した審議まとめを示しました。その中では、以下の内容が示されています(表1)。

表1　『令和の日本型学校教育』を担う新たな教師の学びの姿の実現に向けて(審議まとめ抜粋)

> ・特に，地域や学校現場の課題の解決を通した学びを含め，自らの日々の経験や他者から学ぶといった「現場の経験」を重視したスタイルの学びが，高度な専門職に必要なものとして求められるようになってきていること。
> ・「Society5.0時代」が到来しつつあるなど，大きな変化が生じている中で，求められる知識技能が変わっていくことを意識して，教師が常に最新の知識技能を学び続けていくことが必要であり，教師は学び続ける存在となることが強く期待されていること。

　加えて、令和4年7月1日より教員免許更新制は発展的に解消されました。今後は、教師や学校のニーズや課題に応じて具体的な目標を設定し、自らの学びを適切に振り返りながら、主体的かつ計画的に研修を進めていくことが一層重要であることを強く感じています。時代が大きく変化する中で、絶えず学び続けていこうとする姿勢が必要不可欠です。そして、そのような姿を私たち大人が示すことで、子供たちにとってのロールモデルになることが求められています。

特に私たち教師は、「主体的・対話的で深い学び」をまずは自分自身で実現させなければなりません。そのためには、他者との対話や振り返りなどの機会を確保するなど、協働的な教師の学びが必要であることも述べられています。その一方で、現在は働き方改革の推進も求められています。限られた時間の中で先生方が研修に努めていくためには、どのような形が望ましいのか、その在り方が問われていると考えます。

2　本研究の目的

本実践は、学校現場において教師の成長を実現していくための学びの在り方を模索したものです。私は 2022 年度、「ほっかいどう学力向上推進事業」の１つである「授業改善推進チーム活用事業」の担当に任命されました。事業の内容は以下の通り（表[2]）です。

表２　「ほっかいどう学力向上推進事業」の内容と目的

【事業内容】
実践的指導力を有する教員（２～３名）が「チーム」となり、Ｔ・Ｔによる学習指導や全教職員との協働による授業改善、校内研修での資料提供、教員との協議等を実施。授業改善推進教員による配置校以外の学校へも巡回することで地域全体の学力の向上を図る。
【事業目的】
推進チームを活用し、配置校以外の学力に課題が見られる学校へも巡回することにより、支援が必要な市町村への重点的な関わりを通して、地域全体の学力の向上を図る。

教職員が学ぶ機会の中心は、各勤務校における校内研修です。本事業において、校内研修との連携を意識して取り組みました。

『初等教育資料』2022 年 9 月号では、「校内研修の充実」を特集し、その重要性が改めて示されています。その中で文部科学省総合教育政策局教育人材政策課は「『令和の日本型学校教育』を担う新たな教師の学びの姿の実現に向けて（審議まとめ）」に触れ、「新たな教師の学びにおける校内研修の位置付け」と題し、重視すべき内容を示しました。そこで私は、この内容を基に現場での取組を行いました。その具体を整理したのが以下の表です。

表3　「審議まとめに示された内容とそれに対応した勤務校での実践」

視点	審議まとめにおいて重視されている内容	内容に対応した現場での実践
①	校内研修や授業研究などの「現場の経験」を重視した学びと校外研修を組み合わせること	○市教委・局を招いた研修の実施 ○研修センター外部講師による講演
②	学校教育活動を通じて、「経験を振り返ることを基礎とした学び」と「他者との対話から得られる学び」を蓄積し、組織力を高めていくこと	○授業参観 ○授業後の1対1での振り返り ○授業改善振り返りシートの作成
③	校内における教師同士の学び合いやチームとしての研修推進により、協働的な職場環境づくりへつなげていくこと	○学年研修授業と事後検討会の実施 ○初任段階教員学級での師範授業の実施 ○メンター研修の実施
④	校内の同僚教師だけでなく、同一校種の他の学校の教師、別の学校種の教師など学校を越えて行うことも考えられること	○近隣校と連携した授業参観の実施 ○授業改善推進チーム通信の発行 ○映像版実践資料の作成、発信
⑤	校内研修を中心に、学校現場における組織的かつ日常的な学びの記録を蓄積し、今後の学校全体としての組織的な学びの方針・内容等に反映していくこと	○授業改善振り返りシートの蓄積 ○校内研修振り返りシートの蓄積

図1　近隣校と連携した研修会

図2　学年研修授業後の検討会

図3　メンター研修

図4　若手教員への師範授業

図5　映像版実践資料

図6 授業改善チーム通信

図7 授業振り返りシート

図8 研修振り返りシート

　この事業における大きな特長として、「配属された全ての学級について、国語・算数の授業を中心に年間6〜8回参観できること」が挙げられます。（ただし特別支援学級、知的学級については対象となっていません。）加えて、授業参観後は放課後の時間を使って 15〜20 分程度の振り返りを授業者の先生と行うことができます。そこで、先生方との「授業参観後の振り返り」を軸に、先行研究を踏まえて本実践を行いました。その中で、教師が学び続ける存在として成長を続けていくためには、学校現場においてどのような学びが求められるのかについて考察しました。

3　先行研究と本実践の概要について

（1）「経験学習」という考え方

　松尾（2021）は職場における人の成長には「経験」が最も影響するという見解を示しています。これは単に経験を積めばよい訳ではなく、「その経験を振り返り、何らかの教訓を引き出して、次の状況に応用する」というサイクルによって真の成長につながるということです。その中で松尾は、仕事経験による「直接経験」に、他者からの指導や研修などの「間接経験」を活

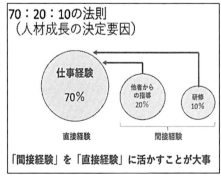
図9　人材成長の決定要因（松尾 2021）

かすことの重要性を述べています。これは、学校現場においても共通する点です。

松尾はこのサイクルを適切に回すために、行動を振り返って内省する習慣を持つことの必要性を述べており、振り返りの質が人材の成長に大きく関わるという点を強調して伝えています。このことからも教員としての成長には、「自身の経験から適切に学ぶ力」を高めることが重要であると考えます。

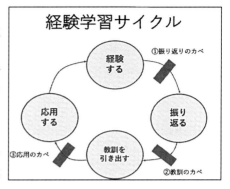

図10　経験学習のサイクル
（コルブの論を松尾が修正 2021）

（2）教師教育に対する課題と「ALACT モデル」について

山辺（2013）は、コルトハーヘン（2010）の研究を取り上げ、これまでの教師教育に対する「技術的合理性アプローチ」の課題を指摘しています。技術的合理性アプローチとは、「教育に関する理論を知識として学べば、教師はその知識を教室における実践に適用し、よい教育を行うことができる」という考え方です。しかし、教師が学校現場に起こる問題について画一的な知識や方法を獲得するだけでは、真の成長とは言えないことをコルトハーヘンらは指摘しています。「自身の経験とどう向き合い、自身の実践をどう振り返るか」によって教師として成長が決まるという見解は、松尾の理論とも一致しています。

コルトハーヘンは技術的合理性アプローチに代わるものとして「リアリスティック・アプローチ」を提唱しています。その中で、教師の成長につながる「省察（振り返り）」について、次のように定義しています。

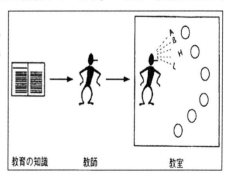

図11　これまでの教師教育
コルトハーヘン（2010）

表4 教師の成長につながる省察 コルトハーヘン(2010)

① 学校や授業においてある行為を行った際に、
② 自分の行為に関する関心、不安や懸案事項をもとに実践経験を振り返り、
③ そこで行為の非合理な面や不安な感情をもたらす原因に気づき、
④ それ以外の行為を取る可能性を拡大して吟味し、
⑤ 新しい選択肢を選んで次の行為を起こすという一連の手続きによる「変化を促す振り返り」を指す。

この一連の手続きを省察モデル（ALACT モデル）と呼び、教員がこの省察の流れを自分でできるようになることをコルトハーヘンは求めています。中でも上記に示した②から③への段階が重視されており、ここで教師としての成長度合いが大きく変わってくることを伝えています。

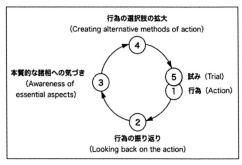

図12 ＡＬＡＣＴモデルコルトハーヘン(2010)

（3）「ALACT モデル」の活用と改善を図った本実践の取組について

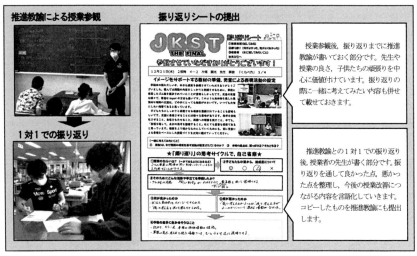

図13 「授業参観→１対１での振り返り→振り返りシート提出」までの実際

　本実践では先生方との授業後の振り返りについて、このALACTモデルのサイクルを取り入れて構成しました。まず推進教諭が作成した振り返りシートを介し、指導が工夫されていた点や子供たちの頑張りなどを共有します。その後推進教諭との対話を通して、授業改善につながるポイントを一緒に整理します。振り返り終了後は、シートに本時の授業についての自己評価をしていただきます。併せて成果や課題、今後につながる学びなどを記入し、推進教諭に提出します。このシートを互いにファイリングすることで振り返りをポートフォリオにします。定期的に俯瞰することで、自身の学びや変容を認知できるようにしました。

　ALACTモデルにおいては、授業者本人が「実践を振り返り、自身の行為が原因になっていることを自覚すること」が重要となります。しかし、推進教諭はこの段階において特に注意が必要です。それは授業者の先生が自身の指導を否定されていると感じたり、課題に気付かせるために誘導されていると感じたりするなど、不快感や不信感につながってしまう状況が考えられるからです。

　そうならないためにも、相手との信頼関係を築くことが不可欠です。しかし、単発的な取組ではそのような関係を築くことは難しいと考えます。先にも述べましたが、本実践の強みは「年間を通して、同じ先生と継続的に関われるところ」にあります。長いスパンでの関わりを見通し、特に取組の初期は先生方一人一人がもつ良さを十分に価値付けていくことを重視しました。そのような中でタイミングを計りながら、自身の授業から省察することができる資質・能力の向上を図ってきました。本実践が先生方にとって、「自身の成長につながる機会」として感じられる「肯定的なもの」として捉えてもらうことを目指しました。

4　本実践の検証方法について

　本実践の成果と課題を検証するために、今回は２つの方法を取りました。

　１つ目は「インタビュー調査」です。経験年数などを踏まえ、９名の先生に協力をいただき本実践について聞き取りを行いました。主な内容は次の３点です。

表5　聞き取りの内容

①授業参観をされることについて
②1対1で行う振り返りについて
③振り返りシートの入力について

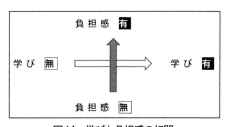

図14　学びと負担感の相関

インタビューの際には「学びがあるか」「負担感があるか」の２つの視点を設定しました。今後の研修は働き方改革と併行して進めていく必要があり、先生方にとって負担感だけが残る取組では持続が困難となるからです。ただし、基本的には「学びの有無」を重視します。それは、学びの手応えを感じることができれば負担そのものとはならないからです。学びと負担感、それぞれの程度やバランスが重要であると考えています。

　２つ目は「授業改善についての自己評価アンケート」です。本実践を含む、授業改善推進チームによる取組には、「授業改善につながる３つの視点」が評価項目として設定されています。先生方にはこの視点についての自己評価アンケートを５月と12月に依頼しました。この集計結果の比較から、先生方が自身の成長をどう捉えているかも踏まえ、成果と課題について考察しました。

5　本実践の成果と課題について

（1）授業参観をされることについて【インタビューでの回答から】

【A 教諭　（教員歴１年目）】→　学び 有　負担感 有

- ・緊張はある。でもそこまで嫌な感じはない。それは，見られるのは１人だけということもあるかもしれない。
- ・いつもよりも緊張感をもってできる。感覚が研ぎ澄まされるような感じがする。全体を見て動こうとする意識が高まる。

【B 教諭　（教員歴４年目）】→　学び 有　負担感 有

- ・参観される際は，いつもよりも特に考えて準備をする。
- ・指導の意図を入れておかないと，授業をきちんと反省できない。考えた上でやらないと，いいわけができてしまう。
- ・意図をもってやってみることで気付けることがある。本質に立ち返って考えるきっかけになる。普段の授業ではそこまで振り返ることはできない。

【C 教諭　（教員歴６年目）】→　学び 有　負担感 有

- ・緊張はする。ピシッとする感じ。内容によってはやりにくい学習場面になる場合もあり，そういう時は「失敗したらどうしよう」と思うこともあった。
- ・最近は，いつも通りの授業を見てもらって，自分では気付けていない部分について助言をもらおうと思っている。それで自分の引き出しが増えていると思う。

【D 教諭　（教員歴 14 年目）】→　学び 有　負担感 無

・参観があるからといって特別な用意をしているわけではないので，特に負担は感じない。
・人に見てもらえると，振り返り等がとても勉強になって助かる。

【E 教諭　（教員歴 14 年目）】→　学び 有　負担感 有

・「人に見てもらうからには，少し考えないといけない」という思いになる。
・実際に考えたことを試すことで，よさと課題が明確になる感じがする。

【F 教諭　（教員歴 16 年目）】→　学び 有　負担感 有

・普段より深く教材研究をするきっかけになる。
・その分，他の業務をする時間をつくるのが難しい。

【G 教（教員歴 17 年目）】→　学び 有　負担感 有

・確かに諭　プレッシャーはある。
・その分，授業の計画がいつも以上によくでき，見通しも立つのでよい。

【H 教諭　（教員歴 20 年目）】→　学び 有　負担感 有

・「ああ，来る」という気持ちにはなる。でも，それで考えようとする気持ちにつながっている。
・普通通りにやりたいと思っている。研究授業のようにではなく，明日もできるような感じでやりたい。

【I 教諭　（教員歴 25 年目）】→　学び 有　負担感 有

・「ちゃんと考えなくちゃ」と思う。適当にはやれないなと思う。
・いつもよりも流れを確認する時間が増える。

　これらの回答から、授業を参観されるということに対して先生方は負担感がありつつも、学びとしての手応えを強く感じていることが分かります。「授業を客観的に見てもらう機会」というのは、教師が授業力を高める上で欠かせないものであることを先生方自身が認識していることを感じます。負担感があっても、学びや成長を十分に感じることができていれば、ただの負担とはならないはずです。回答の中にあった「授業を普段よりも意図的につくる機会になる」という言葉からは、「授業を参観されること」が「教師にとって必要な負荷」であると捉えていることが伺えます。
　また、参観されることの負担感については、A教諭の「見られるのは１人だけ」

という回答があるように、それほど意識しなくて済むのかもしれません。児童にとっても普段とほぼ変わらない状況ですので、「ありのまま」で授業に臨むことができるのではないかと思います。この感覚については、昨年まで私自身が推進教諭の先生方に「見られる側」でしたので、妥当であると考えます。

（2）授業後の1対1での振り返りについて【インタビューでの回答から】

【A教諭　（教員歴1年目）】→学び 有　負担感 無

- ・1対1であることによって，話したいことが話しやすい。
- ・聞きたいことが，消化できる。
- ・人数多い研修の時は，他の人の話が勉強になる。
- ・自分のことを見てくれての振り返りなので，足りないところがよく分かる。改善も考えられる。

【B教諭　（教員歴4年目）】→学び 有　負担感 無

- ・全体での講義形式では「なるほど」で終わってしまうことが多い。
- ・1対1の場合は，問答を通して気付くことができる。それがうれしい。
- ・課題が自分の中に，ダイレクトに刺さる。自分事として考えられる。

【C教諭　（教員歴6年目）】→学び 有　負担感 無

- ・肯定的に評価してくれることは有難いが，気を遣ってもらっている感じもする。個人的にはもっとガンガン言ってもらっていい。
- ・1対1なのでアドバイスがもらいやすいと感じている。その先生なら具体的にどうする

【D教諭　（教員歴14年目）】→学び 有　負担感 有

- ・時間がかかるという意味では，負担感がある。ただ，参観していただいて感じたことを伝えてもらえることで，とても学びになる。

【E教諭　（教員歴14年目）】→学び 有　負担感 無

- ・相談できるのが有難い。困っていることについて聞くことができる。
- ・振り返りの中では，たくさん褒めてもらえることが励みになる。

【F教諭　（教員歴16年目）】→学び 有　負担感 有

- ・学びしかない時間だった。自分の経験年数で指導していただく時間があったことを大変有り難く思っている。
- ・やはり「時間」という面で，業務が飽和状態の中で何かを増やすというのはこの取組に限らず厳しい。

【G教諭　（教員歴17年目）】→学び<u>有</u>　負担感 無

> ・リラックスした<u>雰囲気</u>で，困ることなども話し合えたり，今後のことも話せたりするから。

【H教諭　（教員歴20年目）】→学び<u>有</u>　負担感 無

> ・<u>今日の授業のことについてすぐ話ができるのがよい</u>。
> ・教えてもらえることも多い。<u>全体での話に自分を当てはめるより，より自分ごととして考えられる</u>。

【I教諭　（教員歴25年目）】→学び<u>有</u>　負担感 無

> ・<u>1対1のよさ</u>がある。<u>気軽に話せる</u>のがいい。
> ・その日に行った<u>授業以外のことも聞ける</u>のがいい。他の先生の実践など<u>幅広く教えてもらえる</u>。<u>人数が多い研修だと，そのような余計な話はできない</u>。
> ・<u>自分のやり方が固まっている</u>部分がある。だから<u>自分がやりやすいことに流れている</u>ということを感じる。
> ・理論や勉強不足なことなど，<u>自分が追い付けていない部分</u>を教えてもらえる。

　回答からは、多くの先生が推進教諭との1対1による振り返りを肯定的に捉えていることを感じました。メリットとして特に多く挙げられていたのは、「自分の課題についてじっくりと考えられ、質問もしやすい」という点でした。自身が行った授業について他者と振り返ることのできる機会は、その多くが「研究授業後の事後検討会」であったと思います。I教諭の回答にもあったように、このような場では発言の機会や協議内容は限られてしまいます。その場にいる先生方の経験年数や専門性、目的意識も様々であることから、一部の発言者、特定の内容に偏ることも多くありました。自身の経験からも言えることですが、自分の課題意識に基づく、直接的な学びとならないことが少なからずあったように思います。授業を通して自分が感じたことについて、気兼ねなく意見したり質問したりできることは、先生方にとって貴重な学びの機会になることを感じました。

　一方で、やはり時間的な負担が生じることは否めません。たとえ短時間であったとしても、他の業務が存在する以上、時間的な余裕はありません。時間の面に対する負担を回答されたF教諭の家庭は、共働きでお子さんもまだ小さいという実態があります。この課題を解決するためには、学校に関わる業務の取捨選択や人員を確保した上での分業が必要になると考えますが、校内研修においても常に意識していくべきであると思います。

（3）振り返りシートの記入について【インタビューでの回答から】

【A 教諭　（教員歴1年目）】→学び 有　負担感 無

- 書くことは大変ではない。子供もそうなのだと思うが、言ったり感じたりしたことをOUTPUTすることは大事だと思う。
- 自分の中で腑に落ちる言葉でまとめることに意味があると思う。理解できていると感じる。

【B 教諭　（教員歴4年目）】→学び 有　負担感 無

- 自分で振り返って書くことで、授業を思い出して整理することができる。話しただけで終わってしまうと、そのままになってしまう。
- 書くことで具体的にして終わることができる。本質が見えてくる。

【C 教諭　（教員歴6年目）】→学び 有　負担感 無

- 書くことで自分の授業を改めて確認することができる。授業のねらいに対する自分の理解が、日頃いかに浅かったかを感じる。
- 書くことは負担ではない。抽象的なものを具体的にすることで、次回の授業改善に向けてイメージをもつことができる。

【D 教諭　（教員歴14年目）】→学び 有　負担感 有

- 自分で振り返ったことを考えて書かなくてはならないので、時間がかかる。そのため、負担感は若干ある。
- ただ、じっくりと振り返ることで学びの効果は高くなると思っている。

【E 教諭　（教員歴14年目）】→学び　負担感

※データでの配付になるため、記入欄は設けていません。

【F 教諭　（教員歴16年目）】→学び 有　負担感 有

- 振り返りの中でのご指導は大変ためになり、これまでの振り返りシートを取り溜めている。
- 反面、自分が記入する部分については、話し合いをした時点学びになっており、それを文字に起こす作業をする必要性が感じられなかった。

【G 教諭　（教員歴17年目）】→学び 有　負担感 無

- 自分の振り返りが言1対1であることによって、話したいことが話しやすい。
- 聞きたいことが、消化できる。
- 人数多い研修の時は、他の人の話が勉強になる。
- 自分のことを見てくれての振り返りなので、足りないところがよく分かる。改善も考えられる。

【H教諭　（教員歴20年目）】→学び 有　負担感 無

・**最後に考えたことを書くことで，次回につながっている。**ちがう教科でも生かそうと考えられる。

【I教諭　（教員歴25年目）】→学び 有　負担感 無

・**書くこと自体は大変ではないが，書くときよりもお話をしている時の方が学びが大きい。**

　振り返りシートへの記入については、初任段階の先生と中堅・ベテランの先生で考え方の違いが見られました。B教諭の「書くことで具体的にして終わることができる。本質が見えてくる。」や、C教諭の「抽象的なものを具体的にすることで、次回の授業改善に向けてイメージをもつことができる。」という回答からは、初任段階の先生方を中心に、「学びを整理できる」という意義を感じていることが分かりました。特にA教諭の「自分の中で腑に落ちる言葉でまとめることに意味がある。」という言葉からは、記入しているその時間においても、思考を働かせ、自身の経験や知識と結び付けようとしていることが分かります。これは、まさに省察そのものであり、こちらが記入欄を設けた意図とも合致しています。

　一方で、中堅・ベテランとなるF教諭、I教諭からは「話し合いをした時点で学びになっており、それを文字に起こす作業をする必要性が感じられなかった。」「書くときよりもお話をしている時の方が学びが大きい。」という回答がありました。この回答からは、「対話の段階で十分な納得ができている」ということが想像できます。経験年数に限らず、常に自分自身を振り返ることが習慣化されている先生にとってはそのような感覚があるのかもしれません。このお二人は授業力が高く、学級経営も大変素晴らしい先生です。振り返りを行う中でも質問や改善案の提示に積極的で、自身の成長のために学ぼうとする意識が高いことを感じています。

　いずれにしても、「振り返ったことを自分自身のものにする」ということが重要です。今後は一人一人に合った振り返り方や、蓄積した振り返りシートの活用について更なる検討が必要であることを感じました。

（4）先生方自身の成長の実感について【自己評価アンケートの結果から】

　先生方には5月と12月の2回に渡り、「授業改善3つの視点」について自身が意識して取り組むことができているかを自己評価していただきました。その結果は次頁に示した通りです。この結果から、約半年間の取組が一定の成果につながっていることが見取れます。

表 6 　「授業改善３つの視点」に対する教職員アンケートの結果（５月）

視点	項目	具体的な観点	自己評価の割合（%）			
			4	3	2	1
【視点①】 身に付けさせたい力の明確化	1	単元（題材）を通して身に付けさせたい力を明確にし、指導と評価の計画を作成している。	21.4	64.3	7.2	7.1
	2	教科書、学習指導要領の指導事項を意識して教材研究をしている。	14.3	50	35.7	0
	3	ねらいに正対した学習活動を位置付け、評価規準との関連を図っている。	14.3	64.3	21.4	0
	4	児童の学習状況を評価規準に基づいて見取っている。	0	85.7	14.3	0
【視点②】 言語活動の充実	1	児童が自ら課題を設定し、解決に向けて話し合うなどの学習活動を取り入れている。	21.4	35.7	42.9	0
	2	言語活動について、国語科だけではなく、各教科等を通じて取り組んでいる。	21.4	71.4	7.1	0
	3	児童が資料や文章、組立てなどを工夫して、発言や発表をできるようにしている。	7.1	50	42.9	0
	4	学級を互いに学び合う学習集団に育てている。	21.4	50	28.6	0
【視点③】 一人一台端末の活用	1	教科の目標の達成に向け、１人１台端末を効果的に活用している。	0	35.7	50	14.3
	2	１人１台端末を教職員と児童がやりとりする場面で活用している。	7.1	21.4	57.1	14.3
	3	１人１台端末を児童同士がやりとりする場面で活用している。	0	28.6	50	0
	4	１人１台端末を児童が個人で活動する場面で活用している。	21.4	71.4	7.1	0

　特に大きな成果であると感じたのは、12月のアンケートでは全項目において「１」の評価が０％になったことです。先生方が１つ１つの項目を意識して取り組まれてきたことが反映されていることを感じます。また、肯定的な評価とする「３」と「４」の評価を合わせると、多くの項目で 80％を超える結果へと変容しました。中でも、視点２「説明するなどの言語活動の充実」については肯定的な回答が大きく増えました。この点の成長は、授業参観を継続する中で私自身も強く感じていることです。どの学級においても「子供たちの発話量」が明らかに増えました。ペア交流やグループでの共同作業など、自分自身の言葉で思いや考えを伝え合う子供たちの姿が大

変増えたように感じています。視点1「身に付けさせたい力を明確にした授業づくり」については、身に付けさせる力や学習計画を子供たちと共有することが、どの学級でも当たり前になりつつある状態です。視点3「一人一台端末を活用した授業づくり」についても、実践が着実に積み上げられてきています。

　この継続した授業改善の実現には、【実践→振り返り・課題の明確化→具体的な改善策→実践…】というサイクルの機能が大きかったと考えます。力の高まりを実感するには「取組を継続したという実感」が必要です。一定のサイクルが生まれたことが、先生方の継続した取組につながったと考えます。

表 7　「授業改善3つの視点」に対する教職員アンケートの結果（12月）

視点	項目	具体的な観点	自己評価の割合（％）			
			4	3	2	1
【視点①】身に付けさせたい力の明確化	1	単元（題材）を通して身に付けさせたい力を明確にし、指導と評価の計画を作成している。	14.3	85.7	0	0
	2	教科書、学習指導要領の指導事項を意識して教材研究をしている。	21.4	64.3	14.3	0
	3	ねらいに正対した学習活動を位置付け、評価規準との関連を図っている。	21.4	71.4	7.2	0
	4	児童の学習状況を評価規準に基づいて見取っている。	0	100	0	0
【視点②】言語活動の充実	1	児童が自ら課題を設定し、解決に向けて話し合うなどの学習活動を取り入れている。	21.4	57.2	21.4	0
	2	言語活動について、国語科だけではなく、各教科等を通じて取り組んでいる。	28.6	64.3	7.1	0
	3	児童が資料や文章、組立てなどを工夫して、発言や発表をできるようにしている。	7.1	71.4	21.4	0
	4	学級を互いに学び合う学習集団に育てている。	14.3	78.6	7.1	0
【視点③】一人一台端末の活用	1	教科の目標の達成に向け、1人1台端末を効果的に活用している。	14.3	71.4	14.3	0
	2	1人1台端末を教職員と児童がやりとりする場面で活用している。	14.3	50	35.7	0
	3	1人1台端末を児童同士がやりとりする場面で活用している。	7.1	57.2	35.7	0
	4	1人1台端末を児童が個人で活動する場面で活用している。	35.7	50	14.3	0

6　まとめ・考察

　本実践を通して、学校現場における学びについても省察のサイクルを回すことで、先生方は学びの手応えや成長を実感できることを感じました。今後は画一的な全体研修の実施以上に、このような個に応じた学びを保障していくことが重視されてくると考えます。今回の実践検証によって、今後の学校現場における学びについて1つの方向性を示すことができたと思っています。各学校現場において研修を担当する先生は、「与える、教える」から、「引き出す、表現させる」ということより意識していく必要があります。その過程を通して、「学ぶ意義の実感」を生み出していくことの重要性を改めて考えました。

　本実践の課題としては、次の2点が挙げられます。1点目は、インタビュー対象者の経験年数に偏りがあることや対象者の数が少ないことです。本実践の効果を検証するためには、より多くの先生方から意見を集約していく必要があると考えます。2点目は、このような学校現場における学びを持続可能なものとし、更に向上できるような組織の仕組みを提示することです。本実践は授業改善推進チームの事業が終了した際、現段階では継続が困難です。授業改善推進教諭のような先生方の省察を促す役職を校内外に設けていくことも検討が必要であると考えます。また、職務上の研修である以上、勤務時間内での実現が可能なものへ改善していくことが求められます。

　教師にとって学ぶことは、教師で在り続けるための必要条件であると思っています。しかし、学ぶことに消極的である先生方が存在することも事実です。時には、学ぶことを否定する先生さえいます。それはどうしてなのか。一概に言えるものではなく、これまでの環境や経験、今を生きる上で抱えているそれぞれの背景が影響するのだと思います。それでも、やはり私たちは学ばなければなりません。それが子供たちと日々関わって働く者としての条件であると思います。

　教職大学院での学びが、教師として生き生きと働き続けるための自身の考え方や環境の在り方を考え続けるきっかけとなりました。本実践においてもその課題意識が根幹となり、形にすることができました。今後も、自分を含めた多くの先生方のより良い成長を、そして、子供たちのより良い成長を考えていきたいです。

　私自身はこの課題について、「学校現場の一教師」として今後も向き合っていきたいと考えています。それは、常に理論と実践を往還することができ、いつでも現場の先生方の立場、目線、思いに立って「現実的」に考えることができると思うからです。子供、教職員、学校、地域など、その実態は全て異なります。だからこそ、

そこに置かれた自分たちで、自分たちに合った「在り方」を見出し、その在り方を具現する「やり方」を模索し続けていく必要があるのだと思います。今回の実践はそのことの大切さを改めて想起させてくれた貴重な機会となりました。この原稿づくりについても、実践を整理することができる有難い時間でした。

　私自身にできることは、とても小さなことです。その小さなことを着実に積み上げていくことができるように、今後も努力を続けていきます。今回はこのような機会をいただき、本当にありがとうございました。

（小林　　豊）

【引用参考文献・資料】

1)「『令和の日本型学校教育』を担う　新たな教師の学びの姿の実現に向けて（審議まとめ）」令和3年11月15日　中央教育審議会　「令和の日本型学校教育」を担う教師の在り方特別部会

2)『初等教育資料』2022年9月号　文部科学省

3)　松尾睦(2015)『「経験学習」ケーススタディ』ダイヤモンド社

4)　上條晴夫編　(2015)『教師教育―いま，考えるべき教師の成長とは―』さくら社

5)　F・コルトハーヘン(2010)『教師教育学―理論と実践をつなぐリアリステッィク・アプローチ―』学文社

6)　成功から学ぶ「経験学習」を取り入れた1on1とは ―北海道大学大学院経済学研究院教授・松尾睦さん― https://workmill.jp/jp/webzine/20210413_matsuo/ 2021年4月13日更新

－第12節－

中学校数学科　数学的活動の充実を目指した授業についての実践記録
～「振り返る」学習活動を指導に位置付けた視点から～

1　問題の所在

　「中学校学習指導要領解説（平成29年告示）数学編」（以下 指導要領解説）では「第1章　総説」において、前学習指導要領の成果と課題を踏まえた授業改善の視点として、数学的活動の一層の充実[1]が求められています。また、「第4章　指導計画の作成と内容の取扱い」では、数学的活動は基本的に問題解決の形で行われる[1]と明記されています。そこで、本実践における数学科の授業では、数学的活動の一層の充実のため、「問題解決の授業」[2]による指導を拠りどころとして、考察を進めたいと思います。

　前述の指導要領解説では、前学習指導要領の成果と課題において、「中学生は数学を学ぶ楽しさや、実社会との関連に対して肯定的な回答をする割合も改善が見られる一方で、いまだ諸外国と比べると低い状況にあるなど学習意欲面で課題がある。さらに、小学校と中学校の間で算数・数学の勉強に対する意識に差があり、小学校から中学校に移行すると、数学の学習に対し肯定的な回答をする生徒の割合が低下する傾向にある」[1]と指摘されています。

　これらのことから、数学的活動の楽しさや数学のよさを実感させ、数学を学ぶことの面白さや考えることの楽しさを味わえる指導をより充実させることが、喫緊の課題と感じています。そして、生徒が数学の学習に主体的に取り組むことができるように指導を模索していく必要があると考えています。これらを実感させることについて、同指導要領解説の「第2章　数学科の目標及び内容」では、数学的活動の充実が「学びを支える情意的な側面を大切にすること、すなわち、数学を学ぶことへの意欲を高めるとともに、数学的活動に主体的に取り組むことを大切にするとの趣旨によるものである」[1]と示されています。このように、生徒が数学の学習に主体的に取り組めるようになることを目指し、数学的活動の充実を図っていかなければならないと考えました。

2　先行研究と実践の特徴

（1）数学を学ぶ意義と「振り返る」活動について

実践では、数学的活動の充実を図るため、「振り返る」学習活動に着目しました。なぜ、「振り返る」学習活動に着目したのかを整理したいと思います。まず、数学を学ぶことの意義について同指導要領解説では「数学は、問題を発見して解決し、それらを振り返りながら、更に考え続けることで発展をしている。（中略）数学の学習では、主体的に問題発見・解決の過程を遂行すること、そして、これを振り返って言語としての数学で表現し、意見の交流や議論などを通して吟味を重ね、更に洗練させていくことが大切であり、ここに数学的活動の教育的意義がある。」[1] と示されています。

　このことから、数学的活動を通して学習するという数学の教育的意義とは、発見した問題を解決し、それを振り返ることで得られる知識や経験そのものと捉えられるのではないかと筆者は考えました。そして、問題解決した後に思考を整理し、それらを振り返ることでこそ、新たな気付きや視点が得られると考えられるのではないでしょうか。

　次に、「振り返る」活動と数学的活動の楽しさについて、永田（2018）は次のように述べています。「子供が問題を解決できた後、あなたが指導すべきことは何ですか。『今日の授業の感想』を書かせる以外にすることはないでしょうか。数学は、問題を発見して解決し、それらを振り返りながら、さらに考え続けることで発展してきました。授業における振り返りとは、単なる復習や自己評価のことではありません。解決した問題を基にして既習事項を生み出すと共に、次の学びへの基盤を固め、新たな『考える楽しさ』につながるきっかけをつかむ機会です」[3] このように、既習事項をもとに学びを連続させ、考える楽しさ、つまり数学的活動の楽しさを実感する方法として、「振り返る」活動が位置付けられていることがわかります。

　また、「振り返る」活動とその意義[4] について根本（2014）は次のように言及しており、数学科における主体的な学びに向けて、学習を振り返って理解を深めたり、新たな課題を見出したりするサイクルが重要であると述べ、数学のよさを実感することとして「振り返る」活動を位置付けています（表1）。

表1　"振り返る"活動の意義について（根本博　2014より抜粋）

1	「理解」を深める→知識を膨らませる
2	「失敗を経験する」から「失敗を経験にする」→考えたことを無駄にしない
3	新たな課題を見出す→新たな事実を探る
4	事実を追求し、新たな可能性を探る→得られた結論を放置しない

　これらのことから、「振り返る」活動について実践を踏まえて考察を深め、前述した学習意欲面に対する手立てとしても、その在り方を模索しようと考えました。実践では、単元や題材など内容や時間のまとまりの中で、学習を見通し振り返る場面をどのように設定するかという視点で考察していくため、附属横浜中学校（2015）が示すイメージ図[5]を参考にして筆者が作成した、以下に示す数学的活動のプロセスをもとに、「解決過程」と「結果」の視点から指導を計画しました。

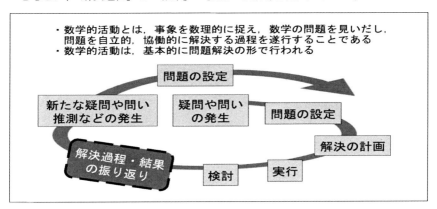

図1　数学的活動のプロセス（附属横浜中学校　2015をもとに筆者作成）

（2）解決過程に対して「振り返る」活動

　筆者は、数学の学習での解決過程に対して「振り返る」とは、解決に至るまでの授業を1つのストーリーとして振り返ることだと考えています。この活動を通して、例えば、解決のために有効に働いたと考えられる方法や考え方を意識化することができるのではないかと考えます。また、この考え方を生徒の言葉で黒板に残すことができれば、板書を見ながら各場面でどのように解決したのかを見える化した状態で振り返ることができます。そして、解決過程で辿ってきた授業の要点をつかむことができると考えられます。さらに、違う課題解決場面では、「以前は、○○と考えてうまくいったけど、今回はどうすればよいだろう」と見通しを立てることにもつながり、考え方の方針を立てる拠り所にもなると考えられます。

（3）結果に対して「振り返る」活動

　筆者は、数学の学習での結果に対して「振り返る」とは、学習を通して得られた内容理解を強化し、その価値付けをすることだと考えています。この活動を通して、例えば、単元の学習前後で学んだことを整理し、その価値を実感することができるのではないかと考えます。また、わかったこととまだわからないことを明確に区別

して捉えることで、初めて「次は何を考えようか」と思考を発展させることができるとも考えられます。そして、問題の条件を変えることで自然な文脈で新たな問題発見へと、統合的・発展的に考えることができます。そうすることで、学習の連続性を生み出し、やらされ感を軽減して学習意欲を高めることができると考えます。この活動を継続することで、数学の有用性を実感することにもつながっていくのではないかと考えました。以上のことから、「振り返る」活動を単元や1時間の授業でねらいに沿って行うことで、生徒の学習意欲の高まりにつなげられるとともに、数学の学習の有用性の実感につなげられると考えました。

（4）「振り返る」活動の具体
① 授業の要所で行う振り返り
　筆者のこれまでの実践では、振り返りをじっくりさせたいと感じていても、指導時数に余裕がなくなることが多く、ゆとりをもって行うことができずに歯がゆい思いをしてきました。そこで、実践の具体的なプランでは、目標に正対させて振り返る内容を厳選したり、1時間の授業を小テストと振り返りの時間に分けて設定したりして、確実に実践できるように、より現実的な計画を考えました。そのため、数学的活動の充実と学習意欲の高まりに向けて、「振り返る」活動をどこに設定し、どのようにして意図的・計画的に指導していくかのバランスを重視することが大切だと考えました。

　方法としては、先行研究と筆者の実践をもとに、「振り返る」活動の在り方と重要性を考察したいと思います。まず、田中・尾崎（2022）は、振り返りの場面について、必ずしも授業の終末部分で行うのではなく、必要なときに、それも授業の節目で小刻みに行うことが考えられる[6]と述べています。このことから、「振り返る」学習活動は、授業の目標達成のために随時行うものと捉えられると考えました。

　また、早勢（2020）は、授業の終末に行う振り返りについて、以下の3つの活動を示し、「本時の目標と正対した振り返りを設定し、『なぜ解決できたのか』を考えたり、『活用できるか』を確認したり、『それならば』と発展したりする」[7]ことを勧めています（表2）。

表2　「振り返り」の3つの活動例（早勢　2020より一部抜粋）

① なぜ課題を解決できたのか（解決のツボ） 　その発想はどこから導かれたのか（ツボの根拠）を確認する（いわゆる「まとめ」） ② 活用できるか、別の問題に適用して確認する ③ 発展的に捉え、新たな活動の端緒をつかむ

　そして、生徒に振り返りの視点を与え、授業のねらいに沿った振り返りとなるように、実践では盛山（2021）[8] をもとにして発問を整理し、意図的・計画的に活動を設定できるように工夫しました（表3）。

表3　振り返り、統合・発展場面で使う発問（盛山　2021 をもとに筆者作成）

○授業の導入時の振り返り
　「今まで学んだ問題で似たような問題はあるかな？」
　「今までの問題と何が違うのかな？」「今までの学習のどんなことが使えそうかな？」
○授業の展開時の振り返り
　「○○ってどういうことかな？」
○授業全体を振り返る
　・知識技能を重視：「今日の授業で分かったことや1番大事なことは何かな？」
　・計算手順を重視：「もしも、○○だったらと、例を示してペアの人に説明しよう」
　　「今日の問題や教科書の問題から1つ選んで、解き方をペアの人に説明しよう」
　・数学的な見方、考え方を重視：「どのように考えたらうまくいったのかな？」
○統合的・発展的な考えを育てる振り返り
　「同じ所はどこかな？」「条件を変えたらどうなるのかな？」「次に何を考えますか？」

　これらの視点を指導計画に組み込んだり、授業の要所に発問を通して「振り返る」活動を取り入れたりすることが有効と考え、筆者の実践では「①授業の要所で行う振り返り」として位置付けることを計画しました。
　② 単元の振り返り
　また、国立教育政策研究所（2020）を参考にし、教科書の内容のまとまりである節ごとに学習内容をまとめ、振り返る活動を「②単元の振り返り」として設定しました。具体的には、その時間までに学んだ内容について振り返ったり、誤答を問題として扱ったのち、それを改善する活動を通したりして、問題を解く際の注意点を整理します。また、全体で注意点を共有し、「自分にとって『この単元の問題を解く際に気を付けるポイント』」を選び、選んだ理由や問題の具体例を書こう」と問いかけ、これまでの解き方を振り返り、改善につなげるという方法です。

3　実践の具体的な取組

　ここでは、数学科「3年 式の計算」で、学習活動や発問に前述の振り返り活動を位置付けた単元計画を掲載します。なお、この単元の特徴として、中学校3年間の系統性を重視し、既習と未習の境界線を意識させることが特に重要な単元であるこ

とが挙げられます。

　例えば、第1・2時では、既習となる第2学年までの単項式の計算をもとに、多項式ではどうなるのか、と統合的・発展的に問題を捉えさせる指導が重要です。また、第3時では、新たに学ぶ式の展開を、分配法則をもとにした既習の計算方法と関連付けて指導することが必要です。さらに、「数と式」領域の学習内容のつながりを、「振り返る」活動で想起させる指導が重要と考えました（表4）。

表4　「3年　式の計算」の指導計画（第1〜3時、第4〜6時は省略）

学習内容	学習活動（・目標 □問題 ◎課題 ☆まとめ)等	目標達成のために重要な場面と発問
1 単項式と多項式の乗法	・単項式と多項式の乗法について理解し、簡単な多項式と単項式の積を求めることができる。 □縦がxm、横がymの長方形の花壇がある。横の長さを3m伸ばすと、長方形の面積は何m²になるだろうか？ ◎$x(y+3)$はどのように計算するのかな？ ☆単×多は分配法則をもとにして計算できる	単項式と多項式の乗法を、分配法則を用いて計算する場面 **これまでの問題とどんな所が違うのかな？**
2 単項式と多項式の除法	・多項式を単項式でわる除法の計算方法を理解し計算することができる □次の計算は正しいだろうか？ ①$(6x^2+4xy)\div2x$　②$(6x^2-8xy)\div\frac{2}{3}x$ 　$=3x^3+2x^2y$　　　$=9x^3-12x^2y$ ◎正しい計算はどのようにすればよいだろうか？ ☆多項式÷単項式は逆数にして分配法則を使う	多項式を単項式でわる除法を、分配法則を用いて計算する場面 **これまでに学んだことが使えないかな？**
3 多項式どうしの乗法	・多項式どうしの乗法について、すでに学習した方法と関連付けて展開することの意味と計算方法を理解する □（多項式）×（多項式）　$(a+b)\times(c+d)$　はどのように計算すればよいだろうか？ ◎面積の図をもとに多項式の乗法を考えよう ☆多項式×多項式の計算は、それぞれの項どうしをかけ合わせて、それらの和を作ればよい（公式◎）	1つの文字に置き換えて分配法則を使ったり、面積図を使ったりして、多様な方法で考える場面 **これまで学んだことと同じようにして、考えることができないかな？**

　第7・8時では、式の展開の応用として文字の項の数が変わったことに着目させたのち、前時までに学んだ展開公式が使えることに気付かせる発問を位置付けました。これにより、全く新しい方法を学んでいるのではなく、共通部分を文字に置き換えることで前時までと同じ考え方を用いることができるという、学習の有用性の実感につなげたいと考えました。また、第11時〜13時から学習する因数分解では、

式の展開の逆を辿ればよいと気付かせるために、あらかじめ第 10 時でこれまでの
内容をじっくりと振り返る、前述の「②単元の振り返り」活動を設定しました。こ
こで一度、単元の学習内容を振り返っておくことで、既習と未習の区別を明確にし、
計算方法を見出す思考のつながりを強化して、さらなる学習の有用性の実感をねら
いました。なお、第 12・13 時では、学習内容の系統性を意識させるため、問題 1 の
解決後に応用として問題 2 を指導する流れとしました。ここでは、問題 1 から「同
じ考え方が使えないだろうか?」と問題 2 を発展的に捉え、学習内容を振り返って
適用する「振り返る」活動を設定しました（表 5）。

表5　「3 年　式の計算」の指導計画（第 7〜13 時）

7 3 項×3 項の展開	・多項式を 1 つのまとまりとみて文字に置き換え、乗法公式を利用して展開する方法を説明することができる 次の式を展開しましょう。 　$(\chi+y+2)(\chi+y-2)$ ◎3 項×3 項の展開を、工夫して計算しよう ☆3 項×3 項の展開は、共通部分を文字に置き換えて 2 項×2 項になおしてから公式を使って計算するとよい	文字に置き換えて乗法公式を使って計算できる問題の練習場面 **今まで学んだことを使うにはどう考えればよいかな?**
8 単項式をひとまとまりにみた計算	・単項式をひとまとまりに見ることで文字に置き換え、乗法公式を利用して展開する方法を説明することができる 次の式を展開しましょう。　$(2\chi+3y)^2$ ◎公式②を使ってどのように計算するのかな? ◎面積の図で確かめるとどうなるかな? ☆公式が使えるように単項式を文字に置き換えて、ひとまとまりで考える	文字に置き換えて乗法公式を使って計算できる問題の練習場面 **今まで学んだことを使うにはどう考えればよいかな?**
9 小テスト／因数分解の意味	・因数分解の意味を知るとともに、分配法則を使って、共通因数をくくり出すことができる ある式を展開した。 　$\boxed{}=4\chi^2-6\chi$ □に入るのはどんな式だろうか? ◎どのように共通因数を見つければよいかな? ☆和→積の形…因数分解 ☆→最大公約数と項の中にある文字を見つける	展開する前の式を予想する場面 分配法則の逆を使って因数分解を考える場面 **共通因数を探す時どう考えるとうまくいったのかな?**
10 因数分解の復習／展開の計算の振り返り	・共通因数をくくり出す因数分解をすることができる ・既習の展開の計算の仕方を振り返り、自分の計算の仕方を改善しようとする態度を身に付ける **教科書 p14〜26 を振り返って、多項式の展開をするときに気を付けるポイントは何かな?** **(小テストで多かった誤答やこれまでの演習での誤答を提示し、注意点を全体で検討して確認する)**	解き方のポイントをまとめ、計算の仕方を改善しようとする場面

11 乗法公式 を逆にみ た因数分 解(公式① の逆)	・乗法公式①をもとに、因数分解することができる 次の式を因数分解しましょう。 　　x^2+5x+6 ◎共通因数がない時はどのように計算すればよいかな？ ☆公式の逆で考えて因数分解する 　①の場合は和・積であてはまる２数を探す	公式①の逆を使って 因数分解する問題の 練習場面 **前回の問題とどんな ところが違うのか な？**
12 乗法公式 を逆にみ た因数分 解(公式② ③の逆)	・乗法公式②③の逆を使って因数分解することができる 問題1　次の式を因数分解しましょう。 　①　x^2+6x+9　②x^2-6x+9 ◎乗法公式②③の逆を使って因数分解しよう **問題2　次の式はどのように因数分解できるかな？** 　**③　$4x^2+4x+1$** 　**④　$4x^2-4x+1$**	公式②③の逆を使っ て因数分解する問題 の練習場面 **問題１で学んだこと を使うためにはどう 考えればよいかな？**
13 乗法公式 を逆にみ た因数分 解(公式④ の逆)	・乗法公式④の逆を使って、因数分解することができる 問題1　次の式を因数分解しましょう。 　①　x^2-9 ◎乗法公式④の逆を使って因数分解しよう **問題2　次の式はどのように因数分解できるかな？** 　**②　$4x^2-9y^2$**	公式④の逆を使って 因数分解する問題の 練習場面 **問題１で学んだこと を使うためにはどう 考えればよいかな？**

　第14時では、共通因数でくくってから因数分解をするということに気付かせる
ため、前時までとの違いを明確にしたのちに、網掛け部の「振り返る」発問によっ
て指導する流れとしました。また、第15・16時では、これまでの学習状況と生徒の
実態を考慮し、あらかじめ「置き換える」という方法が使えそうだという見通しを
全体で確認してから、個人・集団思考をするように工夫をしました。そして、第16
時の授業後半に因数分解の計算の振り返りとして、「②単元の振り返り」活動を設定
し、第17時からの活用にスムーズにつなげることをねらいました（表6）。

表6　「3年　式の計算」の指導計画（第14〜16時）

14 共通因数 をくくり 出して公 式を使う 因数分解	・共通因数をくくり出してから、公式を使って因数分解で きることを説明することができる 次の式を因数分解するにはどうすればよいのかな？ 　①　$2x^2+4x-16$　②　$16a-4ab^2$ ☆共通因数でくくり出す→公式で因数分解	共通因数をくくり出 してから公式を使っ て因数分解する問題 の練習場面 **公式を使うためには どう考えればよいの かな？**
15 置き換え を使った 因数分解	・多項式を1つのまとまりとしてみることで、文字に置き 換え、公式を使って因数分解できることを説明すること ができる 次の式を因数分解するにはどうすればよいのかな？ 　①　$a(x+y)-b(x+y)$ 　②　$(x+y)^2+3(x+y)+2$	式をみて共通部分を 文字に置きかえて、 因数分解をする問題 の練習場面 **これまでに学んだ 「置き換える」方法**

	◎展開しないで因数分解するにはどうすればよいかな？ ☆共通部分を文字に置き換えて因数分解する	が使えないだろうか？
16 共通因数をつくって置き換える因数分解／因数分解の計算の振り返り	・多項式を1つのまとまりとしてみて文字に置き換え、共通部分をつくりだし、因数分解できることを説明することができる ・既習の因数分解の計算の仕方を振り返り、自分の計算の仕方を改善しようとする態度を身に付ける 次の式を因数分解するにはどうすればよいのかな？ 　　$x(y+6)+2y+12$ ◎展開しないで因数分解するにはどうすればよいかな？ ☆共通部分をつくる→置き換えて因数分解する 教科書p28～35を振り返って、因数分解をするときに気を付けるポイントは何かな？ （これまでの演習での誤答を提示し、注意点を全体で検討して重要な考え方を確認する）	式をみて共通部分をつくりだし、文字に置きかえて因数分解をする問題の練習場面 計算の仕方を振り返り、自分なりに解き方のポイントをまとめる場面

　第17時では、数の計算の工夫について、展開や因数分解の公式が応用できないかという視点で考えさせます。そこで、まずは公式が使えそうだという見通しをもたせるために、式の途中が空欄になっている問題を提示し、「何が使われているのか？」から考え方を読み取る指導の流れとしました。また、第18時では数や図形の性質が成り立つことを、文字を使って説明するため、目的に合わせた式変形をすることが必要です。ここでは、数量や図形の関係を説明するために、文字を用いた式が活用できることや目的に応じて式を変形することなど、第2学年までに学んできた方法知を想起させる振り返り活動を位置付けることが重要だと考えられます。さらには、別の問題に適用する振り返り活動として、課題解決後に「問題の条件を一部分だけ変えたらどうなるのか」という思考の広がりをねらった発問によって、問題を発展的に捉え、新たな問いを考える文脈を自然につくることが重要なポイントとなります。（表7）

表7　「3年　式の計算」の指導計画（第17～19時）

| 17
小テスト／公式を使った計算の工夫 | ・公式を使って能率的に計算する方法を説明することができる

トマじろうはどのように考えて計算したのかな？
（1）　27^2-23^2　　　　（2）　99^2
　＝ ? 　　　　＝ ?
　＝$50×4$　　　　＝$100^2-2×100×1-4$
　＝200　　　　＝9801
☆展開や因数分解は数の計算にも応用できる | 展開や因数分解を利用した計算の工夫について考える場面

これまでに学んだ内容のどんなことを使っているのかな？ |

1 8 式の活用 数の性質 証明	・命題について予想し、不十分な証明を修正して、文字式を使って数の性質が成り立つことを証明することができる	部分提示によって出された文字式の意味や式変形の意味を考える場面
	連続する２つの偶数の積に１を足すと、どんな数になるだろうか？	◎次に何を考えますか？
	◎「連続する２つの偶数の積に１を足すと、２つの偶数の間にある奇数の２乗になる」ことは、どう証明すればよいのかな？ ⇒部分提示で式の意味や、式変形の目的などを問い返す ◎問題の条件を一部分だけ変えると、どうなるのかな？	⇒「偶数」を「奇数」に変えると、どんな性質が成り立つのかな？
1 9 単元のまとめ	単元テスト(30分程度、自己採点) 単元の全体の振り返り「式の計算の単元を振り返ろう」	単元全体を振り返り、自分の学習を振り返ってポイントをまとめる場面

4　実践の記録

（1）　「振り返る」活動を板書に関連付ける工夫

　「①授業の要所で行う振り返り」では、発問を通して振り返り活動させた際に、目標達成のために重要だと考えらえる生徒の言葉を吹き出しなどで板書に残すことで、考え方の見える化を図りました。また、解き方のポイントやどこからその発想が導かれたのかを問い、意図的に引き出せるよう工夫しました。このようにして、生徒がどの場面でどのような発言をして思考を深めたのかという、解決過程のプロセスを板書で振り返ることができると考えられます。（図２、図３）

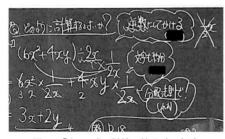 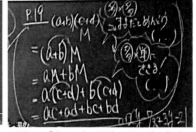

図２　「中３　式の計算」第２時の板書　　　　図３　「中３　式の計算」第２時の板書

（2）　「振り返る」活動を記録に残す工夫

　「②単元の振り返り」では、生徒のノート写真をロイロノートで提出させ、全体で共有しました。図４では「１年生の時から習ってきた乗法や除法は様々な形で出てくるので…」と記述しており、学年を超えて「数と式」領域の学習のつながりを

実感していると考えられます。図5では「分配が基本にあるので、発展みたいな感じで捉えることができる」と記述しており、学習内容を統合的・発展的に捉えていると考えられます。図6では「例 $x^2+6x+9=(x+3)^2$ と $(x+3)^2=x^2+6x+9$　これらが同じ」になることを記述しており、因数分解を式の展開と関連付けて統合的に計算方法をまとめ、振り返っていると考えられます。

図4　第10時「式の展開」の振り返りにおける生徒Aのノート写真

図5　第10時「式の展開」の振り返りにおける生徒Bのノート写真

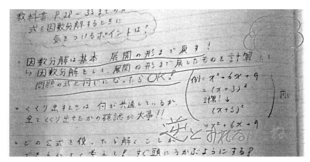

図6　第16時「因数分解」の振り返りにおける生徒Cのノート写真

　なお、生徒の記述に対しては下線やコメントでフィードバックを重ね、学習の有用性を実感させたり、学習内容の連続性を意識化させたりして、次時以降への学習意欲を高める工夫をしました。

5　まとめ・考察

　実践を通して、数学的活動の充実を図るために「振り返る」活動を指導に位置づけることで、生徒の記述にあるような学習内容のつながりを実感させることができたと感じます。「①授業の要所で行う振り返り」では、発問によって生徒とのやり取りや生徒同士の対話が生み出され、その有効性が実感できたと感じています。実際の授業中、第7時の問題を提示した瞬間に「文字が…増えた！」と発言したり、第

11 時では「前と一緒で、公式(1)の逆を考えて…」と説明したりするなど、前時まで
の内容をもとにした生徒の姿が多かったと感じました。

「②単元の振り返り」では、課題がいくつか残りました。勤務校では、実践の際
までに、タブレット端末を家庭に持ち帰る体制が整っていなかったため、クラウド
上にある生徒の学習履歴を家庭学習などで効果的に活用させることができませんで
した。今後の展望として、家庭での ICT 活用も視野に入れながら、「振り返る」活動
の在り方を考え続けていく必要があると感じます。また、活動を個人で行う際、生
徒が目的意識をもてず、負担感もあるために身が入らなくなる場面がありました。
授業の目標や生徒の実態、そして教材の内容などを考慮し、生徒をよく見て実践を
重ねながら、今後も検討・改善していく必要があると強く感じます。

特に成果として、授業中の生徒の反応や必要感に応じて①を細かく行うことによ
り、問題・課題把握が促進されたり、疑問や問いが新鮮な状態で対話することがで
きたりしたため、自分事として生徒が課題を捉えやすくなり、解決に向けて考え続
けることができたのではないかと感じています。また、解決過程と結果を振り返る
際、いずれの場合も板書の果たす役割が非常に重要であると感じます。今後も、生
徒が数学のよさを実感することができるよう、板書を通して振り返りの指導の在り
方を模索しながら、数学的活動の充実を図っていきたいと考えます。そして、授業
を１つのストーリーとして生徒とともにつくり、数学的活動の楽しさを実感させら
れる指導を目指していきたいと思います。

（平川　隆人）

【参考文献等】
1) 文部科学省 (2017)「中学校学習指導要領 (平成 29 年告示) 解説　数学編」　p. 7, p. 172, p. 6
　下線筆者, p. 28 下線筆者, p. 32, 33 下線筆者
2) 相馬一彦 (1997)「数学科『問題解決の授業』」明治図書
3) 永田潤一郎 (2018)「中学校新学習指導要領　数学的活動の授業デザイン」明治図書　p. 38
4) 根本博 (2014)「数学教育と人間の教育 ‘振り返る’活動を考える」啓林館　p. 209, p. 210, p. 212,
　p. 215
5) 横浜国立大学教育人間科学部附属横浜中学校 (2014)　「『見通す・振り返る』学習活動を重視し
　た授業事例集」学事出版　p. 54
6) 田中博史・尾崎正彦 (2022)「算数授業の当たり前を『子どもの姿』から問い直す Re デザイン問
　題解決の授業」明治図書　p. 129
7) 早勢裕明 (2020)「中学校数学科 Before&After 指導案でみる　実践！『全単元の問題解決の授業』」
　明治図書　p. 18 下線筆者
8) 盛山隆雄 (2021)「思考と表現を深める算数の発問」東洋館出版社　p. 78
9) NIER 文部科学省国立教育政策研究所教育課程研究センター (2020)「『指導と評価の一体化』
　のための学習評価に関する参考資料　中学校数学」

－第13節－

高等学校における「探究的な授業」の実践例
～"モノづくり"の視点を生かした理科課題研究の実践～

1　問題の所在

"ものづくり"と"モノづくり"の違いについて

　北海道における工業教育の現状と課題について、北海道工業高等学校校長会(2022)では工業教育の意義について次のように述べています。

　「資源のない我が国が、持続的に発展を遂げていくために必要なものは技術であり、その技術を生み出そうとする人間の力です。特に工業においては、より良いものをつくろうと切磋琢磨する熱意・意欲、他者との協調・協力する協働性、そして新たな価値を生み出す創造性を発揮する人材が求められています。このため工業教育では、「ものづくり」を基本とした様々な体験的な活動を通して、基礎的・基本的な知識・技術・技能や望ましい勤労観や職業観を身に付けるとともに、豊かな人間性や協働性及び創造性などを育成します」(新しい時代に向けた本道の工業教育−社会変革に挑戦する人づくりを目指して−(2022)より)
このように、工業高校の生徒は「ものづくり」を基礎として、個人または他者との協調・協働を図りながら、知識や技術、職業観を身に付けるという目標があると分かります。では、工業高校教育の主軸となる「ものづくり」と「モノづくり」の違いについて考えてみます。

　森(2018)によると、モノづくりは次の3つの内容を持つといいます。「1．無為のものを有形に変化させる、あるいは有形を組み合わせる。2．無用のものを有用に変化させる。3．無秩序を秩序あるものに変える。また、モノづくりは1．機能を持たせる。2．価値を吹き込む活動である。3．人間の生き方、暮らし方、未来に関わるものである」と述べています。将来、工業に携わる人材を育成する、工業人を育てる教育は単に"ものづくり"ができる子供たちを育てるものではなく、"モノづくり"とは何かを考えさせ、"ものづくり"を通して部品の流通や製造、販売ルート、販売方法等、消費者の元に届くまでの様々な要素を踏まえる必要があると考えます。

　また、森(2018)は、"モノづくり"が大切である理由についても述べており、「モノづくりは社会に貢献するというばかりではなく、モノの価値が高いばかりではない。モノづくりは人を育てる。モノの価値意識が育つ人間の生活、生き方を育

てるプロセスの喜び、楽しさを育てる。モノを通じた人間交流ができる価値を体験できる創意工夫、創作を発揮できる基本的技能を学習できる」と述べています。"モノづくり"を通して、素材の価値を判断し、その特性に応じた用途を考えて製作をします。その過程の中で生じるエラーから、何に問題があるかを考え、問題を解決するために何度も試行錯誤して完成に近づけていきます。ここで、問題が解決できるまで何度でもやり直していいわけではなく、材料を消費すればするほどコストがかかるのは言うまでもないことです。消費した材料費についても考える必要があると考えます。さらに、完成品の質についても追求する必要があります。消費者視点を取り入れ、価格設定はどうか、使いやすいものとなっているか、耐久性や安全面についてはどうか等、製造者的・販売者的・消費者的視点の３つを考えながら１つの製品を製造しなければなりません。

　このように"モノづくり"を通した学習過程は、高等学校学習指導要領解説-理数編-（2018年公示）に示される「資質・能力を育むために重視すべき学習過程」（筆者が作成したものを図1.1に示す）と、同等であると感じます。図1.1の課題の把握に対応する「自然事象に対する気づき」が「製品を必要とする消費者のニーズに気づく」になり、「表現・伝達」の場面で「製作物の評価」をすることで十分に探究の過程を意識した学習活動になると筆者は考え、今回単元を計画し実践してみました。

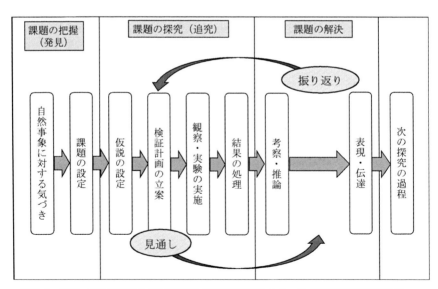

図1.1　資質・能力を育むために重視すべき学習過程のイメージ（高等学校基礎科目の
　　　例）（文部科学省，2018,『高等学校学習指導要領解説-理数編-』より引用）

2　取組・単元の特徴

「理科課題研究」（2単位）について

　本校では、1年次で「科学と人間生活」2年次で「物理基礎」3年次で「化学基礎」を必履修としています。その他に、実験・観察を主とした探究的な活動を行う「理科課題研究」（2単位）といった設定科目が設置されており、3年次で選択した生徒のみ履修します。

　「理科課題研究」は、子供たちが普段専門科目として学んでいる工業科目での学びを活用しながら理科分野で検証していくための科目であり、令和2年度の授業では「重力加速度」を測定する実験を行いました。なお、「理科課題研究」では測定器を除いて実験に用いる装置は全て1から自作させています。「重力加速度」の測定実験に用いた装置の写真を次の写真2.1、2.2に示します。

写真2.1　令和2年度に生徒たちが作成した　　写真2.2　令和2年度に生徒たちが作成した
　　　　「重力速度」測定装置1　　　　　　　　　　　「重力加速度」測定装置2

　写真2.1、2.2より、本実験は木材を生徒たちが加工し実験装置を製作しており、班ごとに試行錯誤しながら測定値を理論値に近づけられるよう装置に工夫を施している様子が伺えます。

3　取組・単元などの全体計画・指導計画

（1）単元設定について

　本単元を計画する上で、目標を1．モノづくりを通して製品を作成する他に必要な視点を学ぶ（製造者、販売者、消費者視点等）。2．製作を通して理科の「見方・考え方」を養うと設定しました。理科の「見方・考え方」を次の表3.1に示します（高等学校学習指導要領（平成30年度告示）解説 理科編 理数編より）。

表3.1　領域ごとの「理科の見方・考え方」(文部科学省, 2018, 「高等学校学習指導要領解説-理科編 理数編-」より)

・「エネルギー」・・・自然の事物・現象を量的・関係的な視点で捉える。

・「粒子」・・・自然の事物・現象を質的・実体的な視点で捉える。

・「生命」・・・生命に関する自然の事物・現象を共通性・多様性の視点で捉える。

・「地球」・・・地球や宇宙に関する自然の事物・現象を主として時間的・空間的な視点で捉える。

　なぜ理科の「見方・考え方」を目標に設定したかというと、本実践の3年生は1年次に「物理基礎」2年次に「化学基礎」を学習しているため、1、2年次で蓄えた知識や考え方をどれだけ実践に活用できるか自身の学びを応用させてほしかったからです。同時に、そこで得られる学びは子供たちの「科学的リテラシー」の成長にもつながると考えました。「科学的リテラシー」とは、「自然界及び人間の活動によって起こる自然界の変化について理解し、意思決定するために、科学的知識を使用し、課題を明確にし、証拠に基づく結論を導き出す能力」のことです（OECD生徒の学習到達度調査（PISA2018）のポイントより）。

　1時間目のオリエンテーションでは、本単元で製作するものについて生徒たちに提案させ、話し合いの結果「ニュートンのゆりかご」、「ペンデュラム・ウェーブ」を作成することになりました。

　「ニュートンのゆりかご」とは、金属球が吊り下げられているものであり、糸を張った状態で金属球を持ち上げれば、残りの金属球に衝突し、反対側に持ち上げた数と同じ分だけ、金属球が跳ね上がります。持ち上げた分の金属球と、衝突し跳ね上がる金属球が常に同じになるという動作をする実験装置です。その動作原理には力学的エネルギーの保存、運動量の保存、弾性衝突が含まれています。

　「ペンデュラム・ウェーブ」とは、周期の異なる振り子がある一定の時間ごとに周期が一致する、さらには、その間にいくつかのグループに分かれて周期が一致する現象のことをいいます。

（2）単元指導計画

　本単元は次の表3.1に示すように、9時間設定で行いました。1時間目のオリエンテーションでは、製作物の提案を行いました。製作物が決まった段階で、班ごとに製作に必要な材料を考えさせ、完成予定イメージについても考えさせました。

　2時間目からは実際に製作を始め、途中で不足した材料については、随時教科担任（筆者）に品名と必要な個数を報告させ、買い揃えました（今回の授業では、製作にかかった材料費を単純計算できる、子供たちがイメージしやすいといった理由

から100円均一で購入できるものに限定しました)。また、2～5時間目の製作過程において、筆者がそれぞれの班を周り机間巡視をしながら製作物について、製造者（製品に関わるコストをいかに削減できるか等）、販売者（消費者に販売する際、どのような製品が売りやすいか等）、消費者（低価格、高耐久性、安全性やメンテナンスのしやすさ等）の立場を踏まえた助言を行いました。

　6～8時間目については、班ごとにPCを用いて発表資料（PowerPointスライド）を作成させました。なお、装置についてプレゼンする際に相手にどのような情報を優先的に伝えるべきか考えさせたかったので、項目については生徒たちに任せました。9時間目の発表の時間は、班毎に限られた時間の中で発表や質疑・応答を行い、発表を聞いている生徒や教員（筆者含め理科実験助手の2名）が製作物・プレゼンテーションについてルーブリック評価を設定し、評価を行いました。

表3.2　実践した単元の指導計画

時	学習内容	学習活動	評価方法	評価場面
1	オリエンテーション	・なぜ作る必要があるかしっかりとした理由を考え、製作物の提案を行う。 ・例を見ながら完成予定図をイメージし、必要な材料をまとめる。	・計画シート ・活動の様子	1次評価
2〜5	実験装置製作	・装置について製作をしながら分析を行い、うまくいかない場合は、原因を考察する。 ・不足している材料については、教科担任に報告する（2、3、4時間目のみ）。	・振り返りシート ・活動の様子	2次評価
6〜8	発表資料作成	・「PowerPoint」を用いてスライドを作成する。 ・スライドの項目は聴講する人がどのような情報を必要としているか考え、班ごとに決める。	・活動の様子	3次評価
9	発表・製作物評価	・自分の班の自己評価も含めて観点ごとに評価規準に従い、発表や製作物に対して点数を付ける。	・評価シート（発表物・製作物） ・振り返りシート	4次評価

（3）評価に使用した評価物について

　本実践にて評価に使用した評価物を示します。「計画シート」、「振り返りシート」、「発表・製作物評価シート」、「まとめの振り返りシート」の4つを用いて生徒たちの評価を行いました。今回は、1時間目（計画シート）、2～5時間目（製作の振り返りシート）、6～8時間目（活動の様子）、9時間目（単元全体を通した振り返りシート）のように4次に分けて評価を行っています。

生徒たちだけでなく、この授業に携わる教員（教科担任の筆者や理科実験助手の先生）も発表や製作物に対して評価を行いました。その際、生徒たちの持ち点合計は40点（発表15点満点、製作物25点満点）であり、教員は60点（発表25点満点、製作物35点満点）となります。生徒と教員を含め100点満点となるように点数配分をしています（9時間目に行った発表物・製作物の評価シートの内容については、あくまで生徒たちが振り返るために実施したものであり、評定には含んでおりません。製作物について別途で教科担および理科実習助手で総合評価を付けました）。

4　取組・単元などの実践の実際

（1）　「計画シート」の結果について

　本単元1時間目のオリエンテーションの際に使用した「計画シート」の結果を示します。なお、生徒たちの記入例を次の表4.1に示し、「計画シート」や2〜5時間目の製作時に使用した「振り返りシート」の追加購入欄に記入されていた材料の画像を図4.1に示します。

　表4.1より、「ニュートンのゆりかご」や「ペンデュラム・ウェーブ」、「フラスコ、ビーカー等」、「質量を測る装置」と回答した生徒については、使用する誰かのために製作をしたいという気持ちが汲み取れます。一方、「顕微鏡」「何らかの発電機」「ウェーブ・マシン」「静電気発生装置」「化石のレプリカ」と回答した生徒は、どちらかというと自分の興味・関心を優先して製作したいという気持ちが汲み取れます。どれも製作する理由としては素晴らしいと思いましたが、今回の目的は“モノづくり”であるため、多数決をとり、「ニュートンのゆりかご」「ペンデュラム・ウェーブ」を製作することに決定しました。彼らには、実際に製作する前にお手本となる装置（「ニュートンのゆりかご」「ペンデュラム・ウェーブ」）の例を動画資料で見せ、その情報を元に計画を立てさせました。その後、初期段階で必要と思う材料を決めさせて計画シートに記入をさせたところ、図4.1に示す釣り糸、クリップ、瞬間接着剤、ストロー以外の材料が挙げられました。初期段階でリストアップされた材料から見てわかるように、全ての班が装置の土台を割り箸で作りたいと考えたことが分かります。

　完成予定図については、本校3科「電子機械科」「電気科」「建設科」の特徴が出ており、「電子機械科」の生徒は材料自体の性質にこだわってスケール等緻密に練っているように見え「電気科」の生徒は、コストパフォーマンス重視でシンプルだが質を求めるアイデアを構想し、「建設科」は授業で習った建築関係の知識を生かし、耐久性や安全面に配慮した製図をしているように思いました。

表4.1　「計画シート」の製作物の提案および理由欄の記入例
（生徒たちが記入したものであり，表中の部分は最終決定したものです）

製作物の例	製作する理由の例
ニュートンのゆりかご	・理科室にある装置が壊れているため、修理するか、簡易的なものを1から製作したいから。 ・後輩たちの「物理」の授業で使ってほしいから。
ペンデュラム・ウェーブ	・実験装置を見たときに、現象自体に興味をもったため。・後輩たちの「波」の実験で使ってほしい。
重力加速度測定器	昨年度の実験を引き継ぎでやってみたいから。
顕微鏡	素人が作れるものなのかやってみたいから。
何らかの発電機	自分は電気科なので、発電機を作ってみたいと思った。
ウェーブマシン	昔見たことがあって、面白いと思ったから作ってみたいと思った。
フラスコ、ビーカー等	消耗品であり、実験中に割れることも多いと先生から聞いたので、より丈夫なものを作ってみたいと思ったから。
静電気発生装置	Youtubeで実験している映像を見た時に面白そうだと感じたので、作れるなら作ってみたいと思った。
化石のレプリカ	自分は恐竜が好きで、本校は「地学」がないので、勉強も含めて作ってみたいと思った。
質量を測る装置	はかりみたいなものを作れば、便利かなと思ったから。

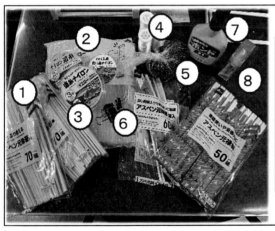

1．割り箸
2．ストロー
3．釣り糸
4．糸（裁縫用）
5．ビー玉
6．クリップ（大・小）
7．木工用ボンド
8．瞬間接着剤

図4.1 本単元で実際に生徒たちが使用した材料の画像
（セロハンテープとハサミは材料費に含んでいないため外しております）

（2）　「振り返りシート」の結果について

　本単元2～5時間目の実験装置製作の際に使用した「振り返りシート」の結果より、1日目の振り返りの内容を見ると、割り箸の接着やビー玉に加工を加えること

に苦労している様子が見られました。単に割り箸同士を接着するのではなく加工を施す必要性を述べていました。その他にも、接着位置を統一させなければ運動にバラつきが出るのではと予想を立てた生徒もいました。

　2日目の振り返りの内容を見ると、班によって方法は異なりますが、どの班も工夫を凝らして割り箸を接着できている様子が伺えました。接着剤について考察している生徒もおり、初め瞬間接着剤で割り箸をくっつけていた生徒は、木工用ボンドの方が適していたと判断しており、何か物を使って固定しやすいようにすると上手くいったと述べていました。また、ビー玉の質量のバラつきに気付いた生徒もおり、質量を統一したほうが上手くいくのではないかと推測を立て、精度の良いビー玉の値段が高いことについても調べ述べていました。

　3日目の振り返りの内容を見ると、どの班も「ニュートンの振り子」は完成させていることが分かりました。完成させただけでなく、ビー玉同士の動き方のバラつきの原因や安定させる方法を考え、「ペンデュラム・ウェーブ」について「ニュートンの振り子」における反省を生かして製作に取り掛かろうとする様子が伺えました。

　最後に4日目の振り返りを見ると、「ニュートンの振り子」「ペンデュラム・ウェーブ」それぞれ必要になってくる知識の違いに気付いており、他にも、材料の特徴を考え、それに合った加工方法や用途を考えなければならないことが分かったと述べた生徒もいました。4日間全てに共通することだが、実験装置を製作する過程で常に子供たちの中でトライアンドエラーを繰り返し、班員同士で話し合い、課題解決に向けて試行錯誤している様子が伺えます。また、普段の工業科で学ぶ知識と理科で学んだ知識を融合させて取り組めていました。

（3）　「発表・製作物シート」の結果について

　表4.2より、発表会の際に使用した「発表・製作物シート」の結果について考察します。まず、発表資料用の評価について見てみます。A班は基準点となるため全ての観点において4点としました。B班は観点①（内容の流れ、起承転結、結果と考察、課題点・改善点等）について全ての班の中でも高い評価を得ており、C班は観点②（発表がスムーズかどうか（段取り、進行、手際良さ等））、観点③（チームワーク（班員全体が関わっているかどうか等））について高い評価を得ています。この評価については準備の差が出ていると思いました。また、これまでに「PowerPoint」スライドを使ったプレゼンテーションを行ったことがあるかという経験の差が生徒たちからの評価の差を生み出していると考えました。その他にもC班が観点③において高い評価を得ているのは、発表する人、スライドを切り替える人、実験装置を

実際に動かして見せる人等、事前に役割分担を的確に行い、1人1役ではなく、ローテーションをして全員が全ての役割を全うしていたことが評価に繋がったと考察できます。

表4.2「発表・製作物シート」の結果
（生徒たちがそれぞれの項目について得点をつけたものの平均値をとっています）

発表資料用	観点①	観点②	観点③	合計	製作物用	観点①	観点②	観点③	観点④	観点⑤	合計
A班	4	4	4	12/15点	A班	4	4	4	4	4	20/25点
B班	5	4	4	13/15点	B班	5	4	4	5	5	20/25点
C班	4	5	5	14/15点	C班	4	5	5	3	4	19/25点
D班	3	3	4	10/15点	D班	3	3	4	5	5	22/25点
E班	3	3	3	9/15点	E班	3	3	3	3	4	16/25点

　次に、製作物用の評価についてみると、B班が観点①に高い評価がつけられています。これは手際が良かったためだと考えます。B班の生徒は授業外においても今回製作した実験装置のことをよく調べ、何が必要か、どのようにしたら上手くいくか等積極的に情報の収集を行なっていました。その結果、どの班よりも早く装置を完成させて「PowerPoint」スライド作りに取り掛かることができていました。B、D班は観点④、観点⑤に高い評価をもらっています。この2班は、装置に補強を施したり、その都度落としたりして強度を確かめていました。また、本校建設科（土木コース・建築コース）のメンバーがいたため、普段授業で学んでいる専門科目の知識が生かせた結果だと考えられます。独自性の部分については、廃材となるような余った割り箸を活用し、飾り付けを行なったためだと考えられます。最後に、C班は観点③に高い点数がついていますが、C班は全班の中で唯一取り外しの可能な装置を作成しました。取り外しであればメンテナンスも容易ですし、壊れた場合に該当箇所のみ取り替えれば解決できる場合も多いため高い評価を得られたと考えます。一方、唯一どの班も評価5が付かなかった観点②について原因を考えると、市場ではどのくらいの価格で販売されているのかデータが手に入らなかったためだと考えます。製作費を計算したところ、班ごとにA班（409.5円）、B班（543.8円）、C班（399.75円）、D班（424.4円）、E班（450.1円）という結果になりました。い

わゆる割り箸とビー玉等の簡易的な材料で装置を作成している人はこの世にたくさんいますが、販売をしている人がなかなか見つけられないためどの価格を基準にして安いか高いか判断をしたらいいのか分からなかったのではと考えます。

（4）「まとめの振り返りシート」の結果について

　本単元9時間が終わり、宿題として提出させた「まとめの振り返りシート」の結果より、「1.製作物の選定について」の記入例をみると、自分たちの興味・関心も大切であるが、誰かのためにものづくりをする良さに気付けた様子が伺えました。また、工業高校の専門科目で学んでいることが生かせることに対して喜びを感じている生徒もいました。

　「3.発表資料の作成について」の記入例をみると、発表資料を作成する上で最適な情報の選択または提示方法について知識を獲得している様子が伺えました。また、ここで身に付けた力は社会人になっても役に立つのではと述べている生徒の様子も見られました。

　「4.発表会について」の記入例をみると、伝え方の部分で反省をしている様子が伺えました。その中でも生徒Aが述べていた「みんなそれぞれ個性が出ていた発表会でした。みんなの良さを集めて1つのものを作ったり、発表スライドを作ればかなり良いものが出来るのではと考えた。」というコメントはまさに本単元の狙いの1つと重なります。"モノづくり"の現場ではそれぞれの専門分野のプロフェッショナルが複数集まり話し合いながらその時その時のベストを尽くして"ものづくり"をしているので、協働的な活動の大切さを学んでいると考えられます。

　最後に、「単元全体を通した振り返り」の記入例をみると、生徒Bは相手意識をもちながら発表資料を作成することの大切さ、生徒Cは誰かのためにものづくりをすることの楽しさ、生徒D、Eは精度の高い装置がどのようにして作られているか、材料や適切な用途についてデータをたくさん取った上でミスを最小限にとどめるための工夫にてついて学べたことが分かりました。

（5）単元全体を通して

　次の図4.2、図4.3に生徒たちが作成した実験装置の一部を、図4.4に生徒たちの活動の様子を載せます。まず、図4.2、図4.3を見るとどれも個性豊かな作品であることが分かります。班ごとにそれぞれ違った特徴があり、こだわった点もそれぞれ違っていて非常に面白い作品に仕上がったなと思っています。更に個性豊かな作品というだけでなく、精度もしっかりしています。インターネット上で「ニュートンの振り子」「ペンデュラム・ウェーブ」の値段を調べたところ安いもので1000

円ぐらいの価格から高いものだと２万円近いものまでありました。確かに高いものは運動の精度も高く、それぞれの箇所に質の高い材料を使っています。しかし、試行錯誤しながら装置を製作している様子を見ると、自らミスを修正することや計画を立てていく中で得られる知識は偉大であると考えるため"モノづくり"に関わったことで子供たちにとって１つの良い経験になったと感じます。

　図4.4を見ると子供たちが楽しそうに活動している様子が伺えます。彼らは３年

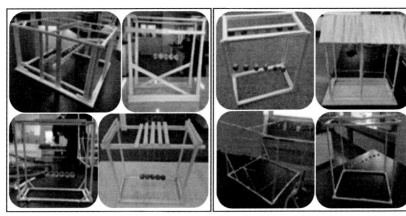

図4.2 生徒たちが作成した「ニュートンの　図4.3 生徒たちが作成した「ペンデュラム・
　　　　振り子」の例　　　　　　　　　　　　　ウェーブ」の例

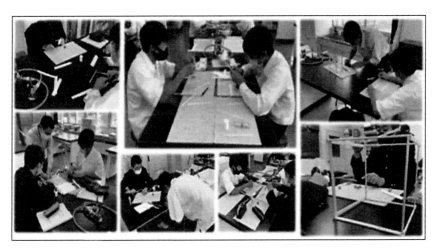

図4.4 生徒たちの活動の様子

次にこの単元を学習していますが、2年次は新型コロナウイルス感染拡大の影響に
よって実験が制限されており、理科の授業で実験が実施できませんでした。それ
もあったのか、実験室で班員と相談しながら、実験ができることを楽しんでいる印
象を強く受けました。私自身も、実験を通して子供たちがより学びを深められる可
能性を強く感じることができました。

5 まとめ・考察

(1) モノづくりの視点を取り入れた理科の授業について

　今回"モノづくり"の視点を取り入れた理科の授業を実践してみて、私自身大き
な収穫があったと感じております。子供たちが工業高校の生徒であるという立場を
生かして活動できていたこと、普段専門科目で学んでいる既習事項を活用しながら
取り組めていた様子を見てこの授業の可能性を感じました。ものを単につくるだけ
でなく、誰のためにつくるのか、いかに精度の高いものをつくるか、そのためには
どのような材料が適切か、コストや開発期間はどのくらいの範囲に収める必要があ
るか等、複数の視点を基にして製品が製造されていることに気付けた点は本授業の
目標を概ね達成できたと言えます。また、振り返りの中でもあったように、それぞ
れの専門分野のプロフェッショナルが常に意見交換を行い、話し合った末に良い製
品を生み出せていること、協働の大切さについても全ての生徒が実感できていたと
考えます。

　しかし、この授業実践には課題もたくさんあると感じております。まず、本単元
を実践する前に彼らには練習となる実験を5〜6回ほどさせていること、それによ
り授業時数が圧迫されて9時間設定で行わざるを得ませんでした。その結果、生徒
たちにとって結構タイトなスケジュールになってしまい余裕をもって取り組ませる
ことができませんでした。

(2) 今後の展望

　5(1)にて本実践の課題点を挙げましたが、同じような実践を行うのであれば、
将来的に"モノづくり"の視点だけではなく、"マーケティング"の視点も取り入
れた実践にしたいと考えています。"マーケティング"とは消費者の求めている商
品・サービスを調査し、供給する商品や販売活動の方法などを決定することであり、
生産者から消費者への流通を円滑にする活動のことを指します（三省堂 大辞林 第
三版より引用）。また、日本マーケティング協会によると"マーケティング"とは、
「企業および他の組織がグローバルな視野に立ち、顧客との相互理解を得ながら、

公正な競争を通じて行う市場創造のための総合的活動である」と述べています。今回の実践では、後輩たちのためにできるだけ低コストで扱いやすいような実験装置を製作しましたが、実際に製作物を販売する、生産者から消費者への流通ルートの考察も含めて探究を行うことで製造以外の視点を育むことができるのではと強く思っています。

このように思う理由は、私たちが生きるこの時代は「予測困難な社会」と言われているように、ITやAI等の技術は年々発展し続けており、2030年までの未来ですら予測が難しい状況です。そんな時代だからこそ、新しい学びの方法として2022年度から高校の新科目として追加された「理数探究」等の「探究学習」は教科・科目の枠を超えた横断的で総合的な学びを獲得できる科目として期待されており、地域活動や自然活動、社会貢献などを通して、自ら課題を見つけ、解決策を探す「課題解決型の授業」の発展が求められています。

予測困難な現代社会を生き抜くためには、自ら問いを見出し探究する力が不可欠であると考えます。そのためには、ひと昔前までのように教師が生徒に質問するという一方通行の学習ではなく、生徒が自ら気付き、その答えを探すべく自ら行動・発表するような形式で授業を行っていく必要があると考えます。その過程で、答えがない問いやすぐに答えの出せない問いもあるかもしれませんが、分からないから答えを、指示を待つのではなく、自ら考えて導き出すために努力を怠らない子供を育んでいかなければならないと思います。

また、これまでのように1つの専門分野のみに特化している人材を育てるのではなく、これからの時代は複数の分野に教養があり、1つの仕事に対して関わる複数の事象との関係性を考えられる広い視野を持った人材育成が求められると感じています。もしかすると、専科がある高等学校の社会的な位置付けも今後変わってくるのかもしれません。商業高校では商業を、農業高校では農業というように高校生活3年間で1つの分野の学びを極めるのではなく、商業高校においても農業や工業または水産業等の知識を学ぶ必要が出てくるのではと思います。しかし、授業時数の関係上カリキュラムの中に無理やりに組み込むわけにもいきませんので、「探究」の時間の在り方が重要になってくるのではと考えており、「探究」という教科の特性を生かすために専門横断や教科・科目横断のように、横断的な単元計画がこれまでよりも一層求められる時代がきているのかもしれません。

（　山本　　衛）

【参考文献等】

1) 愛知県総合教育センター研究部（2022）「高校理科の授業改善ハンドブック」

2) ドミニク・S・ライチェン，ローラ・Hサルガニク（立田慶裕監訳）（2007）『キー・コンピテンシー』明石書店

3) Griffin, P., McGraw, B., Care, E.（三宅なほみ監訳）（2014）『21世紀型スキル　学び評価の新たなかたち』北大路書房

4) 北海道工業高等学校校長会(2022)「新しい時代に向けた本道の工業教育-社会変革に挑戦する人づくりを目指して-」

5) 国立教育政策研究所（2018）「OECD生徒の学習到達度調査(PISA2018)のポイント」

6) 文部科学省（2019）「TIMSS2019のポイント」

7) 文部科学省（2018）『高等学校学習指導要領解説 理科編 理数編』実教出版株式会社

8) 森和夫（2018）『技術・技能論-技術・技能の変化と教育訓練-』大妻女子大学人間生活文化研究所 pp. 1-14.

9) 森本信也(2017)『理科授業をデザインする理論とその展開-自律的に学ぶ子どもを育てる-』株式会社 東洋出版社 pp. 159-175.

10) 日本マーケティング協会（1990）

11) Science First（2002）「32175 Pendulum Wave Instructions」

12) 竹谷尚人（2018）「運動エネルギーと運動量との概念分化の試み-ニュートンのゆりかごを使った授業-」

13) 山口晃広・江崎士郎（2017）『中学校「理科の見方・考え方」を働かせる授業』株式会社 東洋出版社

第Ⅲ章

共同研究

－第Ⅲ章－

学校のマネジメント機能を高める
～組織運営と道徳教育に関わって～

はじめに

　「令和の日本型学校教育」の実現に向け、学校のマネジメント機能の強化が求められています。本稿では、学校経営における組織マネジメントとカリキュラム・マネジメントは相互に連関し一体であると捉え、解釈学的認識論を基盤として学校の組織力の向上と道徳科の授業の充実について論述します。なお、本稿は、北海道教育大学旭川校教職大学院、授業開発研究室の元教授と修了生有志が13年間にわたって続けている「智書の会」（読書会）会員の共同執筆によるものです。

1　組織マネジメント

（1）学校の組織体制

① めざす学校像

　学校は、一人一人の子どもにとって安心・安全で、学ぶ目的や学び方がわかり、学ぼうとする意欲に満ちた楽しい場所でなくてはなりません。そのために、学校では、教職員がビジョンを共有し、目標を明確にして諸活動に取り組み、その成果を評価・改善する組織マネジメントの向上が求められています。

② 問題の所在

　学校における組織マネジメントとは「学校内外の能力・資源を開発・活用し、学校に関与する人たちのニーズに適応させながら、学校教育目標を達成していく過程（活動）である」[1]。換言するなら、学校の在り方を刻々と変化する環境に適応させ組織力を高め教育成果をあげる方法といえます。

　本稿では、学校の組織力を高めるために校内組織に焦点を当てます。

　学校経営は、一般的に図1のような組織体制として表現され、学校の全体像として経営案等に掲載されています。これは、各教職員が学校の教育目標の達成を目指し、業務を分担・協働し、ＰＤＣＡのマネジメントサイクルで教育成果を上げようとする体制です。この構図は、学校のカリキュラム・マネジメントも同様といえます。それを支えるのは目標管理の方法であり、学校全体として教育目標が達成されたかどうかは、各分掌、各教職員の目標達成状況によって評価されることになります。このよう

な組織体制での全体（組織体制）と部分（分掌等）の関係は、トップダウン、ボトムアップ、「報・連・相」という仕組みを持ちながらも、目標管理を軸とした縦の影響が強いマネジメントということができます。

　しかし、この仕組みを解釈学的に捉え直すと、全体は部分から直接的確実に構成できるというものではなく、むしろ、全体から出発し、その中で部分をより大きく規定していくものであり必然的に循環的であるということができます[2]。この観点から、「PDCAのマネジメントサイクルにしたがって目標管理を行ったとしても、そのことが直ちに学校の組織力を高めることにはならない」[3]ということを捉えることができます。

　このことは、マネジメントサイクルを機械的に当てはめるだけであってはならないという戒めでもありますが、目標達成をめざす組織力向上のためには、日常的に意識を向けて取り組んでいくべき課題であるといえます。

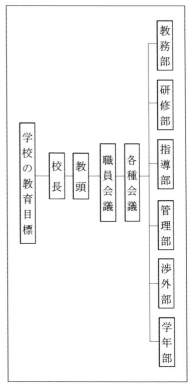

図1　組織図

（2）組織力を高める

①　「場」を捉える

　伊丹敬之は、仕事の現場には、人々の間の情報的相互作用と心理的相互作用の容れものがあるとし、それを「場」という概念で呼び、次のように定義しています。「人々がそこに参加し、意識・無意識のうちに相互に観察し、コミュニケーションを行い、相互に理解し、相互に働きかけ合い、相互に心理的刺激をする、その状況の枠組みのことである」[4] すなわち、組織では、縦からの影響だけではない、お互いにコミュニケーションする横の相互関係も常に起きており、様々な情報と感情の流れがあるということです。むしろ、横の相互関係が強調されています。さらに、伊丹は、場における情報の流れと感情の流れの間には相互影響があるとし、それを「ヨコの相互作用」[5]として重視しています。

　これらによれば、前掲の学校の組織体制全体も大きな場であり、各分掌等はその中の一つの場であると考えることができます。そのほかにも、子どもたちとの関わりや教職員グループでの関わり、保護者との関わり等、様々な場があります。その場では、情報の流れと感情の流れが単独に起こるものではありません。そこでは、ヨコの相互作用として網目状の活発な活動が行われ、多様な情報交流から胸が熱くなり奮い立つなどの感情交流も生じていると考えられます。

　このヨコの相互作用は、学校全体の秩序やモラールにも影響を与えています。例えば、かつての職員室での「ストーブ談義」です。ストーブの周りに教職員が何と無しに集まり、語り合い関わり合って、組織の和を保ちながら目的を達成していくという日本的ともいわれる学校風土です。

　学校の組織を、このような情報と感情が流れる場と捉えると、いわゆる縦の関係を超えた横の相互関係の重要性を理解することができます。この場の活性化こそ、学校の組織力を高めていくものと考えます。

② 「場」のマネジメント

　学校の組織力の向上には、すでに存在する場の風通しをよくするとともに、新たな場をどう生成しそれをどのように機能させていくのかが大切です。そのための基盤は、一人一人が自由で信頼され、率直に自然に話し合うことができる環境です。その上にたって、性急に課題を解くことだけを求めるのではなくむしろ教職員相互の様々な情報交流を重視し、どのように考え何を目的とするか、見通しをもってどう計画を立てるかなどを共有するプロセスこそ重要です。

　確かな情報共有から自律的に場が生まれるための、さらにそれを生き生きと動かしていくための経営努力が求められます。そのことが組織力を高めやがては諸々の課題解決へとつながり、学校組織の創発性を高め教育成果をあげていくものと考えます。

（3）組織力を高める実践

　学校の組織力を高めるための場では、自由に発言でき、他人の意見を聞いてそれが同じ正当性をもっていることを認め合うことが大切です[6]。そのために、教職員一人一人が、自分は全体の歯車的な存在ではなく、自分の存在は「部分」でありながら「全体」でもあると意識し、自らの在り方を主体的に受け止めて学校の教育活動を支えていく姿勢が必要です。

① 旭川市立緑が丘小学校の実践

　3点の具体的な取組を述べますが、これらは、単独に設定されるものではなく相互に関連し影響し合うものとして位置付けています。

(ｱ) 自由に集まれる空間をつくる

　職員室から見えるオープンな場所として、給湯室の一角を「ざっくら会議」の場として活用しています。定例会議や委員会等の計画された諸会議ではなく、何気なく集まり、集まったもの同士が自由に語り合うことができる場所となっています。そこでは、教職員が、何かを伝達しようとするわけではなく何かを聞こうとするわけでもない、そんな会話にたまたま参加するのです。その繰り返しの中で情報や気持ちの交流が図られています。風通しのよい自由な環境づくりは、組織力向上の大きな一歩と捉えます。

(ｲ) プロセスの見える化を図る

　組織としての構造は見えても、決定から実行までのプロセスがなかなか見えません。プロセスの共有化をめざし自由に書き込める「気づき版」を設置しました。そこに行事等の進捗状況や諸課題について気付いたことを、付箋紙に自由に書いて貼ります。記された意見やアイディアなどを課題解決の種として様々な場で育てていきます。プロセスの見える化は、教職員の経営への参画意識を高めていくと考えます。

(ｳ) プロジェクトを結成する

　学校には様々な課題が山積しています。「ざっくら会議」や「気づき版」から、課題解決へのアイディアや自主的な取組を集約して、年齢や立場を超えたメンバーでプロジェクトを結成します。課題解決への考え方と目的を共有し、見通しをもった短期的、長期的計画を立て、新しい知識や経験知を核とした情報を発信します。プロジェクトの活動は組織に新しい風を呼び込むに違いありません。そのチームの意欲的な活動を支えるためには、外部からの新しい情報を積極的に受け入れることや、予算と時間の工夫が必要となります。

② 実践から見えてきたこと

　「ざっくら会議」は、自由に語ることができる空間として、教職員一人一人が自分の存在は部分でありながら全体でもあるという所属感を意識できる安全基地となっています。本校の組織力の向上に欠かせない場であることを実感しています。「気づき版」では、徐々にではありますが意見も書かれるようになってきており、ヨコの相互作用の意識化が進んでいます。プロジェクトについては、現在ある組織での活動の活性化が進んでいるものの、新しい発想からのプロジェクト結成までは至っていません。「ざっくら会議」や「気づき版」からの新しい気付きによる自律的な場の発足を目指しています。

2　カリキュラム・マネジメント

（1）めざす教育課程

①カリキュラム・マネジメントの現状

　教育課程とは、「学校教育の目的や目標を達成するために、教育の内容を児童（生徒）の心身の発達に応じ、授業時数との関連において総合的に組織した各学校の教育計画」[1] であり、各学校の教育活動の中核として最も重要な役割を担うものです。

　各学校においては、学校の教育目標を実現するために、子どもたちや学校、地域の実情等を踏まえて、学習指導要領等に基づき、どのような教育課程を編成し、どのようにそれを実施・評価し改善していくのかという「カリキュラム・マネジメント」を確立し、教育活動の質の向上を図ることが求められています。

② 問題の所在

　教育基本法第二条には、教育の目標の一つに「道徳心を培う」ことが示されており、「学習指導要領　第3章　特別の教科　道徳」では、子どもたちが自己の生き方を考え、主体的な判断の下に行動し、自立した人間として他者とよりよく生きるための基盤となる道徳性を養うこととされています。

　道徳教育は、道徳科を要として学校の教育活動全体を通じて行われるものですが、道徳科の指導計画については、「道徳教育の全体計画に基づき、各教科、外国語活動、総合的な学習の時間及び特別活動との関連を考慮しながら、道徳科の年間指導計画を作成するものとする」[2] と示されており、各学校のカリキュラム・マネジメントの質が問われています。

　しかしながら「令和3年度道徳教育実施状況調査報告書」においては、「学校や児童生徒の実態を踏まえた指導」及び「各教科等や体験活動との関連」に関する質問に「とてもそう思う」と回答した学校が8.4%、11.4%となっており、「教科書の発問例に依存し、児童生徒や学級の実態を踏まえた授業展開が行えていない場合がある。」[3]などの課題が明らかになるなど、カリキュラム・マネジメントが十分に機能していないと考えられる結果となりました。

　子どもたちは、日常生活や学校教育の中で、すでに多くのことを知り、理解している存在であり、子どもの実態を踏まえた道徳科の授業づくりは不可欠です。その理解は、表面的な理解に留まっていることが少なからずあり、教師は子どもを道徳的価値へ目覚めさせ、「真の理解」「納得いく理解」へと導いていくことが求められています。本稿においては、教育の目標である「道徳心を培う」ために、道徳科を要とした道徳教育の在り方について、論じることとします。

（2）子どもの対話を促す道徳教育

① 主体的・対話的で深い学び

　「主体的・対話的で深い学び」とは、子どもたちが学ぶことに興味や関心と見通しをもち、自己との対話、他者との対話を通して「見方・考え方」を働かせ、真の理解へと向かう学びの場と捉えることができます。

　理解するということについて、ボルノーはディルタイの了解心理学から、「体験、表現、了解の内面的な連関」のなかで、人間の生命の発展する過程を理解できるとしています[4]。これは、子どもが生活するなかで多様な事象の理解を深め自分自身を成長させていく過程と考えることができます。このことを授業場面で捉えると、体験とは、子どもの、課題に対してすでにもっている理解「先立つ理解」[5]に基づく漠然とした全体把握といえます。表現とは、その体験の意味を自己との対話や他者との対話によって明らかにすることであり、理解とは、これまでの自分の考え方が揺さぶられ、自分なりの「納得いく理解」[6]へ深まることといえます。この連関は、子どもの理解が深まるとともに体験も変化し、さらに表現されるという循環をたどりながら自ら成長していく道と考えることができます。

　道徳科の授業でも課題に対する子どもの理解は、道徳的価値に対する自らの体験から出発します。まだ十分に明らかになっていない道徳的価値に対する理解です。その理解を確かなものにするためには「対話においてはじめて、思考は創造的になる。」[7]といわれるように、表現としての対話の充実が必要です。

　その対話は、話し手の開いた心が聴き手によって受け入れられることで交互に深められていきます。主体的・対話的で深い学びには、まず教師が自ら心を開いて子どもたちと向き合うことが大切であり、子どもにとって表出した自分をいつでも委ねられる環境があることが重要です。また、対話における子ども一人一人の感じ取り方、受け止め方は千差万別です。それはこれまでの生活体験の違いが背景にあり、むしろその子らしさ、すなわち個性として認め大切にしていかなければなりません。その子の感じ方は、人間性の基盤と捉えることができるからです。

　このように考えると、教師には、授業において子どもたちの体験を引き出し、対話による深い学びへの道筋をどうつけられるかが重要となります。

② 学習過程

　学習過程で教師には、子ども一人一人に寄り添って「どのような価値を、どのように学ぶか」を子どもと組み立てるとともに、個々の子どもの学びの道筋を認め支えていくことが必要です。

　ボルノーは、授業は遡る熟考であるとし、「授業は、新しいものを受け入れることと、すでに存在する理解の全体へと遡ることとの、たえずくりかえされる交互作用のなかで、つまりたえざる前進と後退の中で、完成される。」[8]と述べています。

　この観点から道徳科の授業を考えると、道徳的価値について子どもがすでにもっている理解を全体とし新しい価値や意味等を部分として、全体から部分に移りさらに全体を再構成していく道筋と捉えることができます。換言するなら、自己や他者との対話を通し、理解の正誤ではなくわかっていることからわかっていなかったことへの思考を促すことで、より明確な納得いく理解へと再構築を図っていくことといえます。それは、子どもがすでに知っていることをあらためてわかることであり、もう一度わかり直すことといえます。その結果としての終末段階での理解の文章化は、子ども一人一人にとって自分なりのエピソードとして蓄積されていき、これからの深い学びの土台になっていくものと考えます。これらのことを基に道徳科の学習過程を次のように設定します。

表1　道徳科の学習過程

段階	子どもの思考	子どもの活動	教師の動き
導入	これまでの理解【教材との対話】【自己との対話】	○主題に対するこれまでの理解を引き出す。（教材文を読み主題について考える。）	○ありのままの子どもの存在を肯う
展開	主題にそった思考【他者との対話】	○教材文を自分と重ねて考え主題について話し合う。○主題について、自分の体験から話し合い深める。	○聴き合いを尊重し、頷きや表情等を受け止め問い返しを行いながら、互いの理解と考えの深まりを促す。
終末	再構築した理解【自己との対話】	○主題に対する自分の考えを文章にまとめる。	○仲間との対話から得た考えを自分の言葉として整理させ今後の生き方につなげる。

（3）授業実践

① 旭川市立東栄小学校の実践

　　主題名　分けへだてなく　　（C公正、公平、社会正義）

　　教材名　「いじりといじめ」　4年　日本文教出版[9]

　この教材文は、子どもたちにとっては大変身近な話題です。「いじり」と「いじめ」の違いを考えさせながら、いじりはいじめにつながる行為であることに気が付き、誰

に対しても分け隔てなく相手を大切にしようとする心情を育てることをねらいとしました。

(ｱ) 多面的・多角的に考えさせる発問

　子どもたちからは「まちがいを学級全体で笑うのがだめ」「相手が仲良しならそういうときもある」という意見も出ましたが、「いじりもいじめの一部。相手が傷ついてしまうならいじりもしてはいけない」という意見が多く出ました。やはり多くの児童が、自分が「いじりをされる側」として「いじりは良くない」という価値を捉えている様子でした。

　そこで「でも、同じようなことがこの前、この学級でもなかっただろうか」と発問し、以前、授業中に一人だけ教師の指示とは違うことをした児童の行動を皆で笑った時のことを振り返らせました。誰もが悪意なく「いじる側になる」ことに気が付くことが納得いく理解となると考えたからです。多くの子が「あのときのAさんの…」とそのできごとを思い出しました。「あのときAさんも同じように笑っていたけど、本当はどう思ったの」とAさんに尋ねました。「私はそういうの全然気にしないの。私お母さんにもよくあんたバカだねぇって言われてるから慣れてるんだ。逆に笑ってくれた方がうれしい」、多くの児童は申し訳ないような、ほっとしたような複雑な表情で話を聴いていました。

(ｲ) 子どもたちと共に考える教師の姿勢

　Aさんが答えたことについて、教師は善悪の判断をせず、「Aさんはこうやって今言ってくれているけれど、だから良いと本当に言えるだろうか。本当のことって、私たちには、わからないよね」と子どもたちに伝えるに止めました。より自分にとって「いじり」とはどういうことか、子どもの心を開かせ、自由に考えさせることができると考えたからです。

　この対話によって子どもたちは「いじりは良くない」という考えについて、「いじられる側」からの視点ではなく「いじりをする側の立場になった自分」の視点から価値を捉え直しました。授業後には以下のような感想がありました。

○ いじりで失敗を笑ってもらって助かることもある。自分だったらうれしいときもある。けど本当に嫌かどうかはその人しかわからない。笑っていても、心の中はわからない。

○ その人との関係性や、そのときの状況で傷つくかそうでないかは変わる。

○ 傷ついていないかどうか、相手のことを常に気にしてあげないといけない。

○ これからもずっと考え続けないといけない問題だと思った。

② 旭川市立知新小学校の実践

主題名　いのちってなあに　　（D生命の尊さ）

教材名　「わたしがおねえさんよ」　　1年　日本文教出版 [10]

子どもたちはそれぞれに命に対するイメージや考えをもっているということから授業を構築しました。しかし生活の中で、命の尊さについてどれだけ強く意識しているのか、また、自分の命を大切にするということについてどれだけ自覚しているのかなどまだ十分ではない実態があり、この授業を通して子どもたちが自分なりに命の尊さについて深く理解することをねらいとしました。

学級経営では、1年生にとっても、自分の中に息づいているものをどう見つめ、どう問い直すかということはとても大切で、自分自身の自己肯定感や自己有用感につながると考えています。それを促すためにも日々「あなたは大切な人だよ」「あなたのことを見ているよ」というメッセージを送り続けることや、児童の行いに対して「ありがとう」と言葉を掛けるようにしています。

(ア)　子どもがすでにもっている理解からの出発

授業の導入では、教材文を読む前に「命とは何だろう」と問い、児童が元々もっている考えを掘り起こすことに焦点を当てました。初めは「命とは」の問いに、心臓、体の真ん中にある、丸くてベージュ色、などという視覚的な意見が出ていましたが、対話を進める中で、おじいちゃんの死を想起した子どものつぶやきや、「命があるから楽しかったり悲しかったりするんじゃないか」「命は一つしかないね」など、体験に基づく話合いがなされました。展開では、子どもたちのこれまでのイメージや考えを基に、一人一人が教材文の世界に入り込み、自分自身の考えを確かめたり、級友との対話を通して新たな考えに気付いたりしながら、「命ってやっぱり大事だね」など、命に対する考えが深まっていきました。

(イ) 外部からの新しい情報の提示

終末では、事前に保護者に書いていただいた、我が子が生まれたときの気持ちや、今の本人へのメッセージを読む活動を取り入れました。子どもたちは手紙を読むことで、自分がそれまで思っていた以上の家族からの愛情に気付き、深く考えている姿が見られました。まとめの文章化では、「自分は家族に大切にされているんだ」「自分の命は自分だけではないんだ」ということに気付いた文が多く、命の尊さについて理解が深まったことを感じる感想がありました。

③ 旭川市立永山西小学校の実践

主題名　ほんとうの親切　　（B親切、思いやり）

教材名　「心と心のあくしゅ」　4年　日本文教出版 11)

　年間指導計画を基に、他教科、領域との横断、関連を図りながら、本授業を設定しました。内容項目「B親切、思いやり」であり、特に関連が強い学習が本校の総合的な学習の時間「『バリアフリー』を目指して」です。本授業の前には、総合的な学習の時間に車椅子体験、アイマスク体験、高齢者体験を経験しており、「体の不自由な人は大変な思いをしている。困っていたら助けたい」という思いをもっています。本授業では、「見守ることも親切の一つ」という価値に気付き、当事者意識をもって、「親切」について、深く考えることをねらいとしました。

(ｱ) おぼろげな理解からの出発

　導入では「親切にするってどういうことだろう」という問いから出発しました。子どもたちは「困っている人を助けること」という考えをもっていました。「優しく声を掛けてあげる」「手伝ってあげる」など、子どもたちの中では親切は「してあげる」という認識であり、相手の思いや状況を想像したり、考えたりしたことがあまりないようでした。そこで、「本当の親切ってなんだろう」と、問題意識を引き出してから、学習を進めました。

　教材文を読んだ後の話合いでは、「手伝ってあげたら、その人のためにならない時もある」「見守ることも親切」「お節介になってはいけない」「相手の気持ちを考えることが大切」などが対話の中で出され、新たな気付きが見られました。

(ｲ) 自己を見つめる振り返り

　終末に、自分を見つめる時間を設けました。学んだことや今までの経験、これからの生き方などを、じっくり書く時間です。「相手のことを考えて、まずは、声を掛けてみたい」「相手にとって何が大切かを考えてみたい」など、テーマと関わらせながら表現する子がいました。総合的な学習の時間と関連付け、「体の不自由な方が目の前にいたらどうする」と声を掛けたところ、「声を掛けてあげたいけど、緊張しちゃう」など、状況を想像し葛藤する子や「断られるかもしれないけど、助けてあげたいです。断ったとしても、その人の心の中はうれしくなっていると思う」と、相手の立場や気持ちを想像し、考える子もいました。一人一人が当事者意識をもって親切について深く考えました。

（4）授業実践の考察

① 主題名　分けへだてなく　教材名「いじりといじめ」4年

　子どもにはすでにいじりは良くないという考えがあることから出発しています。これは、子どもが自らの体験から得たいわば概念的な理解といえます。そこで、発問を

通して良くないと考えているのに「悪意なくいじる側になる」ことが、実は自分にもあると気付かせ、対話により自分の内側を表現させることによって真の理解へと深めています。いじられる側からいじる側への視点の転換による価値の捉え直しが納得した理解へのきっかけとなっています。また、心を開き子どもたちと共に考える教師の姿勢が、子どもの「他者との対話」や「自己との対話」を支えているといえます。

② 主題名　いのちってなあに　教材名「わたしがおねえさんよ」1年

　導入では、視覚的にしか捉えられていない命に対する子どもの考えから、つぶやきなどを丁寧に受け止めて個々の体験を掘り起こし、本時で考えたい道徳的価値へと方向付けています。特徴的なのは、終末に保護者からの手紙を導入し理解を深めたことです。外部（保護者）からの新しい情報が子どもたちの考えを教室から日常へと引き戻し、自分の命が尊いものであるという深い理解へとつなげています。また、これらの土台として、日々「あなたは大切な人だよ」というメッセージを送り続けている教師の子どもへの関わり方があります。

③ 主題名　ほんとうの親切　教材名「心と心のあくしゅ」4年

　子どもたちのもつ、「親切とはしてあげること」という認識に、問いを投げかけて授業が出発しています。教材文と出会わせた後の他者との対話を通して、子どもには「相手のことを考える」という気付きが生まれました。さらに終末では、子どもたちのもっていた「『バリアフリー』を目指して」の体験を基にした発問を通して、自分のこととして考えることを促しました。状況を想像して葛藤したり、相手の思いまで考えたりする子どもの姿は、一方向にしてあげるだけではない、親切に対する理解の再構築と言えます。この実践は、各教科等間の関連性と書くことの重視が、子どもの納得いく理解を支えていると考えることができます。

3　今後の方向

（1）組織マネジメント

　学校経営のマネジメント機能を高めるために、対話によるヨコの相互作用を重視し、教職員にとって学校でのできごとの他、個々の失敗や様々な経験について語り合えるなど、自由な思考や意見が受け入れられるような場の生成を追求しました。場の活性化は、教職員の相互理解と協働性を高めるとともに組織の縦の繋がりも自然に機能し教育目標達成へ確かな一歩が踏み出せるものと考えます。学校での実践も少しずつ進められています。

　今後はボルノーが「一人の異議に他の者の前進的な着想が点火されるときに、思考が初めて創造的となる。」[1]と指摘するように、対話による情報的相互作用の充実が必要です。

そのためには、学校としてのビジョンを共有し教育実践の基盤を確立するとともに、外部からの知識や経験など新しい情報の導入を図り場の活性化をめざしていきたいと考えます。

（2）カリキュラム・マネジメント

　子どもを道徳的価値へ目覚めさせ真の理解、納得いく理解へと導いていくために、子どもの先立つ理解を重視した主体的・対話的で深い学びを実践しました。その根底には、日々の生活や授業実践の中で子どもの実態を深く捉えるとともに、外部からの新しい情報の活用や他教科、領域との横断的な関連など、学校としてのカリキュラム・マネジメントの確かな推進があります。

　ボルノーは「教育のなかで計画できるものは、細心に計画されねばならないが、計画の限度をも知って、教育のなかで計画できるものとできないものの正しい関係を、見なければならない。」[2] と、思い込みや偶然に教育を委ねるのではない、教育全体への深い理解の必要性を説いています。これは、計画されたカリキュラムの大切さとともに予想を超えた子どもの動きや周りの変化をも受け止め、それらを組み入れる教師の柔軟な姿勢と捉えることができます。今後は、授業を子ども一人一人にとっての大切な出会いの場とするとともに、ＰＤＣＡサイクルによる教材の充実や教科等横断的な視点等からの生きたカリキュラムを追求していきたいと考えます。

おわりに

　「智書の会」は、北海道教育大学旭川校教職大学院授業開発研究室の**修了生有志**が**榊良康元教授と共に**、ボルノーの著書を個々の教育実践から読み解き話し合い、それを自らの実践に生かそうと地道に歩んでいる集まりです。

　今回「学校のマネジメント機能を高める」ことを主題として共同執筆できたことは、会員にとってこの13年間の歩みを振り返り改めて見つめ直すことができるよい機会となりました。ボルノーの教育学的人間学からは「過去には感謝を　現在には信頼を　未来には希望を」というメッセージを受け取ることができます。学校現場は課題山積ですが、今後も日々の忙しさに教育の本質を見失うことのないよう会員相互が認め支え合い、教育に希望をもち学び続けていきたいと考えています。

（共同執筆者）

　　榊　良康　　　内藤　奏子　　　小玉　利佳　　　大久保　雅恵
　　山﨑　阿佐美　佐藤　由佳　　　須賀　昌俊　　　伊藤　陽子

【 注 】

1

1) マネジメント研修カリキュラム等開発会議(2004)「学校組織マネジメント研修」　2-1-15

2) O.F. ボルノー（西村皓、井上坦訳）(1975)『認識の哲学』理想社　p.43

3) 水本徳明(2004)「学校の組織力をどう捉えるか」『学校経営研究第29巻』　p.35

4) 伊丹敬之(2006)『場の論理とマネジメント』東洋経済　p.42

5) 伊丹敬之前掲書『場の論理とマネジメント』　p.40

6) O.F. ボルノー（浜田正秀訳）(1983)『人間学的に見た教育学』玉川大学出版部　p.140

2

1) 文部科学省(2017)『小（中）学校学習指導要領（平成29年告示）解説　総則編』　p.11

2) 文部科学省(2017)『小（中）学校学習指導要領』　p.170(p.156)

3) 文部科学省(2022)「令和3年度道徳教育実施状況調査」株式会社パデコ　p.38〜.39

4) O.F. ボルノー前掲書『人間学的に見た教育学』　p.22〜.24

　　ボルノーによれば、ディルタイの了解心理学は、「自然を我々は解釈し、精神生活を我々は了解する」と表現され、「体験」と称される最小の単位は、それがすでに有機的な全体なのであり、精神世界の関連性とその生活の中に根ざしている精神世界の姿は、各自の体験から、内から明らかである。この意味連関の「内から明らかなこと」を了解とよぶ。この連関において、人間の固有の体験が他の生命の了解によって明らかになり、さらに発展させられる。他の生命を了解するためには自他の間の中間の部分が必要であり、これが感覚的にとらえられる表現というものである。と述べています。本稿では、了解を理解と捉え記述しています。

5) O.F. ボルノー（浜田正秀訳）(1982)『哲学的教育学入門』玉川大学出版部　p.54

　　ボルノーは、「人間はむしろすでにいつも（多少なりとも）理解された世界の中にいる。この理解の奥のもっと簡単な仕事にまで、遡ることは不可能である。認識の前進はすべて、このいつも先に与えられた理解の枠の中でのみ行われる。認識はこの理解を一歩一歩照らし、解明し、意識化し、浮かび上がる疑問や不確実さにたいして確実なものにし、新しい経験によって拡大し、時にはまた正当化する。しかし新しいものの経験はすべて、すでにいつでもすでに理解された世界の枠のなかでのみなされる。それは初めから、『先立つ理解』によって導かれる」とし、認識論の根本原理について述べています。

6) 佐伯　胖(1991)『考えることの教育』国土社　p.91〜.93

　　佐伯胖は、「わかる」ことから「なっとく」することの重要性を指摘しています。納得するとはどういうことだろうか？と問い、それは「ナルホドと思えること」というしかない。どういう場合にナルホドと思えたり、思えなかったりするのか、私たちは余りよく知らない。しかし、たしかに、私たちは時々「ナルホド」と納得し、時に、「へんだ、どうにも納得できない」と感じるのである。理解するということは、「想起できる」ことでもないし「課題を解く」ことでもな

い。ほかならぬ「納得」することである。と述べています。

7) O.F.ボルノー前掲書『哲学的教育学入門』　p.173

8) O.F.ボルノー前掲書『哲学的教育学入門』　p.69

9) 藤永芳純、嶋 恒生ほか46名(2022)『小学道徳　生きる力4』日本文教出版　p.90〜.93

10) 藤永芳純、嶋 恒生ほか46名(2022)『しょうがくどうとく　いきるちから1』日本文教出版
　　　p.76〜.77

11) 藤永芳純、嶋 恒生ほか46名前掲書『小学道徳　生きる力4』　p.132〜135

３
1) O.F.ボルノー前掲書『人間学的に見た教育学』　p.138

2) O.F.ボルノー前掲書『人間学的に見た教育学』　p.154

【参考文献】

1) 伊丹敬之(2006)『場の論理とマネジメント』東洋経済

2) 稲垣保弘(2001)『組織の解釈学』法政大学経営志林　第38巻1号

3) エティエンヌ・ウェンガー、リチャード・マクダーモット、ウィリアム・M・スナイダー（野村恭彦監修、野中郁次郎解説、櫻井祐子訳）(2002)『コミュニティ・オブ・プラクティス』翔永社

4) O.F.ボルノー（西村皓、井上坦訳）(1975)『認識の哲学』理想社

5) O.F.ボルノー（浜田正秀訳）(1982)『哲学的教育学入門』玉川大学出版部

6) O.F.ボルノー（浜田正秀訳）(1983)『人間学的に見た教育学』玉川大学出版部

7) O.F.ボルノー（小島威彦訳）(1960)『希望の哲学』新紀元社

8) カール・E・ワイク（遠田雄志訳）(2020)『組織化の社会心理学』文眞堂

9) クルト・レヴィン（猪俣左登留訳）(2017)『社会科学における場の理論』ちとせプレス

10) 佐伯 胖(1991)『考えることの教育』国土社

11) 佐伯 胖(2022)『「わかる」ということの意味』[新版] 岩波書店

12) 藤永芳純、嶋 恒生ほか46名(2022)『小学道徳　生きる力4』日本文教出版

13) 藤永芳純、嶋 恒生ほか46名(2022)『しょうがくどうとく　いきるちから1』日本文教出版

14) ペゲラー（瀬島豊訳）(1984)『解釈学の根本問題』晃洋社

15) 水本徳明(2004)『学校の組織力をどう捉えるか』学校経営研究　第29巻

16) 文部科学省(2017)『小（中）学校学習指導要領（平成29年告示）解説　総則編』

17) 文部科学省(2017)『小（中）学校学習指導要領』

あとがき

　北海道教育大学教職大学院旭川校で学び、多くのことを獲得しました。その中で、大きく心を揺さぶられたショックが２つあります。１つは、各所においてこんなにも先生方は一生懸命に努力しているということ、もう１つは、何も知らないということ、です。前者については、感心させられることばかりでした。教科指導のこと・生徒指導のこと・学校や学級の経営のこと、それぞれを院生のみなさん方は各所で懸命に実践し、かつ、それらを研究により先鋭的に改善していました。もちろん、知識として、そのことはわかっていましたが、教職大学院生それぞれの学ぶ姿勢・発表内容・話す言葉ひとつひとつから、その懸命さを感じ取ることができました。それは、稿者自身にとって、前を向く意欲・歩みを進める意欲をもたらしてくれるものでした。後者については、稿者は当時、高校教員でしたが、小学校・中学校・特別支援学校におけるそれぞれの研究や実践を知ることで、その系統性を礎として、相互乗り換えの可能性や異同による力点の軽重の重要性に気づかされました。自身の来し方は「特殊解」でしかなく、さまざまな学校におけるそれぞれの「特殊解」と照らし合わせることで、それらの解が改めて紐解かれていく。とすれば、各「特殊解」は解でありつつも、同時に、未完成の解だということです。すなわち、自身では自明と思っていたことも、未だ明らかと言い切れなかったということです。

　そして、私たち「実学の会」とは、何も知らないからこそさらに懸命にやっていこう、という同窓の意志のもと、結成されました。このことに、稿者はひたすらに敬意を覚えます。まだまだ邁進しようとする姿勢が如実なのです。「理論と実践の往還」を追求していこうとする姿勢です。その証左が本書です。

　ただし、先に学んだように、教職大学院においてだけでなく、全国の各所にて教師それぞれは学び続け、それらをもとに行い続けています。そしてさらに学び続けています。決して「実学の会」のメンバーだけではないのです。というよりも、「実学の会」とは、全ての学校現場教師の「学び続けよう・実践していこう」との確たる意志が抽出された現象なのだと考えています。知らないことを知っているからこそ自覚的に懸命に努力していこう、との全ての教師の意志がぐっと吹き出てきた現象の１つだと考えます。

　それと共に、学びを得させてもらえることの貴重さを、私たちは教職大学院に在学することで、すなわち、何人もの教官にご指導いただけたことで、はっきり理解することができたと確信します。実際の指導についても、最新の知見や史的な変遷のご教示や実際的な研究アイディアの示唆などだけでなく、現職教員に対する仕

方とストレートマスターに対する仕方の異同、それに加えて、個々の大学院生に対する最適な仕方、といった、それぞれに異なるさまざまなアプローチまでも見せてくださいました。退官なさってからも継続してご指導くださった教官もいらっしゃいますし、大学院生と本気で議論をたたかわせてくださった教官もいらっしゃいます。海外の学会にまで派遣してくださった教官もいらっしゃいました。すべてが私たちの学びとなり、すべてが今の実践に活きております。ここにお名前を列記することはいたしませんが、教官のみなさま、改めまして、本当にありがとうございました。心から感謝申し上げます。

　最後に、監修を引き受けていただいた水上丈実先生、藤川聡先生、この場をお借りして、心からの感謝を申し上げます。この書籍編纂を通し、私たちはまた、学びをいただきました。「実学(みがく)」の名のとおり、今後も私たちの研究と実践を「磨く」ことを弛まず進めて参ります。また、本書のために誠心誠意御尽力くださった、竹谷出版竹谷友策様に、厚く御礼申し上げます。

令和5年（2023年）9月

実学の会および著者を代表して

大村　勅夫

■□ **編著者** □■

大村　勅夫（おおむら ときお）7期生　　　　　　　第Ⅰ章・はしがき・あとがき

札幌国際大学人文学部准教授、元北海道公立高校国語教諭。実学の会会長。専門は国語教育・授業開発。文学教育（韻文）を中心に研究しており、笹井宏之に焦点をあてている。その他に、カリキュラム・マネジメントやＩＣＴ活用についても研究を進めている。

■□ **著　者** □■
― 第Ⅱ章 ―

山川　美千代（やまかわ みちよ）1期生　　　　　　　　　　第1節

上川管内旭川市立愛宕東小学校長。校長7年目。実学の会副会長。「学級経営・学校経営コース」にて子供たちを変容させる授業改善と学級経営を連動させる協働意識を研修部長・学年主任の役割を中核にした研究での学びを土台とし、学校経営をも進めた。

加藤　信彦（かとう のぶひこ）2期生　　　　　　　　　　第2節

当麻町立当麻中学校長、実学の会副会長。公認心理師・学校心理士。専門は学校・学級経営、不登校対応。特に不登校対応では、学校心理学の視点と解決志向アプローチの手法を活かした実践研究を進めている。

石山　輝（いしやま あきら）2期生　　　　　　　　　　第3節

東神楽町立東聖小学校教頭、元北海道教育委員会指導主事。その後、東神楽町教育委員会で2年間指導主事として勤務し、東神楽町小中一貫教育の立ち上げに関わる。現在は、学校経営全般に関わる実践を進めている。

中島　圭介（なかじま けいすけ）8期生　　　　　　　　　　第4節

旭川市立旭川中学校教頭、旭川市小中教頭会研修副部長。専門は美術教育・題材・教材開発・鑑賞教育。管理職では、学校改善に関する学校組織マネジメントやリーダーシップを中心に理論と実践の往還を推進し、近年はウェルビーイングの視点を研究している。

米澤　徳之（よねざわ のりゆき）9期生　　　　　　　　　　第5節

旭川市立末広北小学校教頭。北海道生活科・総合的な学習教育連盟所属。大学院在学中は、組織マネジメントを中心に研究しており、現在は、個人と組織の力を高める学校組織マネジメントの実践に日々努めている。

高田正人（たかだ まさと）9期生　　　　　　　　　　第6節

シンガポール日本人学校クレメンティ校教頭（在外教育施設派遣）。リーダーシップとマネジメントの機能を生かした組織力向上について研究し、勤務校での教育課程編成等の学校経営改善を進めている。

林　理沙 (はやし りさ) 11期生　　　　第7節

網走市立東小学校教頭。教職１７年目。専門は理科教育、学校における教職員の人材育成。経験学習サイクルを主軸とし、教職員が関わり合うことで相互に職能を発達させていくことを研究。ミドルリーダーの資質・能力についても研究。

杉浦　勉 (すぎうら つとむ) 7期生　　　　第8節

北翔大学教育文化学部教育学科専任講師、元北海道公立小学校教諭・元北海道教育大学附属小学校教諭。日本教育評価研究会道北支部副会長。専門は道徳教育・社会科教育。子供のよりよい成長と主体的な学びに着目して研究を進めている。

三神　昭宏 (みかみ あきひろ) 5期生　　　　第9節

鷹栖町立北野小学校教諭。教職大学院の修了研究は算数科で作成。修了後は道徳科の授業研究を行い、令和３年に研究のまとめを作成。現在は、その他の教科に広げ、「UDを取り入れた学習指導」「ＩＣＴの活用」「指導と評価の一体化」の研究を進めている。

北村　雅俊 (きたむら まさとし) 9期生　　　　第10節

網走市立第二中学校国語教諭。専門は国語教育・授業開発。小グループの話し合い活動を活用した授業づくりを中心に研究しており、日々実践に取り組んでいる。その他に、地域連携を重視した学校運営について関心を抱き、研究を進めている。

小林　豊 (こばやし ゆたか) 8期生　　　　第11節

旭川市立永山西小学校教諭。上川教育研修センターに研究員として３年間勤務。専門は生活科及び総合的な学習の時間、道徳教育。その他、教師教育の視点から、学校現場で学び続けることができる環境づくりについて研究を進めている。

平川　隆人 (ひらかわ りゅうと) 10期生　　　　第12節

北海道公立中学校数学教諭。旭川教職実践教育研究会「実学の会」所属。専門は数学教育・授業開発。数学的活動や問題解決の授業を中心に研究している。その他に、メタ認知や振り返り活動についても研究を進めている。

山本　衛 (やまもと まもる) 11期生　　　　第13節

北海道北見工業高等学校理科教諭。教職６年目。専門科目は地学。専門分野は水資源・地表環境学、理科教育・授業開発。理科科目または他教科と理科との横断的な授業開発を中心に研究しており、その他に、「STEAM教育」についても研究を進めている。

榊　良康 (さかき よしやす) 元教授

旭川春光台保育園副園長、元北海道教育大学教職大学院 教授。智書の会代表。実学の会顧問。専門は教育学。認識論、授業論、教育課程論を中心に研究。O. F. ボルノーの認識論に依拠して、智書の会で仲間と共に、教育について人間学的な視点から考察を続けている。

内藤　奏子 (ないとう かなこ) 1期生

旭川市立緑が丘小学校校長。上川管内道徳教育研究会会長。教職大学院では「生徒の豊かな人間性の育成を目指して～感性に視点をあてた音楽科と道徳の授業改善」を研究。学校経営の重点として道徳教育を位置付け、子どもの豊かな感性を育むことを目指している。

小玉　利佳 (こだま りか) 1期生

旭川市立知新小学校教諭。教職大学院では「『受容＋α』のカウンセリングマインドを生かした教育活動」を研究。心理的安定感をベースにことばの力を養い学級担任・生徒指導部長として子どもがよりよい行動や表現の方法を自己決定できるよう教育活動を行っている。

大久保　雅恵 (おおくぼ まさえ) 2期生

士別市立温根別小学校教頭。教職大学院では「考える力を育む学習指導法の改善－子どもの認識を揺さぶる指導の工夫－」を研究。学校経営の観点として、思考力を育む授業改善を位置づけ、教職員と共に子どもの学力向上を目指している。

山﨑　阿佐美 (やまざき あさみ) 2期生

旭川市立東栄小学校教諭。教職大学院では「「対話」に視点をあてた授業づくり-国語科文学教材を中心として-」を研究。日々の授業づくり、学級経営に、研究で学んだ対話の視点を活かし、児童が互いに関わり合いながら学びを深める実践を目指している。

佐藤　由佳 (さとう ゆか) 5期生

北海道教育庁上川教育局教育支援課義務教育指導班主任指導主事。教職大学院では「素朴概念から科学的概念への変換を促す授業づくり～中学校理科におけるイメージマップの活用を通して～」を研究。教育行政の立場で研修や助言等を通して指導の充実を図っている。

須賀　昌俊 (すが まさとし) 5期生

旭川市立永山西小学校教諭。教職大学院では「一人ひとりの学習意欲を育む学びのデザイン－理科の問題解決を通して－」を研究。学習意欲を育む研究から、本校内、旭川市教育研究会理科部会で、子ども一人ひとりに寄り添い学習への主体性の育成を目指している。

伊藤　陽子 (いとう ようこ) 6期生

旭川市立正和小学校教諭。教職大学院では「複式学級における、対話の生まれる授業の探究　～国語科説明文教材を窓口として～」を研究。協同学習を取り入れた研究を単式学級につなげ、本校研究部長・上川管内道徳教育研究会研究部長として尽力している。

■□ 監 修 □■

水上 丈実（みずかみ たけみ）

1957 年北海道旭川市生まれ。北海道教育大学教職大学院 教授（旭川校）。北海道教育大学へき地小規模校教育研究センター員。旭川市・士別市の公立小学校教諭、北海道教育大学附属旭川小学校文部教官教諭、旭川市内の公立小学校教頭、校長を歴任。専門は社会科教育、生活科・総合的な学習の時間教育、道徳教育、へき地・複式教育、授業開発。

藤川 聡（ふじかわ さとし）

1966 年京都市生まれ。北海道教育大学教職大学院 教授（旭川校）、院長補佐。大阪大学大学院博士課程修了、博士（人間科学）。公認心理師、学校心理士。京都市の中学校教諭を経て現職。専門は教育方法学、技術科教育。主著：『新編 技術科教材論』（竹谷出版、共著）、『現代カリキュラム研究の動向と展望』（教育出版、分担）ほか。

（著者・監修者の所属及び職名等は 2023 年 3 月現在）

学校活性化を導く「理論×実践」教職大学院での学びを活かす ／ 竹谷出版

2023 年 9 月 1 日　初版第 1 刷発行

責任編集　ⓒ旭川教職実践教育研究会「実学の会」
監　　修　水上 丈実・藤川 聡
編　　集　大村 勅夫
発 行 者　竹谷 友策

発 行 所　竹谷出版（竹谷教材株式会社 出版事業部）
〒607-8104
京都府京都市山科区小山谷田町 7
電話：075-581-0828

表紙デザイン　中塚 智子

［ 検印省略 ］

印刷・製本　株式会社 コームラ